产融协同知识解读

国网山东省电力公司　编

汕頭大學出版社

图书在版编目（CIP）数据

产融协同知识解读 / 国网山东省电力公司编． -- 汕头：汕头大学出版社，2023.5
　ISBN 978-7-5658-5022-6

　Ⅰ．①产… Ⅱ．①国… Ⅲ．①电力工业－工业企业管理－中国 Ⅳ．①F426.61

中国国家版本馆 CIP 数据核字（2023）第 098066 号

产融协同知识解读
CHANRONG XIETONG ZHISHI JIEDU

编　　者：	国网山东省电力公司
责任编辑：	邹　　峰
责任技编：	黄东生
封面设计：	优盛文化
出版发行：	汕头大学出版社
	广东省汕头市大学路 243 号汕头大学校园内　邮政编码：515063
电　　话：	0754-82904613
印　　刷：	河北万卷印刷有限公司
开　　本：	787mm×1092mm　1/16
印　　张：	13
字　　数：	240 千字
版　　次：	2023 年 5 月第 1 版
印　　次：	2023 年 6 月第 1 次印刷
定　　价：	78.00 元

ISBN 978-7-5658-5022-6

版权所有，翻版必究

如发现印装质量问题，请与承印厂联系退换

编委会

主　　任　于忠杰
副主任　　刘　涛　潘树怡　贺光学　田　磊
成　　员　王志国　郭夏莲　袁　健　董　浩　朱伊丹
　　　　　孙　丹　孟　瑶　伦崇宁　李恩亮　丁培举
　　　　　王升旭　朱虹睿　刘一秀　吕志斌　耿商峰

编写组

组　　长　李进华　李　晨　王　丽
成　　员　孙明珂　周　扬　孙雨亭　薛晓琳　张春香
　　　　　黄显龙　蒋海鹏　孔祥林　谭金石　张明月
　　　　　李　进　张慧峰　杨　燕　侯坤廷　尹　潇
　　　　　张　鑫　张　煜　王　坤　马霄雪　范文慧
　　　　　孙　玲　吴良静　崔　潇　王晓阳　李学芳
　　　　　刘　晨　王建坤

前 言

本知识读本是由国网山东省电力公司编订的产融协同配套的学习读本,共有 4 个篇章,主要内容包括产融协同概述、产融协同服务平台——电 e 金服、产融协同规范要求、产融协同未来工作规划,具有较强的实用性和可操作性。同时在编写过程中,还注意由浅入深,逐步开展,便于不同岗位人员学习产融协同知识。本知识读本适用于对产融协同知识有学习需求的所有岗位人员,可作为考试教材和指导用书,同时还可作为产融协同知识分享培训教材和自学材料。

目 录

第一章 产融协同概述 ·· 1
 第一节 产融协同定义与实施背景 ·· 1
 第二节 产融协同工作思路与做法 ·· 3

第二章 产融协同服务平台——电e金服 ·· 15
 第一节 电e金服平台建设整体规划 ··· 15
 第二节 电e金服平台建设工作推进 ··· 22

第三章 产融协同规范要求 ··· 27
 第一节 资本运营规范要求 ·· 27
 第二节 金融业务政策规范 ··· 107
 第三节 外部政策监管 ·· 151

第四章 产融协同未来工作规划 ··· 181
 第一节 发展思路 ··· 181
 第二节 主要目标 ··· 182
 第三节 重点工作 ··· 183
 第四节 投入产出 ··· 197
 第五节 保障措施 ··· 198

第一章　产融协同概述

当前，错综复杂的国内外形势对国家电网有限公司（以下简称"公司"）内外部发展环境产生了深刻影响。站在新的发展阶段，中央提出加快构建以国内大循环为主体、国内国际双循环相互促进的新发展格局，畅通生产、分配、流通、消费等各个经济环节的循环。在新的发展环境下，发挥央企的引领带动作用，贯通产业链金融血脉、服务实体经济是公司产融协同工作肩负的新责任；紧抓产业生态、金融生态重构契机，助力公司战略扎实有效落地是产融协同工作承担的新任务；顺应金融科技、数字经济、平台经济新趋势，激发金融创新发展新动能是产融协同工作担负的新使命。本章简要阐述了产融协同的定义与实施背景、产融协同工作思路与做法等内容，宏观上对公司产融协同的工作思路全过程进行初步探索，结合公司实践过程进行简要论述，为各位电网工作人员提供参考。

第一节　产融协同定义与实施背景

一、产融协同定义

产融协同，就是金融业和实体产业的协同发展，是指金融业和实体产业相互依存、相互配合，实现均衡、协调和可持续的共同发展。在宏观层面，产融协同表现为国民经济产业结构中，金融部门和实体经济部门所占比重适当、发展均衡；在中观层面，表现为实体经济行业和金融行业相互了解、相互支持、相互依存，最终促进以制造业为核心的实体经济和金融业共同健康发展；在微观层面，表现为金融机构和实体经济企业的紧密合作，形成利益共同体，实现产业资本与金融资本深度融合。产融结合，是产融协同的重要表现形式之一，在经济全球化、信息技术革命、全球资源整合加速的背景下，随着产业边界不断被打破，产业部门与金融部门的融合程度越来越深，实体经济企业和金融机构在资金、股权及人事上相互渗透，相互跨入对方的经营领域，形成产融结合组织，从而不断优化产业金融生态。

二、产融协同实施背景

2020年,国家先后出台《保障中小企业款项支付条例》《关于规范发展供应链金融支持供应链产业链稳定循环和优化升级的意见》等一系列政策文件,聚焦提升产业链、供应链稳定性和竞争力,推动实体经济向好发展。

(一)勇担大国重器"新责任"

党的二十大报告提出要深化金融体制改革,党中央、国务院多次强调要坚持把支持实体经济恢复与可持续发展放到更加突出的位置,推动金融、科技和产业形成良性循环和三角互动,强调要多措并举推动解决中小微企业融资难、融资贵、融资慢等问题。特别是在当前经济增速放缓的大背景下,产业链上下游的中小微企业由于自身抗风险能力弱、流动性困难,面临经营周转问题的风险进一步加剧。

公司坚决贯彻落实党中央、国务院决策部署,按照国务院国有资产监督管理委员会(以下简称国资委)关于中央企业服务实体经济工作要求,自主创建线上产业链金融平台"电e金服",打通金融"大动脉"、畅通产业"微循环",将金融活水引入并贯通于产业链上下游,服务"六稳""六保"大局,切实体现了央企社会责任担当。

(二)把握战略落地"新契机"

公司党组提出建设"具有中国特色国际领先的能源互联网企业"战略目标。能源互联网建设要求整合汇聚各类资源,在功能上推动资源配置向全产业链、全价值链拓展,支撑公司高质量发展;在技术上积极应用各类前沿新兴技术,推动企业数字化、集约化转型,在赋能传统业务、催生新兴业态、构建行业生态的过程中不断深化科技赋能;在应用上聚焦用户实际需求,提高服务效率水平,延展覆盖范围,满足各类用户需求,持续提升自身市场竞争力和行业认可度。

在新的历史起点上,公司以资源统筹、业务创新、科技赋能、数据共享为基础,自主研发创建线上产业链金融平台"电e金服",对畅通产业链金融血脉、共筑能源产业生态具有重要意义,是落实公司战略、履行金融使命的创新实践。

(三)激发产融协同"新动能"

当前,科技进步正在不断重构、加速演进金融业态,以大数据、云计算、物联网、人工智能为代表的新兴技术不断推动金融创新,金融与科技融合发展是大势所趋。同时,受政策性降价等多重因素影响,公司经营发展面临前所未有的困难,电网板块大面积亏损,投资需求刚性,降低社会用能成本与电网可持续发展的平衡难度不断加大。

同时，国资国企改革和电力改革纵深推进，输配电价核定日趋严格，各项改革任务繁重复杂。这要求金融业发挥好"稳增长""促改革""调结构"的作用，为公司经营发展提供更为坚强有力的支撑。

在新的发展环境下，公司通过构建线上产业链金融平台"电e金服"，精准对接主业单位和实体企业金融需求，进一步深化产融、融融、金融科技协同，切实提升金融服务主业能力，有效增强金融单位自身发展内生动力。

第二节　产融协同工作思路与做法

一、产融协同工作思路

（一）持续深化产融协同，服务公司高质量发展

国家电网公司是关系国民经济命脉和国家能源安全的特大型国有重点骨干企业。作为党和人民群众信赖的"大国重器"，公司始终以习近平新时代中国特色社会主义思想为指导，坚决贯彻党中央、国务院决策部署，认真落实国资监管工作要求，践行"人民电业为人民"的企业宗旨，努力建设具有中国特色国际领先的能源互联网企业，为经济社会发展和人民美好生活需要提供安全、可靠、优质的供电服务。

金融是国家电网公司的重要支撑产业。近年来，公司紧紧围绕服务实体经济、防控金融风险、深化金融改革3项任务，坚持面向主业、产融结合、以融促产、协调发展，持续推进金融业务改革创新发展，不断取得新的实践成果。

1. 持续优化业务布局

坚持有所为而有所不为，有进有退，滚动发展。目前，公司通过所属英大集团和国网雄安金融科技集团，持有财务公司、财险、寿险、信托、证券、基金、期货、融资租赁、保险经纪等14块金融或类金融牌照，形成了金融、科技两翼协同，赋能发展的金融业务布局。

2. 有效调整管理架构

为强化资源统筹，深化协同发展，公司在总部层面组建资本运营中心，与财务资产部合署办公，建立"全公司一盘棋"的产融协同机制，形成了"公司总部—英大集团—各金融单位"的三级管理架构。2019年，公司通过重大资产重组启动首批金融资产上市，将英大信托、英大证券及英大期货注入上市公司。2020年5月8日，"国网英

大"正式亮相资本市场，金融上市平台成功构建，为金融业务建立市场化、可持续的资本补充渠道，为改革创新发展打开了更加广阔的空间。

3. 有力服务核心主业

资金融通方面，对外统一融资，严控债务规模，优化债务结构，实施市场竞价，降低融资成本；对内依托"1233"资金管理系统平台，实施"月预算、周平衡、日排程"，强化资金调度，深挖内部资金市场潜力，综合运用信贷、信托、融资租赁等方式，多渠道为电网建设和公司经营提供低成本资金。通过内部融资减少外部带息负债超过3 600亿元，年挖潜增效超过150亿元。

保险保障方面，健全完善电网风险保障体系，构建涵盖财产损失险、工程险、车险、责任险、人身意外险等险种的全方位保险体系，形成内外结合、多方参与、有序竞争的承保格局，为公司5万亿元固定资产、3 000亿元在建工程、150多万名职工保驾护航。2020年初，英大人寿向公司23.8万名一线保电职工提供新冠专属保障赠险，守护广大员工身体健康和生命安全。

资产管理方面，发挥产业基金独特优势，设立电网东西帮扶、集成电路混改、抽水蓄能债转股、科技成果转化等一系列产业基金，助力脱贫攻坚、服务混合所有制改革、促进科技创新和产业升级。

4. 保持强劲发展势头

"十三五"期间，公司金融板块管理资产规模从2015年的6 100亿元增长到2020年的1.2万亿元，实现翻番；营业收入从179亿元增长到333亿元，利润总额从111亿元增长到204亿元，年均增速保持在13%以上，对公司利润的贡献率持续上升。特别是在公司连续执行降电价政策，导致电网核心主业出现亏损的情况下，金融板块的"稳定器""助推器"作用得到充分彰显。

在实践过程中，公司潜心研究产业集团内部金融业务的价值定位和发展规律，努力探索具有电网特色的产融结合道路，力求为公司高质量可持续发展提供更加有力的支撑。公司深刻认识到中央企业办金融，要始终坚守服务主业、服务实体的初心使命，这是金融业务的根本价值所在，也是金融业务健康发展的独特资源优势，更是金融业务防范风险的现实选择。

（二）创新构建"电 e 金服"，助力打造能源产业链新生态

国家电网公司在电力能源产业链中居于核心企业地位，具有独特的客户和数据资源优势。公司所属1 200余家各级企业，连接着10万多家上游供应商和亿万下游用电客户，其中有超过2 600万家是中小微企业；公司年资金流量超过6万亿元，汇聚着海量的业务流、资金流和信息流。为深入贯彻习近平在中共中央政治局常委会会议中关于"畅通产业循环、市场循环、经济社会循环"的重要指示精神，落实中央"六稳""六保"决策部署，努力构建以国内大循环为主体、国内国际双循环相互促进的新发展格局，更好发挥中央企业的龙头作用，深挖产融协同潜力，带动产业链上下游共同发展。2019年下半年，公司结合数字化建设工作，启动了线上产业链金融平台——"电e金服"的创建，并于2020年初试运行，2020年5月15日正式上线发布。

二、产融协同主要做法

以习近平新时代中国特色社会主义思想为根本原则，坚决贯彻落实党中央重大决策部署，围绕建设"具有中国特色国际领先的能源互联网企业"战略目标，立足自身能源产业链核心企业地位和特色优势，按照"集团统筹、价值创造、精益建设、迭代更新、开放共享、风险防控"原则，打造以"4e"（electronic 数字化、economic 经济性、easy 便捷性、extendable 开放性）为核心特征的中央企业级线上产业链金融平台——"电e金服"。"电e金服"的突出特征概括起来为"三创新、一保障"：以创新金融生态为主线，以创新产融协同模式为核心，以创新金融科技为支撑；以筑牢运营风控体系为保障。对内推动"电e金服"实现单位全覆盖、业务全线上、流程全贯通、场景全嵌入、渠道全引流；对外构建合作共赢、开放高效的产业链生态圈，为10万多家上游供应商及亿万下游用电客户提供一站式、综合化金融服务，有效促进供需精准匹配和价值高效交换，开创平台经济新模式，驱动数字金融新发展，打造产业链金融新生态，提升金融服务实体经济的质量和效率，为电网高质量发展及能源产业链转型升级贡献国网智慧和国网金融方案。

（一）发挥核心企业带动作用，创新产业链金融新生态

为更好发挥"大国重器"的作用，引领和带动产业链上下游企业，特别是民营企业、中小微企业共同发展，公司创建线上产业链金融平台——"电e金服"，打造产业链金融新生态（图1-1）。

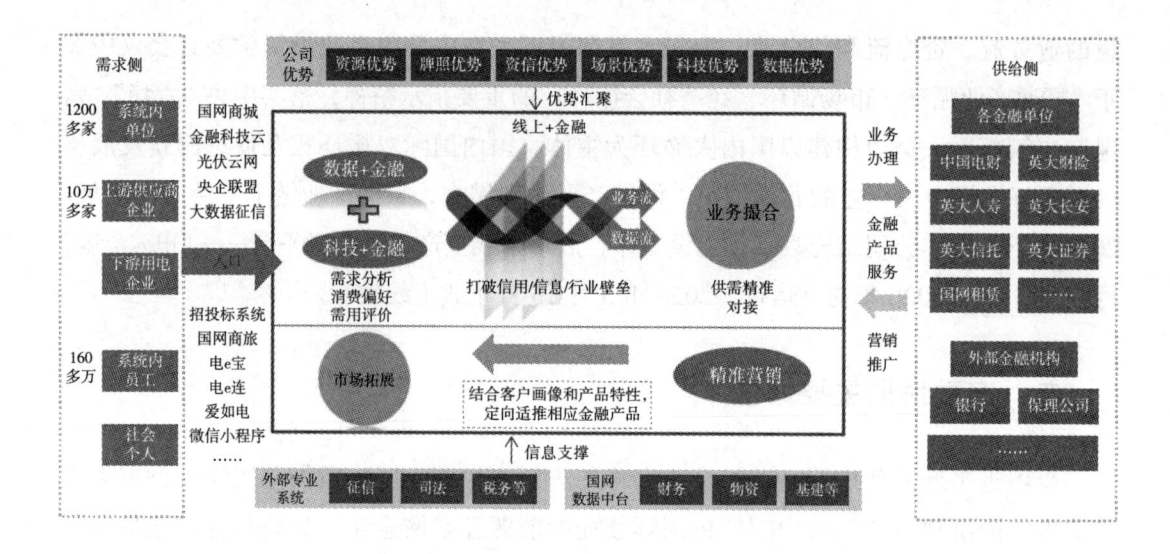

图1-1 线上产业链金融平台框架示意图

1. 构建金融平台，统筹发挥公司资源优势

通过大型核心企业发起创建线上产业链金融平台，打破困扰产业链金融的"三个壁垒"。一是打破"信用壁垒"。依托"电e金服"，公司将自身优良信用传递到产业链上下游企业特别是民营、中小微企业，贯穿整个产业链，有效破除了"信用壁垒"，帮助产业链上下游企业拓宽融资渠道、降低融资成本、获得便捷高效的一揽子金融服务。二是打破"信息壁垒"。依托"电e金服"，创新应用电力大数据助力金融业务开展，公司精准识别上下游企业风险状况，帮助金融机构通过用电数据实时了解企业经营状况，并开展风险评估定价，助力中小微企业获得低成本且便捷高效的金融服务。三是打破"行业壁垒"。"电e金服"注重不同行业、不同区域、不同部门、不同条线之间的跨界融合，依托入驻的各类金融机构，形成金融服务合力，贯通全产业链实体企业，覆盖多个行业金融需求，为各类企业提供综合金融服务方案，真正体现金融服务实体的本质要求。

挖掘公司各类优势，统一建设线上产业链金融平台。依托"电e金服"，汇集电网承载的资金、资产、客户、渠道、品牌等资源优势，带动产业链上下游共同发展；聚合公司旗下的财务公司、财险、寿险、保险经纪、信托、证券、融资租赁、基金、保理等金融牌照优势，为系统内单位、产业链上下游企业和社会个人提供一站式综合金融服务。发挥公司优良资信优势，将自身信用注入整个产业链，帮助上下游企业共同发展；利用业务办理真实场景优势，提供特色金融产品及服务；借助所属国网雄安金融科技集团的科技优势，推动公司金融业务转型升级；利用自身电力大数据优势，精准反映上下游企业生产经营状况。"电e金服"始终坚持精益高效原则，不重复新建信息系统，不改变已有数据链路，聚焦优化整合现有系统，开展适应性改造和集成贯通，对内连通财务管控、人资、经法等系统，对外连通税务、司法、征信等外部系统，成功将其打造成中央企业级线上产业链金融平台。

2.立足价值创造，创新产业链金融模式

（1）以"线上＋金融"汇集丰富资源价值。通过系统搭建和迭代升级，依托"电e金服"在线提供金融产品和服务，充分挖掘产业链上下游实体企业蕴含的丰富金融价值。确立金融业务一站式在线办理路径和操作规范，制订印发"电e金服"金融业务操作指南，明确产品办理流程、操作步骤、具体内容、职责分工。针对直接租赁、应收账款信托融资、应收账款保理、统括保险等需要系统交互的金融业务，逐一明确关键字段信息，开展系统集成及适应性改造，建立线上业务数据模型，支撑内外部信息系统数据交互。通过识别用户需求、优化办理流程、精简用户操作界面、提高平台智慧性，为用户提供便捷、高效的金融服务。

（2）以"科技＋金融"提升金融服务品质。综合运用"大云物移智链"等新兴技术，深度挖掘和运用数据价值，自动识别用户身份和特征，多维画像分析，全时感知、极速响应客户需求，精准匹配、智能推荐金融产品，实现全业务线上化办理、全流程一站式贯通。结合办电、交费、招投标、电子商务等业务场景，通过金融科技赋能，全面升级金融服务品质，持续优化客户体验，有力增强"电e金服"市场竞争力。

（3）以"数据＋金融"实现数据价值增值。通过"电e金服"整合全产业链业务流、资金流、信息流，借助征信联盟、大数据联盟等渠道优势，基于用电交费场景，通过电力大数据分析，以客户用电行为作为增信，对接银行低成本融资和票据贴现，缓解中小微企业融资难、融资贵问题，充分释放电力大数据价值。积极对接外部金融机构，为其提供数据增值服务，利用电力大数据实时、精准、可追溯的特点，帮助金融机构更好地开展业务。将数据服务作为入驻平台金融机构的标准化服务，实现数据价值增值。

3.引入多方主体，共塑多元金融生态圈

（1）多渠道多场景引流客户资源。内部渠道引流方面，深度嵌入公司电子商务平台、网上国网、国网商城等内部渠道，不断挖掘系统内引流入口，扩大用户流量；外部渠道引流方面，与河北、福建等地方政府金融服务平台实现对接，创新开展线上直播宣传、线下园区推广等形式多样的推广活动，依托政府平台线上集中收集企业融资需求，为地方实体企业特别是民营企业、中小微企业提供良好金融服务；新增用户注册及浏览量方面，"电e金服"发布以来，累计实现注册用户11.7万户，用户转化率达97%。

（2）开放引入内外部金融机构。内部金融机构直接入驻，以"电e金服"为载体，依托旗下财务公司、财险、寿险、保险经纪、信托、证券、融资租赁、基金、保理等金融机构，为平台用户提供全方位、一站式综合金融服务；外部金融机构积极参与，邀请银行（工商银行、建设银行、光大银行、中信银行、招商银行等）、担保机构、第三方支付等外部金融机构入驻"电e金服"，合作金融机构超过26家。

（3）加强政企合作扩大朋友圈。深入开展央地协同推广平台应用，"电e金服"作为福建省服务民营企业、中小微企业发展的重要举措正式面向全社会发布，开展网上直播、在线推介，当天就吸引12 832名用户在线观看，线上收集企业需求50多单、涉及金额2.5亿元，当天与8家企业完成签约、落地业务规模已达3 400万元，有力服务当地实体企业发展。广泛建立与监管部门业务合作关系，加强与监管部门的沟通合作，建立与工商、税务、司法、征信等监管部门的全方位合作关系，拓展"电e金服"业务发展空间。

（二）精准对接实体企业需求，打造产融协同"升级版"

"电e金服"坚持用户导向、体验导向、需求导向，精准对接金融供需，为产业链提供优质金融服务（图1-2）。

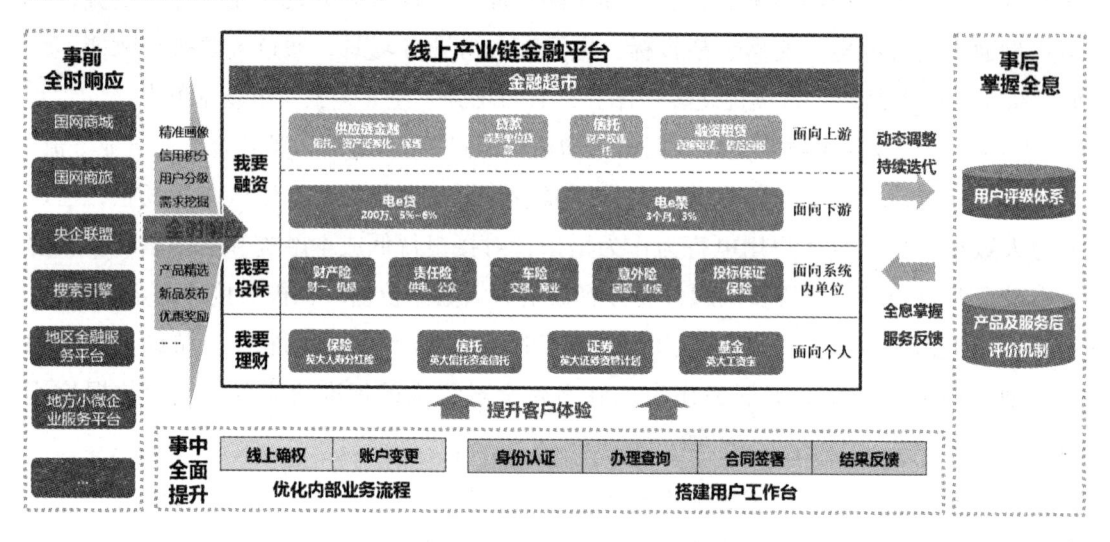

图1-2 产融协同模式创新示意图

1. 做优金融产品，丰富产融协同渠道抓手

（1）超市化供应金融产品。以客户需求为导向，打造综合金融服务超市，联合内外部金融机构，多渠道开放"电e金服"客户业务办理端口，产品全景展示、动态更新、实时办理，满足用户多元金融需求。"电e金服"首批上线涵盖资金融通、保险保障、资产管理三大类共59款金融产品，预计之后上线产品超过百款。

（2）针对性适推金融产品。基于购电结算、项目投标、合同履约、电费缴纳等多元业务场景，深入挖掘不同用户金融需求，深度嵌入真实办理环节，针对性研发上线具有电网特色的金融产品，开展定向适推和精准营销。如在用电缴费场景，嵌入电e贷、电e票产品；在供应商办理投标业务场景，嵌入投标保证保险产品；在合同履约场景，嵌入履约保证保险；在物资采购场景，嵌入应收账款保理等产品。

（3）多元化释放规模效应。联合内外部金融机构，为用户提供丰富金融产品选择，通过构建产品全景展示功能，方便用户比较各类金融产品的利率、期限、规模。针对不同金融机构的同类金融产品，开发价格发现功能，为用户提供优质金融产品及服务。聚合平台广泛的用户资源，针对同类金融业务，形成规模效应，帮助用户争取到更加优惠的金融价格。

2. 做精金融服务，拓展产融协同模式路径

（1）事前全时响应客户需求。全方位建立与搜索引擎、地区金融服务平台、地方小微企业服务平台、产品社区等渠道合作，实现多个场景下的金融需求收集。基于需求、交易、偏好分析，结合信用评价，对客户进行精准画像，深度挖掘客户需求，实施用户等级、信用积分、优质合作伙伴等营销推广策略，开展产品精选、新品发布、优惠奖励等专项活动计划，提高平台吸引力和用户活跃度。

（2）事中全面提升客户体验。将优质金融服务嵌入客户业务办理全流程，通过系统适应性改造及内部流程优化，成功打通应收账款融资线上确权、账户变更等供应链金融业务的堵点、难点。搭建用户工作台，打通身份实名认证、办理状态查询、合同文本签署、办理结果反馈等线上环节，成功实现金融业务在线一站式办理。

（3）事后全息掌握服务反馈。打造"电e金服"用户评价体系，实时掌握用户反馈，建立平台金融产品及服务的后评价机制，动态调整优化上线金融产品及服务，持续迭代升级系统界面，增强用户黏性，不断提升用户体验。

3. 做好业务创新，引领产融协同发展方向

创新引领金融服务模式。依托系统内金融单位，在国网福建、江苏电力开展寄存物资融资试点，首单寄存物资融资已于2020年8月8日成功落地福建。深度嵌入电力市场改革，在国网湖北、冀北电力开展售电公司履约保证保险研究试点，国内首单售电公司履约保证保险于2020年6月29日成功落地湖北。深化区块链技术在业务风险防控中的应用，在国网北京电力开展供应链金融区块链技术应用试点，开发系统接口、实时上链存证、动态分析监测、贯通外部系统、有效防控风险。强化保险数据分析应用，在国网浙江电力开展保险大数据助力风险防控试点，利用保险大数据分析，依托"电e金服"成功开发服务主业、助力资产运营监测。

(三)持续深化科技赋能,注入产融协同发展新动能

金融与金融科技高度融合是大势所趋。"电e金服"运用"大云物移智链"等新兴技术,不断深化科技赋能(图1-3),实现交易场景数据化、交易过程可视化、供需匹配智能化,有效克服"信息孤岛"和"信息失真"对金融业务的制约,全面提升平台服务的智能性、友好性、快捷性。

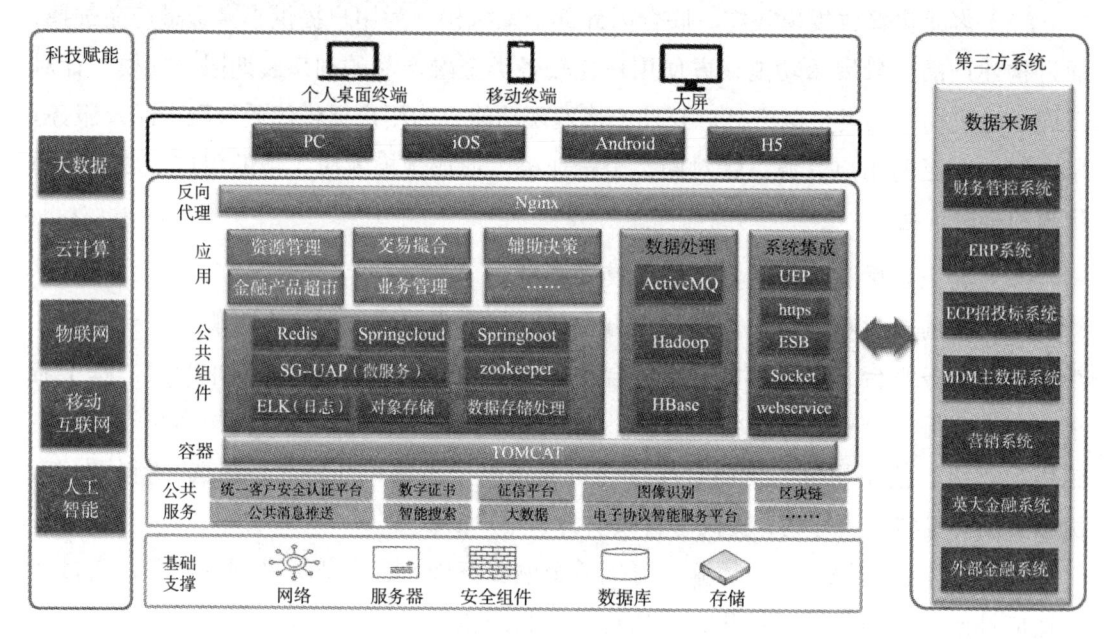

图1-3 科技赋能金融业务情况示意图

1. 运用大数据技术,实现数字化运营

(1)应用大数据技术支撑平台数字化升级。全方位、全流程、全口径实时跟踪交易数据记录,实现数据动态展示与穿透查询,助力"电e金服"数字化运营。针对电网资产运行、自然条件及灾害、投保理赔等数据,研发风险云地图模块,为电网资产管理提供风险监控及预警分析服务。

(2)应用云计算技术助力业务分析。依托"电e金服"内外部数据模块,对客户进行数学建模,开展客户行为特征多维分析、精准画像,实现在线需求分析、交易分析、偏好分析、信用评价,助力金融机构客户筛选和精准营销。构建大屏展示分析功能,实时查询、随时调取、动态监测平台运营情况,实现不同业务、不同地域精准分析,实现业务分析监测一站式贯通、全景式穿透。

(3)应用数据处理技术实现核心功能多维嵌入。开发上线产品动态管理、风险监测防控、用户操作中心三大功能模块,严格遵守产品上架"5个要素"(完成监管备案、产品分类清晰、产品信息线上展示及时准确、一站式线上化贯通办理、数据回传及时

准确）原则，围绕客户管理、产品交易、业务监测建立全过程数字化风险防控机制，通过业务、产品、用户多个维度实时反映平台运营情况。

2. 融合互联网技术，拓展覆盖广度

（1）应用移动互联技术赋能远程移动服务。通过金融业务与移动互联技术融合，"电e金服"用户不再受传统 PC 网络限制，可借助移动互联网终端（如手机、平板等）APP、小程序，在任何地点、任何时间远程在线完成信息甄别、产品定价、商品交易等关键环节，有效增强"电e金服"覆盖广度。

（2）应用物联网感知技术提升"电e金服"在线管控能力。通过传感技术、导航技术、定位技术等方式，支持"电e金服"实现远程在线识别和信息采集，有效规避信息不对称问题引发的重复抵质押、押品不足值、货权不清晰、监管过程不透明、预警不及时等一系列风险。

3. 借助人工智能技术，推动智能化运营

（1）有序推进"电e金服"营销服务智能化升级。以大数据平台为基础，通过客户数据深度学习算法，形成人工智能模型，为入驻金融机构实时提供个性化金融产品。构建"电e金服"智能营销体系，实现需求分析、信用识别等功能，精准挖掘潜在需求，真实嵌入业务场景。

（2）全面提升风险控制智能化水平。实行产品上下架动态管理，制定"电e金服"产品上下架管理细则。全息掌握交易对手，设置预警阈值，智能监测业务运行，依托数据分析模型建立事前、事中、事后全过程智能化运营风险防线，拓展核心业务系统风控模块建设。结合征信及大数据分析手段对投资、融资、保险主体的信用风险进行评价和分级，有效防控风险。

（3）探索推动人工客服业务智能化转型。针对碎片化和较为简单的客户需求，建设机器人知识库，综合运用自然语言处理、自主学习、算法模型、语义分析等技术，开发机器人自我学习能力，使其逐步代替人工客服，提高客户服务效率，降低用工成本，优化用户体验。

4. 利用区块链技术，促成线上互信

（1）依据证据数据上链提升客户对"电e金服"信任度。在电子合同应用场景，将摘要及签署过程证据链发送至司法联盟链，确保合同生成、存储及管理 3 个阶段数据的安全性、一致性和法律有效性，保证信息透明度和前端交易真实性，赢得客户信任。

（2）依托业务数据上链达成"电e金服"供需双方彼此信任。结合真实业务场景，研发上线上架产品数据存证功能，完成确权数据、订单数据、融资数据上链，为交易双方互信提供保障，大幅减少协议面签、柜面审核、资产抵押等程序，较传统的贷款效率提高70%，为企业缩短融资时间40%，降低融资成本21%。

（3）依靠区块链新型商业信任体系实现"电e金服"多方互信。在应收账款信托融资、应收账款保理、直接租赁等重点业务场景，充分利用区块链解决各利益主体间互信问题，打造区块链新型商业信任体系，实现多边交易彼此信任，全面支撑线上业务安全可靠办理。

（四）筑牢运营风控双重保障，支撑平台高效运营

为满足平台运营管理需要，按照"业务协同、权责清晰、利益共享"的原则，统一设计运营闭环管理与四维立体防护体系，实现用户、渠道、产品、金融机构动态管理，防范化解运营、合规、数据、系统4类风险，保障安全稳定运行（图1-4）。

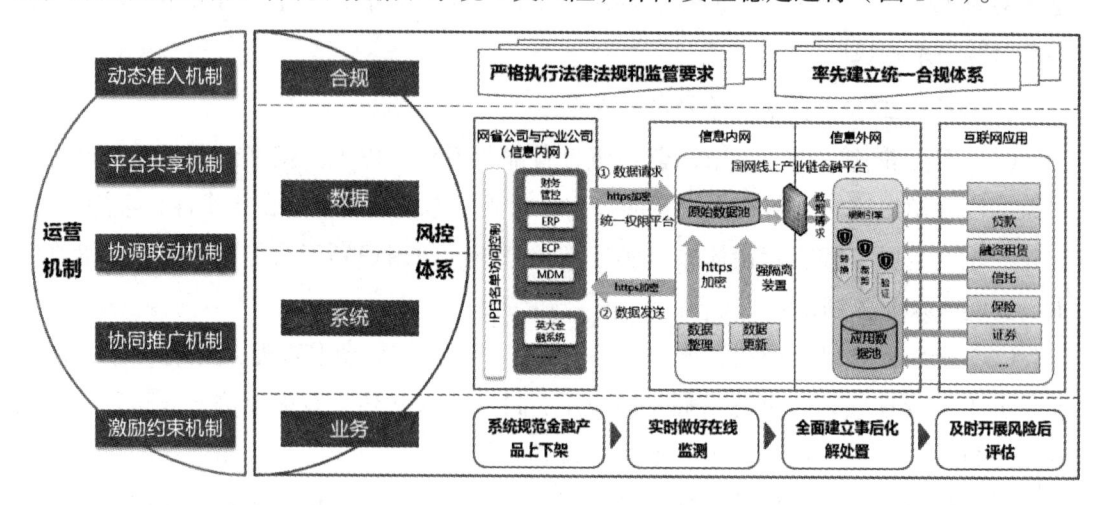

图1-4　"电e金服"运营风控机制示意图

1. 实现运营闭环管理，夯实平台发展基础

（1）建立动态准入管理机制。严格管控"电e金服"供需主体，基于市场信誉、门槛设定情况，设计金融机构筛选、合作机制，保证平台入驻金融机构质量。跟踪"电e金服"客户履约情况，将发生违约行为的供应商纳入黑名单，实施平台多方主体联合惩戒，打造良好诚信环境。

（2）完善平台共享机制。共享信息资源，针对"电e金服"各方需求，相互提供个性化的数据服务，形成合作关系数据纽带。强化业务协同，科学规范划分界面，确保业务流程规范顺畅，引导金融单位在产品、渠道、客户等方面加强资源共享，为客户提供一揽子综合金融服务。

（3）搭建协调联动机制。第一，畅通共享需求反馈渠道。建立定期交流机制，保持各方沟通渠道畅通，推动共享内容不断丰富、共享机制持续完善，持续激发"电e金服"运营活力。第二,建立运营信息沟通制度。设置专门责任人员,定期完成"电 e 金服"建设运营信息统计、核实,及时反馈给相关主体,对于存在的矛盾,按约定周期及时解决并反馈。第三,实施宣传工作联动机制。针对"电 e 金服"平台自身宣传与平台各方主体宣传工作的协同问题,明确系统内外部单位的功能定位和责任分工,推动宣传推广与产品营销协同开展。

(4)强化协同推广机制。国网财务部会同各相关部门和单位构建"横向协同、纵向贯通"的"电 e 金服"全面推广工作机制,深化与总部互联网部、物资部、法律部、营销部、宣传部沟通协同,强化与各省(自治区、直辖市)电力公司、产业单位"电 e 金服"专项工作小组协调联动。

(5)健全激励约束机制。针对系统内单位推广应用"电 e 金服"情况,定期分析通报,激发各单位的积极性;针对客户质量管控,基于用户点评、合规履约等情况,建立用户星级评价和退出机制;研究制订各类金融业务的考核还原和利润分成方案,激发电网和产业单位的积极性。

2. 实施四维风险防控,确保平台运行安全

(1)做好合规风险管控。严格执行法律法规和监管要求,完成"电 e 金服"商标注册,所有上线金融产品均履行监管备案,通过中国软件评测中心认证,经法律机构出具合规备忘录,为广大金融机构和金融客户提供安全、规范、可信赖的金融环境。建立健全内部管理制度,率先建立涵盖平台、产品、技术等多个层面的合规要素体系,形成行业合规体系的标准引领。

(2)抓好业务全过程风险防控。做好事前风险防控,制定"电 e 金服产品上下架管理细则(暂行)",规范金融产品标准化审批、备案流程;做好事中在线监测,设定各交易环节预警指标,形成涵盖外部环境、信用评级、经营状态、财务能力及融资业务等的预警体系,为金融机构提供多方位全业务流程风险防控服务;做好事后化解处置,通过嵌入保险产品、第三方担保服务,创新金融产品模式,为金融业务分散风险、降低损失;做好风险后评估机制,明确内部管理职责,跟踪风险事项,整改落实情况,确保风险管控措施有效落地。

(3)实施数据安全高级响应。全面加强数据存储完整性,实现数据全部内网存储、分级分类保护,数据加密过程中采用最新的国密算法,确保数据受到最高安全等级保障。重点保障数据传输安全,实施业务、产品、平台数据上链存证、链上流转,防止信息被篡改,业务数据和密码安全采用高级别算法加密处理,确保供应链金融、直接租赁等重点业务领域数据传输真实准确。

(4)实行系统安全多层防护。严格执行系统安全防护标准,满足国家信息安全等

级保护和公司管理信息系统安全防护要求，并按照三级等保标准对系统进行安全防护。强化系统运行安全措施，在各网络边界设置逻辑强隔离、防火墙、IPS（入侵防御系统）、网页防篡改设备、端口级访问控制策略等方式保证系统网络安全。强化系统一般用户（CA）访问以及外部系统集成身份鉴别、接口认证、访问控制并提供安全审计功能，保障系统运行安全。健全突发事件下系统安全应急机制，通过突发事件响应演练制度，提高"电e金服"应对网络攻击、负面舆情等事项的应急处理能力。

第二章　产融协同服务平台——电e金服

公司顺应数字经济、平台经济发展趋势，紧抓产业生态、金融生态重构机遇，立足能源产业链核心企业地位，自主创建线上产业链金融平台——"电e金服"，面向全社会提供全方位、一站式、个性化、具有电网特色的金融服务。"电e金服"的构建与实施，开辟了一条新型产融嵌入式发展道路，有利于推动公司金融业务转型升级，带动产业链上下游特别是民营企业、中小微企业共同发展，彰显央企责任担当，为公司建设具有中国特色国际领先的能源互联网企业提供坚强金融支撑。本章简要阐述了电e金服平台建设背景、宗旨与意义、建设目标原则、思路与要求、建设内容总体架构，以及建设工作安排、实施进度、运营成效、面临形势任务等内容，从宏观上对公司电e金服的工作思路全过程进行初步探索，结合公司实践过程进行简要论述，为各位电网人员提供参考。

第一节　电e金服平台建设整体规划

一、电e金服平台建设背景

国家电网有限公司作为关系国民经济命脉和国家能源安全的特大型国有重点骨干企业，在能源产业链中居于核心企业地位，所属1 200余家各级企业连接着10万多家上游供应商和亿万下游用电客户，汇集海量业务流、信息流和资金流。近年来，为更好发挥"大国重器"责任担当，更大范围、更深层次地优化资源配置，带动产业链上下游共同发展，公司持续深化产融协同，依托自身良好资信，联合内外部金融机构，为产业链上下游实体企业提供更加经济、便捷、高效的金融服务，有效助推实体经济蓬勃发展。

为贯彻落实公司"三型两网、世界一流"战略部署，进一步统筹公司各类资源，深化产融协同、融融协同、金融科技协同，充分发挥公司核心企业优势、综合金融优势和金融科技功能，提高金融服务实体经济效率和风险防控能力，按照公司泛在电力物联网建设要求，特搭建线上产业链金融平台——"电e金服"。

二、电e金服平台宗旨与意义

（一）电e金服初心宗旨

"电e金服"旨在立足公司核心企业地位，依托科技手段，发挥数字经济、平台经济效应，整合全产业链业务流、资金流、信息流，将公司的资源和要素优势，通过数字化金融服务，拓展延伸到产业链上下游，提高产业链实体企业，特别是中小微企业的金融服务可获得性，打通金融血脉、畅通产业循环，提升产业链供应链的稳定性和竞争力，助力打造能源产业链新生态。

（二）电e金服平台建设的意义

产业链金融是金融机构依托核心企业优势，向上下游拓展延伸，整合产业链物流、信息流、资金流等信息，为全产业链市场主体提供个性化、定制化金融产品，实现核心企业、上下游主体、金融机构合作共赢的创新商业模式。公司正在加快推进泛在电力物联网建设，为产业链金融的加快发展提供了重要的历史机遇，因此构建线上产业链金融平台具有重要意义：

一是落实公司新时代新战略的创新举措。线上产业链金融是将金融业务深度嵌入泛在电力物联网建设的具体表现，通过建设线上产业链金融平台，依托公司核心企业与金融功能兼具的先天优势，充分应用现代信息技术，发挥金融血脉作用，融通各类市场主体和资源要素，深度挖掘和释放能源产业链中蕴含的丰富价值，打造共建共赢共享的产业链金融服务生态圈，促进全产业链共同发展。

二是顺应产融结合发展趋势的必由之路。当前，产业跨界融合是大势所趋，互联网思维正在不断重构产业生态和金融业态，产融深度融合、一体发展已成为普遍的特征。通过建设线上产业链金融平台，精准对接产业链实体企业在生产、流通、交易等各环节的金融需求，开创平台经济新模式、驱动数字金融新发展、创造产业链金融新业态，提升全产业链运行水平，实现产融结合全面升级。

三是激发金融创新发展新动能的客观要求。能源革命和数字革命融合发展是新一轮能源变革的重要趋势。金融业务必须加快改革创新发展步伐，在顺应能源变革的趋势中培育壮大新动能。通过建设线上产业链金融平台，实现金融与互联网有机融合，持续激发市场主体活力、提高资源配置效率、提升价值创造能力，推动金融业务创新发展和转型升级，为公司高质量发展提供更为强大的效益支撑。

三、电e金服平台建设目标原则

（一）建设目标

充分应用"大云物移智链"等现代信息技术，汇集电网承载的资金、资产、资信、客户、渠道、品牌等各类实体资源，聚合资金融通、保险保障、资产管理等各类金融服务，通过金融科技赋能，实现供需的精准对接和价值的高效转换，打造全方位、一站式、个性化、具有电网特色的数字金融平台，推动金融业务改革创新，服务公司高质量发展，促进产业链上下游合作共赢，为公司建设"三型两网"世界一流能源互联网企业提供坚强支撑。

（二）建设原则

紧紧围绕泛在电力物联网建设要求，把握构建金融业务供需对接平台和产业链共享生态圈的主线，以客户为中心，以现有系统为基础，以信息技术为支撑，以金融科技为驱动，加快推进线上产业链金融平台建设。

一是坚持集团统筹。以公司整体利益最大化为出发点，强化顶层设计，凝聚数据资源、金控平台、金融牌照、金融科技等各方优势，促进产融结合、上下联动和专业协同，放大规模效应和协同效应，提高工作系统性和专业性。

二是坚持价值创造。充分发挥平台的资源配置作用，汇聚各类实体资源，精准对接各类金融服务，深度释放资源价值，创新、挖掘、培育新的盈利增长点，提高资源配置效率、价值创造能力和效益支撑贡献。

三是坚持精益建设。在现有系统基础上，统筹进行优化整合、集成贯通和改造升级，不重复新建信息系统、不改变已有数据链路，紧密融合线上与线下、现有与新建等各类渠道，提高投入产出效率和应用实效。

四是坚持迭代创新。以客户需求为导向，深入推动客户、金融和科技一体化融合，优化客户体验、创新业务场景、提高交易效率、深化数据运用、拓宽推广渠道，不断迭代升级平台的友好性、交互性和智能性。

五是坚持开放共享。面向产业链上下游企业，加强与外部金融机构合作，通过金融供需广泛交互，共同发掘创造金融新业务、新业态、新模式，共享产业链资源价值和发展成果，打造共建共赢的产业链金融生态圈。

六是坚持风险防控。正确把握平台与交易、监管规范与客户体验、规模与风险、创新与合规之间的关系，构筑全场景安全防护体系，着力在优化平台建设的同时，切实提高风险防控水平，坚决守住不发生重大风险事件的底线。

四、电e金服建设思路和要求

依托"电e金服"平台，汇集各方主体、运用金融科技、整合数据资源、贯通业务场景、严格防范风险，向产业链上下游提供系统、安全、便捷的金融服务。

一是让各方主体"聚起来"。在金融需求侧，多渠道引流产业链上下游市场主体，开拓客户群体；在金融供给侧，联合内外部金融机构，打造金融云超市，满足客户全方位、个性化的金融需求。

二是让业务线上"跑起来"。集成平台门户、公司内部专业系统以及金融机构业务系统，打通业务办理全流程，满足客户与金融机构、核心企业联手一站式完成业务在线办理的需要。

三是让海量数据"活起来"。对内接入各级企业财务、物资、营销、合同管理等专业系统数据，对外接入征信、工商、税务、司法等支撑信息，在为业务办理提供背景确认、稽核校验等支撑的同时，通过数据建模创新商业模式，帮助金融机构判断和防控业务风险，将无形数据转换为有形价值。

四是让业务场景"连起来"。深度嵌入公司购电结算、项目投标、合同履约、电费缴纳、电力交易等业务场景，研发具有电网特色的金融产品，实现金融业务与电力业务一体化办理，提高金融服务效率。

五是让金融科技"用起来"。利用大数据、云计算、区块链等技术，对客户进行360°画像，并将用户、产品、订单等信息全部上链存证，实现金融产品智能匹配、金融业务安全可靠。

六是让风险防火墙"筑起来"。严格遵守国家法律法规和金融监管规定，严把系统、数据、业务、合规4道防控关口，所有产品履行监管备案，主动接受金融监管，严格区分金融监管业务与非监管业务，有效隔离金融与主业之间的风险传递。

五、电e金服平台建设内容

（一）梳理产品流程，制定业务规范

一是梳理一站式在线办理流程。按照金融业务产品清单，逐一梳理金融产品一站式在线办理流程，明确各环节标准要求、操作步骤、具体内容、职责分工，并相应制定业务操作规范。2019年8月完成。（英大集团牵头，各金融单位落实，国网电商公司、各省电力公司和产业单位配合）

二是梳理线上化金融业务数据需求、设计业务数据模型。按照金融业务产品清单，

结合业务办理需求，逐一明确数据需求、字段属性、数据来源、数据存储逻辑、业务模型等信息。2019年9月完成。（国网电商公司、英大集团、各金融单位牵头，国网大数据中心落实，各省电力公司和产业单位配合）

三是制定建设运营保障机制。研究建立共享机制和激励机制，实现平台建设各方主体业务协同、利益共享，提高实体企业和金融单位的积极性和参与度。2019年12月底完成。（国网财务部牵头，国网电商公司、英大集团落实）研究建立竞争机制，为客户提供具有市场竞争力的优质金融服务，实现公司利益最大化。2019年12月底完成。（英大集团牵头，国网电商公司、各金融单位落实）研究建立运营机制，保障平台日常运行，有序开展产品运营管理、数据分析运用、客户服务、风险防控等。2019年12月底完成。（国网电商公司、英大集团牵头，各金融单位落实）

（二）整合现有系统，打造金融超市

一是集成公司数据中台。按照公司数据中台管理要求，集成公司数据中台数据资源。2019年12月完成。（国网大数据中心、国网电商公司、英大集团落实）

二是集成内部金融系统。按照内部金融业务流程，结合各系统交互界面，有序连通产融协同平台、英大金融系统及各金融单位业务系统，实现全流程一站式贯通。2019年9月完成。（国网电商公司、英大集团、各金融单位落实）

三是集成外部金融系统。根据外部金融业务开展需要，按照业务流程，对接相关外部金融机构系统。2019年12月完成。（国网电商公司、英大集团、各金融单位落实）

四是集成内部专业系统。经与总部相关部门协商一致后，按照金融业务流程对接公司财务、物资、营销、经法、设备、基建、车辆等内部专业系统，实现产融系统流程贯通。2019年12月完成与ECP2.0（国家电网有限公司新一代电子商务平台）、MDM（移动设备管理）、财务管控、ERP（企业资源计划）、营销等系统对接；2020年12月完成与经法、设备、基建、车辆等系统对接。（国网互联网部牵头，国网电商公司落实，国网财务部、设备部、营销部、基建部、物资部、产业部、法律部、后勤部、国网大数据中心、英大集团、各省电力公司和产业单位配合）

五是集成外部专业系统。根据金融业务开展需要，对接征信、工商、税务、司法等外部专业系统，为业务办理提供数据支撑。2019年12月完成与征信、工商、税务、司法等外部专业系统对接。（国网电商公司落实，英大集团配合）

六是打造金融超市。坚持客户需求导向，建设金融超市门户、架构、产品展区，实现客户多入口引流、产品全景式展示、数据智能化分析等基础功能。2019年9月完成。（国网电商公司落实，英大集团、各金融单位配合）

（三）优化功能设计，促进供需交互

一是加快完成平台立项。根据公司信息化建设管理规定，按照公司总部直接管理、各单位组织立项建设的模式，开展平台立项工作。2019年9月完成。（国网电商公司、英大集团、各金融单位落实）。

二是改造升级各金融单位业务系统。组织中国电财、英大财险、英大人寿、英大长安、英大信托、英大证券、国网租赁等金融单位，改造升级自身业务系统，实现线上化业务全流程一站式贯通。2019年12月完成。（英大集团牵头，各金融单位落实）

三是适应性改造相关专业系统。按照平台业务办理需求，完成财务、物资、经法、设备、基建、车辆等内部专业系统改造，推动全产业链数据信息广泛交互，实现全业务在线办理、全流程一站式贯通。2019年完成ECP2.0、MDM、财务管控、ERP系统改造；2020年完成经法、设备、基建、车辆等系统改造。（各省电力公司和产业单位落实，国网互联网部、财务部、设备部、基建部、物资部、产业部、法律部、后勤部和国网大数据中心、国网电商公司、英大集团、各金融单位配合）

四是开发资源统筹功能。开发身份认证、信息维护、交易查询、在线服务等功能，实现客户管理；开发渠道分析、客群分析、转化分析、黏性分析等功能，实现渠道管理。2019年10月完成。（国网电商公司落实，英大集团、各金融单位配合）

五是开发业务撮合功能。根据客户需求，智能推荐、个性定制相应产品，精准匹配金融供给；利用金融科技，开展客户画像、需求分析、交易分析、偏好分析、信用评价等，深入挖掘客户需求。2019年10月完成。（国网电商公司、英大集团落实，各金融单位配合）

六是完善风险防控功能。依托大数据分析技术，利用海量数据建模，扩充交易对手数据库，健全全过程防控机制，建立信用评价体系，为风险的识别与评估、分析与监控、预警与处置等提供支撑。2019年12月完成。（国网电商公司、英大集团、各金融单位落实，国网大数据中心配合）

七是开发辅助决策功能。深化金融业务数据运用，多维度开展数据分析，为安全生产、资产管理、物资采购等提供决策支撑；全方位、全过程、全口径实时跟踪记录金融交易数据，为业务管理、报表统计、运营分析等提供数据支撑。2019年12月完成。（国网电商公司、英大集团、各金融单位落实，国网大数据中心配合）

（四）依托科技赋能，推动服务创新

利用大数据、云计算、物联网、移动互联网、人工智能、区块链等新兴技术，深入挖掘和运用数据价值，基于数据中台的数据标签体系和产业链金融客户需求，为客户多维画像，嵌入各类场景，开展精准营销，推动金融产品个性化、定制化创新，并通过数字化风险管控降低产品定价成本、提高金融服务质量和效率。（国网电商公司牵头，国网电商公司、英大集团、各金融单位、国网大数据中心落实）

目前，"电e金服"主要通过3类业务服务产业链上下游企业。一是供应链金融，基于购电费结算、物资采购等场景，对上游发电企业、设备物资供应商应收电网企业的账款进行核实确认，以公司良好信用作为背书，帮助上游企业通过资产证券化、信托、保理等方式获得应收账款融资，最快可在1天内放款。此类业务能够有效助力上游企业拓宽融资渠道、加速资金周转、降低融资成本。二是保证保险，基于项目投标、合同履约、电力交易等场景，以公司对供应商的信用评价作为基础，帮助其通过购买保证保险产品，替代投标、履约、售电等保证金缴纳，可实时在线出具保单。此类业务能够助力上游供应商大幅减少资金占用、降低融资成本。三是电费金融，基于客户缴纳电费场景，对客户用电行为和缴费情况进行分析，以电力大数据分析结果作为增信，帮助下游企业获得银行低成本、纯信用融资，可实现秒级放款。此类业务能够有效助力下游用电客户，特别是中小微企业解决融资难、融资贵问题，融资成本一般可节约20%以上。

六、电e金服总体架构

（一）平台架构

线上产业链金融平台在集成贯通、改造升级现有系统的基础上，打造金融超市，为客户提供个性化、标准化金融产品和服务。

平台通过多场景、多渠道实现客户引流，通过获取公司数据中台业务数据资源，利用科技手段支撑业务撮合、精准营销和市场拓展，通过对接内外部专业系统、金融核心业务系统实现一站式在线办理金融业务（图2-1）。

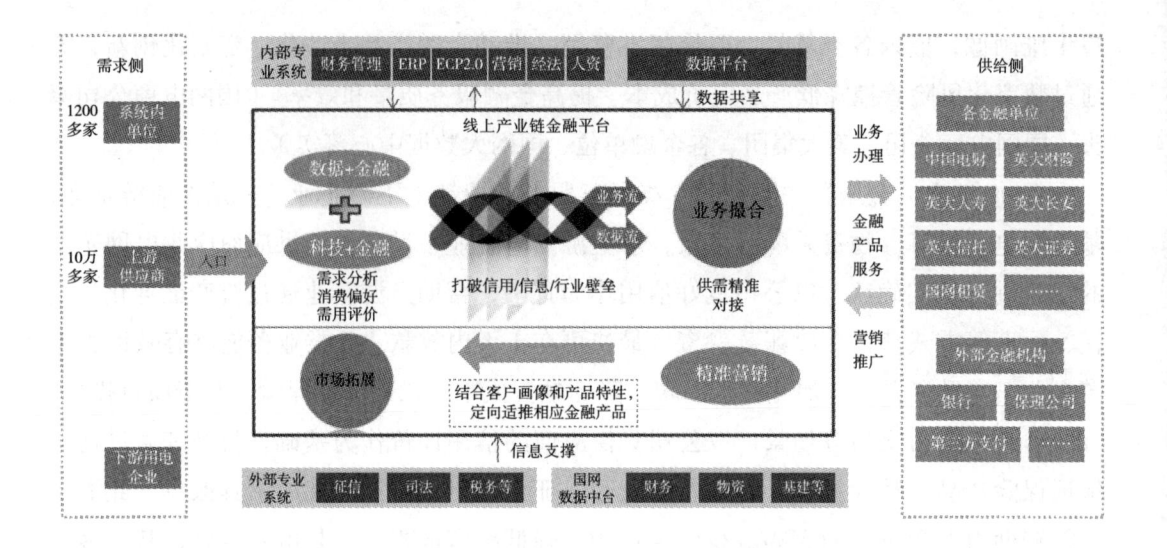

图 2-1 线上产业链金融平台建设架构示意（后台）

（二）产品架构

经过初步梳理，平台拟首批上线涵盖资金融通、保险保障、资产管理三大类共 103 款金融产品。包括为系统内单位提供三大类 40 款产品（如资金结算、财产保险等）、为上游供应商提供三大类 32 款产品（如应收账款融资、投标保证保险等）、为下游用电客户提供三大类 31 款产品（如电 e 贷、个人寿险等）。

（三）技术架构

按照企业级建设要求，另行制定线上产业链金融平台技术方案。

第二节　电 e 金服平台建设工作推进

一、电 e 金服平台建设工作安排

（一）工作组织

为统筹协调推进平台建设工作，公司成立线上产业链金融平台建设领导小组，由公司总会计师、党组成员罗乾宜担任组长，财务部、互联网部负责人担任副组长，总部相关部门、国网电商公司、英大集团、各金融单位、国网大数据中心主要负责人担

任小组成员。领导小组办公室设在财务部，负责推进平台建设日常工作。领导小组下设业务组和技术组：业务组由英大集团牵头，国网电商公司、各金融单位、相关省电力公司和产业单位参加，负责推进平台建设过程中各项业务工作。技术组由国网电商公司牵头，英大集团、各金融单位参加，负责推进平台建设过程中各项技术工作。

（二）职责分工

国网财务部：负责牵头组织制定平台建设方案，直接管理平台建设过程中的重点环节；协调推进平台建设、应用、提升等工作；按照金融业务产品清单，对平台所有产品上下架实施备案管理。

国网互联网部：负责按照泛在电力物联网建设要求，牵头组织制定线上产业链金融平台技术方案；经与总部相关部门协商一致后，支持协调平台与各方系统对接、数据集成、线上化改造等工作；指导平台建设、应用、提升工作。

总部相关部门：负责按照部门职责分工，配合开展平台建设、应用、提升工作，并协调支持平台与相关专业系统对接、数据集成、线上化改造等工作。

国网大数据中心：负责联合承建线上产业链金融平台，依托数据中台，支持平台建设数据共享集成；深化数据运用，挖掘数据价值，为平台运营提供数据服务；指导各单位数据资源运营、数字产品研发等工作。

国网电商公司：负责以产融协同平台为基础，建设线上产业链金融平台，开展平台日常运维；按照金融业务和金融科技数据需求，利用数据中台及其数据资源，创建业务数据与金融数据融合分析模型，提供业务撮合、精准营销等建议；对接内外部专业系统和英大金融系统；做好外部相关金融产品上下架和运营管理；发挥金融科技优势，为金融业务赋能，挖掘数据价值，创新商业模式。

英大集团：负责联合承建线上产业链金融平台，组织推动各金融单位开展线上化改造；利用数据资源挖掘金融数据价值，提供辅助决策支撑；对接产融协同平台和各金融单位业务系统；做好内部金融产品及外部相关金融产品上下架、运营管理及展示推广；发挥金控平台优势，深化融融协同，开展英大金融品牌建设、客户资源共享、组合式精准营销、创新金融产品及服务模式。

各金融单位：负责梳理产品清单、业务流程、数据需求和标准规范；优化客户服务体系，健全完善风险防控机制；改造升级核心业务系统，对接英大金融系统；发挥金融牌照优势，在线提供各类金融产品和服务，创新金融产品及服务模式。

各省电力公司和产业单位：负责配合金融单位开展相关业务流程梳理；按照平台建设需要，对相关专业系统进行集成及适应性改造；按照金融业务角色，在线办理业务，推广平台应用。

二、电e金服平台建设实施进度

（一）总体计划

按照公司总部直接管理、各单位组织立项建设的模式，立足现有系统基础，瞄准总体建设目标，采取"整体规划、分步实施"的方式，边建设、边应用、边提升，持续推进平台建设，逐步推广平台应用。2019年实现线上产业链金融平台基本建成，部分涉及系统内各省电力公司和产业单位的产品在各金融典设承接单位开展试点应用；2020年实现线上产业链金融平台全网全面推广应用，2021年实现线上产业链金融平台拓展提升。

（二）阶段计划

2019年，完成产品清单、业务流程及数据需求梳理，基础功能建设，系统对接和数据集成，适应性改造，电科院功能、性能和安全测试等工作，实现平台基本建成并正式上线运行，一站式在线办理金融业务。部分涉及系统内省电力公司和产业单位的产品在各金融业务典设承接单位开展试点应用，其中国网上海、浙江、四川电力承接保险保障类产品；国网河北、上海、江苏、湖北、河南、吉林、陕西电力，以及南瑞集团承接供应链金融相关产品；国网山西、山东、上海、浙江、福建电力，以及鲁能集团、信通产业集团、新源公司承接租赁类相关产品；国网青海、宁夏电力和山东电工电气承接部分资金融通类产品。

2020年，以提升客户体验、丰富金融产品、优化办理流程、深化数据分析运用、产品精准适推等工作为主，实现平台全网全面应用，金融业务一体化运营。

2021年，以深化金融科技融合应用、深度挖掘客户需求、提升交互共享效率、强化数字化风控等工作为主，实现平台拓展提升，开展智能产品、智能营销、智能运营、智能风控。

三、电e金服运营成效

在财务部的统筹推进和相关部门的大力支持下，在雄安金融科技集团、英大集团、各金融单位、各省公司及产业单位的紧密协同和共同努力下，截至2021年5月，在"电e金服"上线一周年之际，累计实现业务规模超4 800亿元，其中帮助产业链上下游企业获得普惠金融服务1 500亿元，共帮助4.5万家中小微企业获得低成本融资343亿元、释放保证金255亿元、节约融资成本10亿元，平台注册用户33.7万户，合作金融机构

37 家，上线金融产品 66 款，日均浏览量 1.7 万次，与 11 个地方政府服务平台实现合作对接，成为中央企业自主发起建设的业务规模最大、涵盖领域最全、服务对象最广的数字化产业链金融服务平台，入选国资委国有企业数字化转型典型案例，荣获中国物流与供应链产业区块链应用"双链奖"，得到监管部门、地方政府、广大用户和社会各界的充分肯定和广泛赞誉，实现良好开局、取得很好成效，交出了一份十分靓丽的成绩单！

这些成绩的背后，凝聚着无数同志的智慧和汗水。一年来，公司严格执行监管规定，始终坚持平台定位，严守金融与科技边界，进一步夯实平台安全运营基础，迄今未发生任何风险事件；持续强化各金融单位核心业务系统，有效提升公司金融业务数字化发展水平；全面构建了协同工作机制，不断深化业财、产融、融融、金融科技协同；培育了一大批优秀人才，实现了员工队伍与"电 e 金服"共同成长。

四、电 e 金服面临的形势任务

（1）当前，"电 e 金服"发展面临着新形势、新要求，具体如下：

一是服务构建新发展格局，要求"电 e 金服"有大作为。立足新发展阶段、贯彻新发展理念、构建新发展格局，推动高质量发展，是"十四五"乃至更长时期我国经济社会发展的主题，其中产业链供应链的安全稳定和循环畅通是高质量发展的基础和前提。中央企业要发挥龙头带动作用，勇当现代产业链的"链长"。同时，实现碳达峰、碳中和目标，对能源转型升级和构建新型电力系统提出了新要求，将会催生出巨大的市场需求，为绿色金融发展打开了广阔空间，也为平台实现更快发展、更大作为创造了历史机遇。

二是落实公司战略目标和发展布局，要求"电 e 金服"有新作为。2021 年，公司党组提出"一体四翼"发展布局，为公司未来发展指明了方向。"一体四翼"是一个统一协调的整体，重在一体作为"躯干"、四翼作为"四肢"、全要素作为"动力"之间的有机协同。"电 e 金服"集实体、金融、科技要素于一身，连接着电网、金融、支撑产业、新兴产业，为各板块业务相互赋能、协同发展建立了很好的纽带，并为相关业务拓展外部市场搭建了很好的舞台，应当在"一体四翼"发展布局落地过程中发挥重要作用。

三是适应金融和平台业务强监管要求，要求"电 e 金服"有好作为。"蚂蚁事件"以来，金融监管全面升级，中央多次强调，金融创新必须在审慎监管的前提下进行，金融科技监管也由过去的"审慎包容"转入"强化监管"。同时，中央强化反垄断，加大平台经济领域执法力度，人民银行等部门联合约谈腾讯、京东、美团等涉足金融业务的平台企业，责令其依法开展自查整改。面对日渐清晰的监管态度，我们更要保持审慎和定力，规范平台运营、数据使用和金融服务，确保"电e金服"行稳致远。

（2）结合当前形势要求，实现"电e金服"大作为、新作为、好作为。未来应当重点把握好以下"5个坚持"：

一要坚持平台定位。"电e金服"是公司面向全社会打造的公共平台，旨在通过汇集资源、整合数据、连接各方主体，减少信息不对称，促进金融供需高效匹配，带动全产业链发展。我们一定要紧扣"双循环"格局、"双碳"目标、产业升级、科技创新等国家战略，坚持"电e金服"的平台定位，发挥好金融供需的桥梁纽带作用，帮助上下游、中小微企业获得普惠金融服务，帮助金融机构提高效率、防控风险。

二要坚持依法合规。规范才可持续，行稳方能致远。一定要心存敬畏、拥抱监管，严守平台经济和金融监管规定，严格区分金融与科技界面，保护数据权属，规范数据使用，平台不得介入金融活动，真正把低成本金融服务惠及上下游中小微企业。

三要坚持服务为本。"电e金服"旨在服务实体经济、服务中小微企业，带动产业链、回馈全社会。各方都要牢固树立服务意识，形成科技、金融、核心企业三位一体的强大合力，以好用的平台、优质的产品、便捷的流程吸引客户、留住客户，从而提高流量，实现规模效应。其中，平台运营要进一步强化科技支撑，优化用户体验，提高风险识别能力；金融服务要加快数字化转型，强化产品创新，提升服务品质，锻造竞争优势，突出能源金融、绿色金融、普惠金融特色，依托"电e金服"稳健拓展产业链业务；核心企业要发挥牵引带动作用，调动地方政府力量，深化平台推广应用，服务地方经济发展，优化电力营商环境。

四要坚持开放共享。开放是平台经济的基本特征。"电e金服"是公司自主创建的公共服务平台，基于这种定位，一方面，必须坚持开放共享，携手社会优质金融机构，有效对接客户金融服务需求，营造一视同仁、公平竞争的市场环境，这既是公司产业链枢纽地位和平台经济的要求，也是社会各界的期待，要坚决避免引发垄断质疑；另一方面，必须展现公司特色，融入电网元素，体现公司产融协同风格和特点，依托"电e金服"推动公司金融业务数字化转型，促进公司金融业务高质量发展。这2个方面要系统辨证思考，科学分析评估，加强内部协同，合理进行宣传，在坚定不移推动平台开放的同时，持续健全合作金融机构准入退出机制，保持平台的良好品质。

五要坚持安全至上。"电e金服"处在金融、互联网和数据的交汇点，集系统、数据、业务于一体，要始终把好这三道风险关口，确保系统安全稳定运行、数据合规授权使用、业务风险可控在控，努力营造安全可信赖的平台环境，坚决守住不发生重大风险的底线。

第三章　产融协同规范要求

产融协同是企业集团获得持续发展的战略性安排。电网企业作为产业资本密集型企业，拥有相对完整的产业链、庞大的外部利益相关者市场，可以充分利用其供应链核心企业地位，推进金融业务与实体企业经营业务在资源、业务、资本等方面的协同效应，促进产融对接和供需匹配，降低企业融资成本，增强企业集团的价值创造能力，提升资本积累速度，保障企业持续健康发展。本章简要阐述了资本运营规范要求、金融业务政策规范，以及外部政策监管等内容，从宏观上对公司产融协同规范要求进行初步探索，结合公司实践过程进行简要论述，为各位电网人员提供参考。

第一节　资本运营规范要求

一、规范和加强用户资产接收工作管理

（一）用户资产界定

用户资产，是指由用户（包括政府、机关、军队、企事业单位、社会团体、居民等电力用户）出资建设的、专门用于电力接入服务的专用网架及其附属设备、设施等供电配套资产，包括由用户出资建设的城市电缆下地等工程形成的资产；由用户出资建设的居民小区配电设施（包括供电企业根据地方政府有关政策统一收费、统一组织建设的新建住宅供配电设施）形成的资产；用户为满足自身用电需要，出资建设的专用输变电、配电及计量资产；由用户出资建设的电源接入系统工程形成的资产等。

（二）用户资产接收原则

各单位接收用户资产，应遵循以下工作原则：
（1）统筹兼顾，促进发展。接收用户资产，既要有利于电网企业为用户提供安全

可靠、优质高效供电服务，同时也要兼顾企业自身承受能力，有利于促进电网可持续健康发展。接收工作要稳妥有序，统筹把握好企业经济效益与社会效益的关系，努力实现电网企业与电力用户和谐共赢。

（2）协商自愿，无偿移交。接收用户资产，要充分尊重用户意愿，在协商一致的前提下，有关资产产权的接收应采取无偿移交的方式。

（3）依法合规，规范操作。接收用户资产，要严格执行国家有关法律法规、政策规定，规范履行清理调查、决策审批、协议签订、产权变动登记等工作程序，努力防范经营和法律风险。

（4）完善机制，强化管理。接收用户资产，应根据企业和地方实际情况，明晰接收标准，明确职能分工，建立统一的工作流程和操作要求，加强组织协调，完善管理机制，确保用户资产接收工作有章可循、有据可依。

（三）做好接收用户资产调查分析，不断提高接收资产质量

各单位对拟接收的用户资产，应认真组织开展现场实物清理、核查，包括核对设备数量、型号、坐落地点等情况；核实有关资产的产权归属、相关建设项目的核准情况和验收程序；调查了解输变配电设备所附着的土地、房屋建筑物情况；分析评估设备技术性能、运行维护情况和安全状况；收集分析有关技术经济资料等。

对于不符合电网规划，相关项目建设未按规定取得有关审批、核准，或验收手续的用户资产；产权归属不明，存在权属争议、纠纷或涉诉的用户资产；已设定抵押、质押的用户资产；濒临拆除、报废，或存在有严重缺陷和安全风险，供电质量和可靠性无法保障等情况的用户资产，应不予接收。

（四）完善用户资产接收手续，切实防范法律风险

各单位应根据有关法律法规、政策规定，针对用户资产类别和来源情况等，分类组织研究制定规范、统一的用户资产无偿移交协议文本，除统一明确资产移交涉及的相关要求、权责划分等内容外，有关协议（合同）条款中须有资产无偿移交电网企业的明确表述。各单位接收用户资产，应与移交方规范签订资产无偿移交协议或在有关委托建设合同中明确资产无偿移交相关事项。接收用户资产，有关设备所附着的土地、房屋建筑物等，应争取一并无偿移交，确有困难或不具备移交条件的，应在有关协议中约定由电网企业无偿使用。接收地方政府移交的城市电缆下地等工程形成的资产，原则上应签订无偿移交协议；确实无法签订协议的，须取得地方政府出具的明确表述资产无偿移交电网企业的正式文件或会议纪要。接收居民住宅小区供（配）电设施，原则上应与业主委员会签订资产无偿移交协议；与房地产开发企业或物业管理公司等签

订协议的，应要求并督促其在特定地点（如售楼处或小区物业公告栏等）或房屋出售合同中履行相关告知义务，通过公告或合同条文形式告知相关利益人，该小区的专用供电配套设施已无偿移交电网企业或相关房屋建筑物由电网企业无偿使用，同时应告知移交日后该专用供电配套设施的维护改造责任和相关费用由电网企业承接，相关业主不再承担。

（五）规范确定用户资产价值，确保财务信息准确、完整

各单位接收用户资产，其入账价值（接收价值）应按以下方式确定：对于新建供电配套工程等形成的用户资产，可依据经审计的工程竣工决算资料确定；对于财务核算规范、价值证明材料齐全的用户资产，可根据移交方财务账面反映的有关资产价值，或有关协议、文件、发票等注明的价值确定；对于价值核算信息不准确、不完整，或无法取得价值证明材料的用户资产，可根据中介机构或专家小组等出具的价值专业认定结果确定。各单位对接收的用户资产，应组织生产、营销等部门评估其后续可能使用年限，并结合公司固定资产目录的统一规定，合理确定其折旧年限。

（六）建立健全用户资产接收管理机制，确保工作协调有序

各单位应将用户资产接收工作纳入全面预算管理，按照统一管理、分级实施的原则，制定、完善本单位用户资产接收管理办法，明确国网省公司本部与所属有关单位，以及营销、生产、发展、安监、法律和财务等部门在用户资产接收管理和实施方面的职责分工，细化用户资产接收标准，规范资产接收工作流程，科学、合理设置有关内部决策权限和管理审批程序。原则上，电厂接入系 220kV 及以上电压等级用户资产的接收，应由国网省公司本部决策审批管理。各单位应定期对用户资产接收工作进行总结分析，查找存在的问题，分析评估用户资产接收对本单位资产经营、安全生产等方面的影响，采取针对性措施，不断改进和强化管理，并根据企业以及所在地方实际，适时优化调整工作策略，确保工作取得实效。

二、规范和加强不动产登记管理

（一）做好不动产登记管理工作的重要性

不动产是公司经营发展的重要物质基础和公司资产的重要组成部分。《中华人民共和国民法典》规定："不动产物权的设立、变更、转让和消灭，经依法登记，发生效力；未经登记，不发生效力。"随着不动产物权管理的有关法规政策不断完善，不动产登记已成为维护公司合法财产权益的重要环节。由于历史上土地房产政策屡经变迁，部分建设项目资金构成和土地来源比较复杂，部分单位对不动产登记工作不够重视、管理运作不规范等原因，公司系统还有一定数量的不动产登记手续不完善，一些单位内部职责不明确，不动产登记管理基础工作薄弱，存在法律风险。各单位要正确认识不动产登记对明晰财产权属、保护企业合法财产权益的重要作用，高度重视不动产登记管理，将其纳入企业经营管理的日常工作，健全规章制度，落实管理职责，强化基础工作，加强监督检查，确保公司不动产权属手续健全完整、合法合规。

（二）不动产登记的范围和主体

（1）各单位拥有的土地使用权、房屋建筑物等不动产，依法需要进行登记的，都应当及时办理登记手续。法律法规尚未对其物权属性及登记管理做出明确规定的，可暂缓办理登记；法律法规另有规定的，按相关规定办理。

（2）不动产登记遵循"谁拥有、谁管理、谁负责办理登记"的原则。登记工作原则上以独立法人为单位进行。非独立法人单位的不动产，一般应以其所从属的法人单位为权属人办理登记。由于历史原因、实际管理需要或地方性法规政策另有规定的，在确保不会导致权属争议和影响资产管理运作的前提下，经法人单位授权或批准，也可以该非独立法人单位为权属人进行登记。委托运营、租赁经营的不动产，委托人、出租人可以委托受托人、承租人协助办理登记。

（3）不动产登记应当确保"房地合一、名实相符"，即土地使用权与地上附着的房屋建筑物权属应当一致，避免房地分离；不动产的实际权属人和登记权属人应当一致，权属变化应及时办理变更登记。

（三）不动产登记管理的职责分工

（1）各单位应当根据实际情况，对不动产登记的内部管理职能进行合理界定，明确责任部门和岗位。原则上不动产登记管理的职责分工应与资产的价值管理和实物管理职责划分相一致。

①财务部门负责不动产登记的督促协调、价值清查、统计分析等工作，并协助实物管理部门提供办理登记所需的有关价值信息等资料。

②相关实物资产管理部门负责申报办理不动产登记手续、权证及档案管理、实物清查、未办登记及登记瑕疵整改、权属纠纷处理等工作。其中：基建形成的房屋建筑物及其所占用的土地，其权属取得的初次登记由基建管理部门负责；购置、划拨、置换、接受投资转入等方式取得的不动产，其权属取得的初次登记由相关实物资产管理部门或房地产管理部门（指总务、行政、后勤或类似职能部门，下同）负责；不动产取

得后的权证及档案管理、实物清查等日常权属管理，权属纠纷处理，由于单位名称变更、对外转让、划拨、投资转出、不动产权属期限终止、资产报废等原因引起的变更及注销登记等工作，由房地产管理部门负责；不动产抵押登记、预告登记、异议登记、地役权登记等特定登记事项，由相关业务承办部门负责，房地产管理部门协助，具体业务部门不明确的，由房地产管理部门负责。

③计划、基建、生产、营销、调度通信等相关部门按照各自业务范围负责做好不动产登记的有关工作。档案管理部门负责按照档案管理规定做好不动产登记档案的相关管理工作；法律事务部门负责不动产登记相关法律问题的协调指导和法律后援工作。

（2）各单位内部职责分工与上述规定不尽一致的，在不违反内部控制制度的前提下，可根据实际情况适当调整并予以明确。

（3）各单位需要将不动产登记管理的部分具体工作委托给物业管理企业承担的，必须在委托合同或物业管理合同中明确约定受托人的具体工作内容和义务，相关职能部门的管理责任不因委托管理关系而减轻或免除。

（四）不动产登记的主要环节和时间要求

（1）取得土地使用权的，原则上应当自具备办理土地使用权初始登记或变更登记条件之日起3个月内办理完毕登记手续。具备办理登记条件之日是指：

①以划拨方式取得国有建设用地使用权的，为取得政府相关批准文件之日。其中新开工的大中型建设项目使用划拨国有土地，政府不动产登记部门要求提供建设项目竣工验收报告的，为验收单位出具竣工验收报告之日。

②以出让方式取得国有建设用地使用权，或原划拨国有建设用地使用权转为出让国有建设用地使用权的，为签订土地使用权出让合同并按规定已缴纳出让价款之日。

③以国有土地租赁方式取得国有建设用地使用权的，为签订租赁合同并按规定已缴纳土地租金之日。

④以受让、置换、接受投资等方式从其他权利人处取得国有建设用地使用权的，为合同约定的权属转移之日。

⑤因受让、划拨、置换、接受投资等方式取得地上房屋建筑物涉及建设用地使用权转移的，为合同约定并经政府批准土地使用权转移（如涉及），且已办妥房屋所有权变更登记之日。

⑥以其他方式取得土地使用权的，为相关权利义务实质转移并取得相关批准文件（如涉及）之日。

（2）已取得的土地使用权发生变更的，原则上应当自具备办理土地使用权变更登记条件之日起3个月内办理完毕登记手续。具备办理登记条件之日是指：

①因合并、分立、终止清算等原因致使土地使用权发生转移的，为政府部门、上级单位批准之日或合同约定权属转移之日。

②土地权利人名称、地址等变更的，为变更事项实际发生或生效之日。

③以转让、置换、投资转出等方式对外转移土地使用权的，为合同约定并经政府批准土地使用权转移（如涉及）之日。

（3）取得或变更房屋建筑物所有权的，原则上应当自具备办理房屋所有权初始登记或转移登记条件之日起2个月内办理完毕登记手续。具备办理登记条件之日是指：

①自行出资建造房屋建筑物，为验收单位出具竣工验收报告之日。

②以购置、转让、划拨、置换、投资转入或转出等方式取得或变更房屋建筑物所有权的，为合同约定权属转移之日。

（4）不动产抵押登记、预告登记、异议登记、注销登记、地役权登记等特定登记事项，应当根据合同约定和实际需要，及时办理登记手续。

（五）不动产登记的基础工作

（1）各单位实物资产管理部门和财务部门应当分别建立《不动产登记情况备查簿》，详细记录不动产权属登记信息，并定期与资产卡片核对，确保账实相符。

（2）加强不动产权证和档案管理。不动产权证及有关合同、批文等法律文件是确定权属的重要依据。各单位房地产管理部门要建立健全权证保管和使用制度，及时将权证及相关档案资料登记、归档，并指定专人负责管理；建立健全不动产登记的电子档案，并与资产管理信息系统相衔接。不动产取得的初次登记及有关特定登记事项，按规定不是由房地产管理部门负责办理的，负责办理的相关业务部门办妥登记手续后，应及时将权证及有关档案资料移交房地产管理部门统一管理。权证申办部门对其办理的权证资料的合法性、准确性和完整性负责。基建项目有关的不动产权证档案，按基建管理程序移交；项目竣工移交时尚未办理完毕不动产登记手续的，各单位要明确继续负责办理的责任部门，未明确的一律由项目建设管理部门继续负责。

（3）加强不动产管理运作的信息沟通。有关业务部门发生涉及不动产购建、变动等事项，按规定须由其他部门办理登记手续的，应及时履行告知义务，并配合提供有关资料。办妥登记手续后，权证申办部门应及时将权证及相关资料移交房地产管理部门。房地产管理部门和权证申办部门应及时将有关不动产登记信息抄送财务部门。

（4）加强不动产登记的风险管理。实物资产管理部门要加强不动产权属的跟踪管理，预防权属纠纷，必要时要采取异议登记、更正登记等措施，依法维护不动产权益。与其他经济主体发生不动产交易行为，由于履约时间长、对方资信等级不佳等原因存在履约风险的，应当及时办理预告登记，避免标的不动产权属受到损害。

（六）不动产登记的清查和整改

（1）各单位应建立不动产登记的定期清查制度。至少每年清查一次。

（2）对于清查发现的不动产权属不清、登记手续不全等问题，各单位应明确责任部门和人员，限期整改。具体如下：

①对于正在使用并已取得不动产登记权证，但因权属人名称或其他事项发生变化等原因，导致登记信息与实际情况不符的，应当收集有关资料，及时办理变更登记。

②对于正在使用但尚未取得权属证书或证书遗失的，应当查明原因，明确责任，限期完成登记工作。

③对于因地上房屋建筑物转让、企业改制等原因，导致土地使用权实际已经转移，但土地使用权未做正确处置或权证尚未变更的，应相应完善土地使用权的出让、转让、租赁、变更或注销手续。

④对于划拨土地使用权出租、转让给他人使用，但未按规定经政府主管部门批准并办理土地出让手续的，应进行更正，收回土地使用权或补办审批、出让、变更手续。

⑤对于闲置、废弃或被他人无偿占用的不动产，应根据生产经营需要合理利用，完善相关的审批、登记手续。

⑥对于不动产与他人存在交叉、争议、边界不清、房地分离等情况的，应当积极收集证据，与当事人协商解决，规范完善登记手续；协商不成的，依法提请政府主管部门处理；必要时通过法律途径解决。

⑦对于暂时难以解决的问题，应明确责任部门和人员，做好备查登记，加强跟踪协调。

三、土地权属清理完善工作

（一）工作范围

截至2011年12月31日，公司所属各级全资控股企业及各级分公司（分支机构）拥有或占用，按照现行法律法规应当办理使用权属登记的土地，均应纳入本次土地权属清理完善范围。主要包括变电站（开关站、开闭所、供电所）及相关设施占地，发电机组及相关设施占地，调度通讯用房占地，营业用房占地，办公用房占地，其他生产性房屋建筑物占地；后勤服务用房占地，其他非生产性房屋建筑物占地；闲置土地。不包括输（配）电线路通道占地和杆塔占地。其中，权属存在重大争议或法律纠纷等特殊情况，短期内确难解决的，可暂缓办理。

（二）工作原则

全面彻底，依法合规；区别对待，先易后难；统一协调，分级负责。

（三）工作进度安排

（1）2012年3月底前，各单位完成土地情况清理，并上报工作方案。工作方案应包括的主要内容如下：工作组织情况、存量土地清理情况、土地权属存在的主要问题及原因分析、拟采取的主要措施、时间进度安排等。

（2）2012年12月底前，除确实无法办理的特殊事项外，各单位至少完成土地权属完善工作总量的60%（按土地宗数计算），并上报阶段性土地权属清理完善工作总结。阶段性工作总结应包括的主要内容如下：工作开展情况；工作中面临的主要困难及应对措施；阶段性工作成果，包括土地权证办理及变更完成情况、有关资金支出情况、尚未办理权证的土地情况及其原因等；工作中反映出的管理问题及整改情况；有关经验总结；后续工作计划等。

（3）2013年12月底前，除确实无法办理的特殊事项外，各单位基本完成土地权属清理完善工作，并上报总结报告。总结报告应包括的主要内容如下：工作组织开展情况，土地权属管理中存在的主要问题和采取的有效措施，工作成效及经验总结，规范土地权属管理已采取的措施和成效，下一步加强土地权属规范管理的建议等。

（四）职责分工

公司总部负责土地权属清理完善工作的组织与督导，统一明确工作范围、原则和总体要求；各单位应结合实际情况，按照公司《关于进一步规范和加强不动产登记管理工作的意见》（国家电网财〔2008〕1267号），进一步界定本单位土地权属清理完善工作的职能分工，明确责任部门和岗位。原则上，各单位该项工作的部门职责分工应与资产的价值管理和实物管理职责划分一致。具体如下：

（1）财务部门负责土地权属清理完善工作的督促协调、价值清查、统计分析，并牵头对涉及的费用化和资本化支出进行测算。

（2）相关实物管理部门负责土地权属的实物清查、登记或变更手续申办、瑕疵整改、纠纷处理等工作，并配合财务部门做好相关支出测算，其中，基建形成的土地由基建管理部门负责；购置、划拨、置换、接受投资转入等方式取得的土地，由相关实物管理部门（包括发策、生产、营销、调度、总务、行政、后勤或类似职能部门）负责。

（3）档案管理部门负责按照档案管理规定做好土地权属登记档案的管理工作。

（4）法律事务部门负责相关法律问题的协调指导和法律后援工作。

（五）工作要求

1. 切实加强重视

各单位应充分认识土地权属清理完善工作的重要性、复杂性和艰巨性。要精心组织、统筹安排、明确分工、落实责任；加强对所属单位及相关人员的政策宣贯和业务培训；对每一地块进行认真清查核实，并建立完整准确的土地台账和资料档案。

2. 争取地方支持

各单位要认真研究、把握国家和地方现行有关土地管理的法律法规、政策规定，做好与各级地方政府的沟通、协调，积极争取理解与支持，并主动与有关省（市）级土地主管部门建立有效的工作机制，自上而下、统筹有序地推动土地权属清理完善工作。

3. 规范登记名称

各单位应将此项工作与公司"五大"体系建设要求相衔接，根据相关组织机构及资产管理界面的调整变化情况，规范使用权人登记名称，其中，电网建设用地应登记在省公司及所属地市（县）供电公司名下，办公、营业、后勤服务等用地遵照"谁拥有、谁办理"的原则办理土地权证登记，登记名称应与企业营业执照名称保持一致。

4. 规范土地性质

各单位占用的土地，原则上应办理国有土地使用权证；占用农村集体土地的，应按规定办理征地报批和农用地转用手续，规范变更土地性质。

5. 借助专业力量

各单位应充分借助专业机构力量，结合实际聘请咨询、代理等中介机构，为土地权属清理完善提供专业服务和技术支持，规范、有效推进工作进程。

6. 防止前清后乱

各单位在清理过程中，应边清理、边总结，查找管理漏洞，提出解决措施，明确职责分工，完善相关规章制度，建立健全土地权属管理长效机制。对于已明确回归主业的多经企业拥有的土地、纳入农电体制改革上划范围的县公司拥有的土地必须在回归或上划前完成土地权属清理完善工作；各单位在开展并购前必须完成土地权属清理完善工作。

7. 定期统计分析

各单位自2012年3月31日起，每季度末通过财务管控系统随财务快报上报"国家电网公司土地权属清理完善工作统计汇总表"及"国家电网公司土地基本情况统计明细表"。

四、资产评估机构选聘工作

（一）公司对评估机构选聘实行准入制度

公司总部及各级全资、控股企业和事业单位（以下简称"各单位"）因开展经济行为需要，拟委托中介机构进行资产评估并作为交易价格依据的，应在公司准入的资产评估机构范围内选聘。如因特殊原因确需选用公司准入范围以外评估机构的，应在国资委公布的中央企业备选评估机构名单中选聘，并须书面报告公司总部，对拟选聘的评估机构情况和选择原因做出说明。办理土地使用权、矿业权出让手续涉及的出让价格评估，按国家有关规定，委托相关部门认可、具备相应资质的机构进行，并将评估结果报有关国土资源管理部门确认；接收用户资产等过程中以获取价值参考为目的的估价，可委托适当的专业机构或内外部专业人员进行。上述估价事项的机构选聘，原则上在公司准入机构范围内选择，但评估结果不需要公司总部审核备案。

土地使用权出让，是指国家以土地所有者的身份将土地使用权在一定年限内出让给土地使用者，并由土地使用者向国家支付土地使用权出让金的行为；矿业权出让，是指登记管理机关向矿业权申请人授予探矿权、采矿权的行为。

（二）评估机构应与评估项目的情况相适应

各单位按规定发生相关经济行为、需要进行资产评估的，应当结合评估对象的规模、类型、位置，以及评估目的等情况，综合考虑评估机构（及其分支机构）的所在地域、评估资质、执业水平、行业专长及收费情况等，在公司准入范围内选择与评估项目相适应的评估机构。

（三）评估机构应具备必要的资质

资产评估项目涉及企业申请公开发行股票、上市公司国有股东产权变动且将导致所持股份性质发生变化，以及上市公司接受现有或潜在股东以各种形式注资的，对相关资产进行评估的机构应具有证券从业资格；资产评估项目涉及房产土地转让、抵押、拆迁等的，对相关房产土地进行评估的机构应具有房地产估价资格；资产评估项目涉及矿业权转让、抵押、出资入股等的，对相关矿业权进行评估的机构应具有矿业权评估资格。

因实际情况需要，各单位选聘的房地产估价和矿业权评估机构不具备财政部颁发的资产评估资格，或不在公司准入评估机构范围内的，相关房产土地和矿业权评估结果应纳入公司准入机构出具的资产评估报告，一并办理评估备案手续。

（四）评估委托方应区别评估对象予以确定

评估对象属于企业法人财产权范围的，由该企业作为委托方；评估对象属于企业产权（股权）等出资人权利的，由该企业的国有股东作为委托方，涉及多个国有股东的，经协商一致可由其中一个或多个国有股东共同作为委托方；评估对象为非国有资产的，由接受非国有资产的单位作为委托方，或由经济行为双方当事人共同作为委托方。

（五）评估机构的选聘应采取差额竞争方式

各单位应结合评估项目情况，在公司准入的评估机构范围内，采取公开招标、邀请招标、公开比选、竞争性谈判等差额竞争方式选聘评估机构，对选聘方式、评审意见和选聘结果等进行书面记录，并做好相关档案管理。

（六）加强对评估机构的责任约定和工作情况跟踪

各单位应在评估业务委托合同中，就评估机构的权利义务、违约责任等做出明确约定。评估项目开展过程中，各单位应对所选聘评估机构的专业水平、执业态度、评估报告质量等情况进行全程跟踪，一旦发现评估机构无法按合同约定，保证评估项目合理进度和质量的，应及时更换评估机构，或要求评估机构予以改进。

（七）定期评价准入机构工作质量

公司总部每年对准入评估机构进行综合评价，并向各单位通报评价结果，作为各单位选聘评估机构和公司调整准入机构范围的参考。评价内容主要包括评价期间从事的公司系统内评估项目数量、评估报告审核一次通过率（或复审次数）、最终备案评估结果与初次上报评估结果之间的差异幅度、评估报告内容完整性和形式规范性、国家有关主管部门或行业主管部门的检查通报情况等。

（八）动态优化调整准入机构范围

为促进评估机构有序竞争，确保评估工作质量，原则上每两年公司总部应结合资产评估业务量、对评估机构的综合评价情况，以及各单位的调整意见等，对公司系统准入评估机构范围进行优化调整。各单位应当依据国家和公司相关规定，结合自身实际情况，完善评估机构选聘工作程序，切实加强资产评估管理。

五、规范中央企业选聘评估机构工作

（1）中央企业应当依据国家有关法律法规的要求，结合本企业具体情况，制定评估机构选聘管理制度，完善评估机构选聘工作程序，明确评估机构选聘条件，建立评估机构执业质量评价标准及考核体系。

（2）中央企业选聘的评估机构应当符合以下条件：

①遵守国家有关法律法规以及企业国有资产评估的政策规定，严格履行法定职责，近3年内没有违法、违规执业记录。

②掌握企业所在行业的经济行为特点和相关市场信息，具有与企业评估需求相适应的资质条件、专业人员和专业特长。

③熟悉与企业及其所在行业相关的法规、政策。

（3）中央企业应当按照"公开、公平、公正"的原则，根据自身及其各级子企业规模、区域分布和资产评估业务特点等，结合评估机构的资质条件、人员规模、执业质量、执业信誉、技术特长和区域分布等因素，建立适应本企业各类评估业务需求的评估机构备选库。中央企业确定评估机构备选库后，应当在本企业公告备选评估机构名单，并在公告期截止之日起10个工作日内将备选评估机构名单及选聘情况报送国资委备案。国资委根据备案情况，将中央企业备选评估机构名单在国资委网站上向社会公布。

（4）中央企业及其各级子企业在聘请评估机构执行业务时，应当在本企业评估机构备选库内实行差额竞争选聘。个别临时业务中确有原因不能在本企业备选库内选聘的，应当在国资委公布的中央企业备选评估机构名单中竞争选聘，并向国资委报告相关情况。

（5）中央企业应当根据评估机构执业质量评价结果和企业评估业务需要，对评估机构备选库实行动态管理，原则上每2年调整一次，调整时应当根据执业质量评价结果对备选评估机构予以一定比例的更换。

（6）受聘评估机构在执业过程中发生故意违规行为的，中央企业应终止其执行该业务；情节严重的，应将该评估机构从本企业评估机构备选库中删除，同时将相关情况报告国资委及有关部门，由国资委通告各中央企业3年内不再选聘该评估机构；涉嫌犯罪的，依法移送司法机关处理。

（7）中央企业在选聘评估机构过程中，应当严格按照本指导意见执行。国资委应定期对中央企业评估机构备选库建立工作及企业重大重组改制涉及的评估机构选聘工作进行抽查和监督。

六、资本运营业务操作规范指引——引入社会资本

（一）适用范围

本指引适用于国家电网有限公司（以下简称"公司"）各级全资、控股单位（以下简称"各单位"）通过股权转让、增资扩股、合资新设、投资并购、首发上市（IPO）、上市公司资产重组及发行证券等方式，引入公司外部国有资本、集体资本、非公有资本（以下统称"社会资本"）的行为。

（二）政策依据

1. 国家有关文件

《中共中央、国务院关于深化国有企业改革的指导意见》
《国务院关于国有企业发展混合所有制经济的意见》
《关于鼓励和规范国有企业投资项目引入非国有资本的指导意见》
《中央企业实施混合所有制改革有关事项的规定》
《国有资产评估管理办法》
《国有企业清产核资办法》
《企业国有资产评估管理暂行办法》
《国家出资企业产权登记管理暂行办法》
《企业国有资产交易监督管理办法》
《中央企业投资监督管理办法》
《上市公司国有股权监督管理办法》
《中央企业违规经营投资责任追究实施办法（试行）》
《关于加强企业国有资产评估管理工作有关问题的通知》
《中央企业混合所有制改革操作指引》
《首次公开发行股票并上市管理办法》
《上市公司证券发行管理办法》
《上市公司重大资产重组管理办法》
《上市公司信息披露管理办法》
《创业板首次公开发行股票注册管理办法（试行）》
《科创板首次公开发行股票注册管理办法（试行）》
《监管规则适用指引——上市类第1号》

2. 公司有关文件

《国家电网有限公司股权管理办法》

《国家电网公司资产评估工作管理办法》

《国家电网公司担保管理办法》

《国家电网公司资金管理办法》

《国家电网公司资产产权业务操作规范指引》

(三) 基本原则

各单位引入社会资本应遵循以下原则:

1. 坚持战略引领

紧紧围绕建设具有中国特色国际领先的能源互联网企业的战略目标,结合各单位业务定位和发展需求,坚持"三个有利于"(有利于国有资本保值增值,有利于提高国有经济竞争力,有利于放大国有资本功能)和"三因三宜"(因地施策,因业施策,因企施策;宜独则独,宜控则控,宜参则参),实事求是开放资本。

2. 坚持合作共赢

积极引入社会投资者,促进公司资本与社会资本在专业、技术、市场、人才、管理等方面优势互补、合力发展,充分发挥协同效应和放大效应,不断增强国有经济竞争力、创新力、控制力、影响力、抗风险能力。

3. 坚持依法合规

全面遵守法律法规、规章制度和财经纪律,严格履行"三重一大"(重大决策、重大干部任免、重大项目安排和大额资金使用)决策程序,规范实施操作,强化交易监管,严守法纪边界,有效防范风险。

4. 坚持以混促改

着力在完善现代企业制度、提高资本运行效率上下功夫,推动完善以资本为纽带的现代法人治理结构,以资本开放促进体制机制变革。

(四) 引入社会资本的主要方式

1. 股权转让

股权转让是指各单位将所持有的全部或部分标的企业股权有偿转让给新的投资者。

(1) 适用情形:标的企业权属清晰、持续经营、自身补充资本金需求不甚迫切,引入新股东可为标的企业带来技术、市场或其他资源,形成优势互补、合作共赢;股权转让不能为标的企业带来增量资本,且股权转让进场挂牌时原则上不得对受让方设定资格条件。

（2）关注重点：

①交易模式。标的企业为非上市公司的，股权转让可采取进场交易和协议转让2种方式。以下情形的股权转让可以采取协议转让方式：第一，涉及主业处于关系国家安全、国民经济命脉的重要行业和关键领域企业的重组整合，对受让方有特殊要求，企业股权在国有及国有控股企业之间转让；第二，转让方和受让方均为系统内单位，即公司内部协议转让。标的企业为上市公司的，应坚持公开、公平、公正原则，可采取二级市场减持、大宗交易、公开征集转让或非公开协议转让方式进行。

②决策程序。非上市公司股权转让，符合以下条件之一，经公司总部审核同意后，报国资委审批：第一，涉及主业处于关系国家安全、国民经济命脉的重要行业和关键领域企业的重组整合，对受让方有特殊要求，企业股权在国有及国有控股企业之间协议转让；第二，转让标的企业持有上市公司股份的，股权转让将导致转让标的企业经济性质或上市公司实际控制人发生变化；第三，商业二类企业股权对外转让。符合以下条件之一的报公司总部审批：第一，经公司总部审批形成的股权拟对外转让的；第二，公司内部协议转让；第三，符合本单位功能定位与核心业务方向的全资、控股企业，转让后不再控股的。其他股权转让事项由各二级单位自行决策，并报公司总部备案。

上市公司股权转让，符合以下任一条件的，应报国资委审批：第一，转让控股上市公司股份，可能导致持股比例低于合理持股比例；第二，通过证券交易系统转让上市公司股份达到公司《股权管理办法》规定比例或数量的；第三，与公司系统外单位非公开协议转让事项；第四，控制权发生转移的非公开协议转让事项。各单位公开征集转让、非公开协议转让上市公司股份，应报公司总部审批。

③交易价格。非上市公司股权转让，通过进场交易方式实施的，股权转让项目首次正式挂牌底价不得低于经备案的评估结果，信息披露期满未征集到受让方拟降价的，新的挂牌底价低于评估结果90%时，应经原批准单位同意；交易价格确定后，交易双方不得以期间损益等理由对交易价格进行调整。国资委批准的协议转让，转让价格不得低于经国资委审核备案的评估值；公司内部协议转让，转让价格不得低于经公司总部审核备案的评估值。

上市公司股权转让，通过证券交易系统转让上市公司股份的，转让价格按上市公司股票二级市场价格确定。公开征集转让或非公开协议转让上市公司股份的，转让价格不低于上市公司提示性公告日前30个交易日的每日加权平均价格的算术平均值及最近一个会计年度经审计的每股净资产值中的较高者。存在其他特殊情形的，非公开协议转让上市公司股份的价格参照公司《股权管理办法》和证券监管相关规定确定。

④交易机构。通过进场交易方式实施非上市公司股权转让的,应在国资委确定的可从事中央企业产权转让业务的机构挂牌(目前包括北京产权交易所、天津产权交易中心、上海联合产权交易所和重庆联合产权交易所)。股权转让单位应按照各产权交易机构要求,委托交易所会员单位办理相关挂牌转让。上市公司股份转让一般通过证券交易系统实施。

⑤信息披露。股权转让进场交易采取信息预披露和正式披露相结合的方式,其中正式信息披露时间不少于20个工作日,因股权转让导致标的企业的实际控制权发生转移的须进行信息预披露,且时间不得少于20个工作日。股权转让进场交易原则上不得针对受让方设置资格条件,确需设置的,不得有明确指向性,或违反公平竞争原则;所设资格条件相关内容应当在信息披露前,经公司总部审核后,报国资委备案。上市公司股权转让,股权转让单位履行完决策审批程序后,应书面通知上市公司,由其依法披露并进行提示性公告。各股权转让单位应将转让方案、可行性研究报告、内部决策文件、拟发布的公开征集信息等内容通过国资委产权管理综合信息系统报国资委同意后,书面通知上市公司发布公开征集信息,内容主要包括拟转让股份权属情况和数量、受让方应当具备的资格条件、受让方的选择规则、公开征集期限等。公开征集信息中对受让方资格条件不得设定指向性或违反公平竞争要求的条款。

⑥损益影响。股权转让价格与账面投资价值的差额会影响转让方当期损益。

2. 增资扩股

增资扩股是指标的企业引入新股东增资扩股。

(1) 适用情形:标的企业权属清晰、持续经营、自身补充资本金需求迫切,引入新股东可带来资金、技术、市场或其他资源。增资扩股可为标的企业带来增量资本,并可通过设定投资者资格条件且开展综合评议或竞争性谈判的方式遴选投资者。

(2) 关注重点:

①交易模式。标的企业为非上市公司的,增资扩股原则上应采取进场交易方式,符合以下任一条件的,可采取非公开协议方式:第一,因国有资本布局结构调整需要,由公司系统外特定的国有及国有控股企业参与增资;第二,因公司与系统外特定投资方建立战略合作伙伴关系或利益共同体需要,由该投资方参与增资;第三,公司总部直接或指定其控股、实际控制的其他子企业参与增资;第四,债权转为股权;第五,原股东增资。标的企业为上市公司的,可按证券监管规定,通过以公开方式向不特定对象公开募集股份、以非公开方式向特定对象发行股份,以及发行可转换公司债券等方式实施增资扩股。

②决策程序。非上市公司增资扩股,符合以下任一条件的,经公司总部审核同意

后，报国资委审批：第一，商业二类企业增资扩股且股权结构发生变化；第二，上述以协议方式实施非上市公司增资扩股的前两种情形；第三，各级单位全资、控股，或参股但为第一大国有股东的股份有限公司拟公开发行股票并上市。符合以下任一条件的，报公司总部审批：第一，导致二级单位股权结构发生变化的增资扩股事项；第二，符合本单位功能定位与核心业务方向的全资、控股企业，增资扩股后由全资、控股变为参股；第三，涉及引入管理层、职工个人持股的；第四，公司总部直接或指定其控股、实际控制的其他子企业参与协议增资的，以及债权转股权事项。其他增资扩股事项，由各二级单位自行决策并报公司总部备案。

上市公司增资扩股，符合以下任一条件的，由公司总部决策：第一，未导致公司持股比例低于经国资委备案的合理持股比例；第二，未导致上市公司控制权转移；第三，不属于中国证监会规定的重大资产重组。其余事项经公司总部审核同意后，上报国资委审批，并按照证券监管规定履行相关手续。

③交易价格。非上市公司增资扩股的交易价格以经有权部门备案的评估结果为基础，结合意向投资人的条件和报价等因素综合确定，并经企业董事会或股东会审议同意。自评估基准日起至信息披露起始日止，增资方可自行决策过渡期损益的归属，同时将该损益归属安排予以披露。信息披露起始日之后的过渡期损益原则上应由增资后的全部股东共同享有。如原股东主张过渡期收益，可通过提高交易价格的方式予以实现，不得通过设定挂牌条件、事后另行约定等方式对达成的交易价格进行调整。上市公司以公开方式向不特定对象公开募集股份，发行价格应不低于公告招股意向书前20个交易日公司股票均价或前1个交易日的均价。以非公开方式向特定对象发行股份，发行价格不低于定价基准日前20个交易日公司股票均价的80%。

④交易机构。非上市公司通过进场交易方式实施增资扩股的，应在可从事中央企业增资扩股业务的北京产权交易所或上海联合产权交易所挂牌。上市公司增资扩股一般通过证券交易系统实施。

⑤信息披露。非上市公司通过进场交易方式实施增资扩股的，应通过产权交易机构网站对外披露信息公开征集投资方，时间不得少于40个工作日，信息披露内容主要包括企业的基本情况、增资行为的决策及批准情况、募集资金金额及用途、增资后的股权结构、投资方的资格条件及遴选方式等。

上市公司实施增资扩股，应按照证券监管相关规定，真实、准确、完整、及时、公平地披露或者提供信息，不得有虚假记载、误导性陈述或者重大遗漏。具体披露要求参见《上市公司证券发行管理办法》《上市公司信息披露管理办法》等证券监管相关制度规定。

⑥损益影响。增资扩股不会影响原股东和标的企业当期损益。

3. 合资新设

合资新设是指各单位与社会资本合资设立新企业。

（1）适用情形：出资新设企业，通常是为开展特定项目或业务，一般对投资方有特别要求，希望实现强强联合、优势互补。在沟通一致的前提下，新设企业注册登记程序相对简便。

（2）关注重点：

①出资方式及进度安排。新设企业出资人可以通过让渡货币资金、股权、债权、实物资产、无形资产或法律法规允许的其他资产出资。以债权作为出资取得股权投资，应按照企业会计准则中债务重组的有关规定确认股权投资成本；以其他非货币资产进行股权投资，以经有权部门核准或备案的资产评估结果作为出资入股的作价依据。各出资方应当按照公司章程、投资协议等相关文件约定的出资时间及时实缴到位。原则上首期出资款，应当在新设企业资金账户开立后15个工作日完成缴纳。

②业务界面。新设企业需符合国资委和公司投资负面清单的投资管控要求，业务方向应紧紧围绕公司战略和各单位功能定位、核心业务布局与发展需要，并做好与现有其他企业的业务界面划分，避免资源重复投入、形成同业竞争。

③企业名称。根据国资委要求，各单位参股企业不得使用"国网"或二级单位集团字号。

④损益影响。以非货币性资产出资的，出资资产的交易价格与账面价值的差额会影响出资方当期损益。

4. 投资并购

投资并购是指各单位通过股权收购、增资入股等方式取得标的企业控股权。

（1）适用情形：为获取本单位不具备或自身培育不具效率和比较优势的有关技术、业务或市场，取得标的企业控股权。通过投资并购，可以较快获取所需的相关资源，避免进入壁垒，迅速获取市场，发挥协同效应，但可能面临并购代价高、业务整合及经营收益不达预期等潜在风险。

（2）关注重点：

①交易模式。可采用股权收购、增资入股、债权转股权、股权置换等方式实施，通过进场摘牌、协议收购等方式实现。

②交易价格。收购非国有企业的股权，应当按照相关规定进行审计评估，原则上作价应不高于经备案的资产评估结果，拟定交易价格高于评估结果的，应当事先获得原经济行为批准机构同意。通过进场交易实现投资并购的，过渡期损益处理遵照增资扩股相关要求。

③风险防控。在投资并购过程中，对并购对象应进行充分的尽职调查，全面收集了解并购对象的情况，评估并购中可能存在的风险。在尽职调查基础上，客观地进行可行性研究，充分分析论证相关风险并制定应对措施。对于收益法、市场法估值可能导致的交易价格过高风险，应通过分期付款、对赌业绩、约定回购等方式保护投资安全与权益。加强并购协议法律审查，应要求交易方对并购对象资产、负债及或有负债情况予以承诺，并在并购前对重大风险做出妥善安排，明确各方权责和争议解决方式。

④损益影响。以现金出资实现并购的，通常不影响当期损益；以非货币性资产出资的，交易价格与账面价值的差额会影响出资方当期损益；债权转股权的，重组债务的账面价值与获得股权公允价值的差额会影响当期损益。

5.首发上市或重组上市

首发上市或重组上市是指通过首发上市或与上市公司资产重组，标的企业实现上市。

（1）适用情形：标的企业符合上市要求，盈利模式清晰，具有较好的收益水平和增长性，具有持续补充资本的需求。

（2）关注重点：

①交易程序。采取首发上市方式的，应当按照要求履行国有股东标识管理程序。符合国家战略、拥有关键核心技术、科技创新能力突出、主要依靠核心技术开展生产经营、具有稳定商业模式、市场认可度高、社会形象良好、具有较强成长性的企业，可优先选择在科创板上市。采取重组上市方式的，应按照符合公司发展战略及有利于提高上市公司质量和核心竞争力等原则，科学策划重组方案，合理选择重组时机，并按照证券监管要求，严格管理内幕信息，规范履行各方审议、决策及报批程序。

②资产权属。拟上市公司应参照上市审核的相关规则，全面核查资产权属，及时办理出资资产的权属转移手续，确保不存在涉及主要资产、核心技术、商标等的重大权属纠纷、重大偿债风险、重大担保、诉讼、仲裁等或有事项。

③同业竞争。拟上市公司应全面梳理公司业务、提前做好业务界面划分，避免与控股股东、实际控制人及其控制的其他企业间的同业竞争，或在监管允许的前提下，做好解决同业竞争的安排和承诺。同时，需要加强募集资金投资项目立项审核、监管，项目实施后不得产生新的同业竞争。

④关联交易。拟上市公司应加强关联交易管理，尽可能减少关联交易，合理确定交易价格，确保上市公司与控股股东、实际控制人及其控制的其他企业间不存在显失公平的关联交易，不存在通过关联交易操纵利润的情形。同时，应按照证券监管的相关规定，做好关联交易的信息披露工作，完整披露关联方关系并按重要性原则恰当披露关联交易。

⑤过渡期损益安排。上市公司重大资产重组中,以收益现值法、假设开发法等基于未来收益预期的估值方法作为主要评估方法的,上市公司拟购买资产过渡期间(自评估基准日至资产交割日)的收益一般归上市公司所有,亏损一般由资产转让方补足。拟通过重组上市的公司应提前做好相关业务规划、及时办理资产交割,切实维护国有股东合法合理利益。

⑥业绩承诺。按照证券监管的相关规定,对于上市公司重大资产重组中,采取收益现值法、假设开发法等基于未来收益预期的方法对拟购买资产进行评估并作为定价参考依据的,资产转让方应当就预测业绩做出承诺,并与上市公司就相关资产实际盈利数不足利润预测数的情况签订明确可行的补偿协议。拟重组上市的单位在资产评估定价和业绩承诺过程中,应对未来业绩进行科学合理的预测,并全力完成相关承诺,在资本市场树立良好的企业形象。

(五)通常流程

引入社会资本工作主要涉及方案制定、尽职调查、决策审批、审计评估、交易实施、交割登记、公司治理、监督评价等8个环节。

1. 方案制定

拟引入社会资本的单位,应立足公司战略目标和自身功能定位,深入开展可行性研究,并制定详细工作方案。方案内容一般包括企业基本情况,引入社会资本的必要性和可行性分析,工作原则和思路,引入社会资本的方式、条件要求、定价方法,引入社会资本后股权比例设置和法人治理结构,转变运营机制的主要举措,债权债务及不动产处置方案,过渡期损益分配方案,职工安置方案,历史遗留问题解决方案,股权退出机制,风险评估与防范措施,责任追究措施,组织保障和进度安排等。制定方案过程中,要注意规范交易程序,确保符合国资监管规定;结合企业分类、业务市场化程度、合作方情况、定位及发展需要等,科学设计股权结构,充分激发资本活力;积极开展财税政策研究和税收筹划,降低改革成本。必要时可聘请外部专家、中介机构等参与。

2. 尽职调查

拟引入社会资本的单位,应积极配合意向投资者开展尽职调查工作,在对方签署保密协议的前提下,审慎、规范提供企业基本情况、历史数据、核心资源、内部事项、主要风险等信息,客观、合理预计未来市场增长、业务发展、模式创新、经济效益等情况。同时,应对拟引入投资者的业务资质、经营情况、财务状况、商业信誉等进行认真核实,必要时可委托财务顾问、律师等第三方协助开展相关工作,严格实施风险评估和法律审查程序。

3. 决策审批

引入社会资本工作方案制定后，应按照公司"三重一大"决策制度，规范履行本单位党委会、董事会、股东（大）会等内部决策程序。涉及公司总部、国资委等决策审批的，按照公司《股权管理办法》及相关规定执行。涉及控制权转移和职工安置的，还应经职工代表大会审议通过。

4. 审计评估

拟引入社会资本的单位，应合理确定纳入实施方案的资产范围，并选聘具备相应资质的中介机构开展必要的财务审计、资产评估工作，及时办理核准或备案手续，科学合理确定资产价值和交易定价依据。

5. 交易实施

各单位引入社会资本，主要通过产权市场、股票市场等市场化平台，以公开方式进行；或按规定经国资委或总部批准，以协议方式进行。在谈判过程中，要严格遵守国有资产监督管理要求，依法合规确定交易价格，切实防范国有资产流失风险。在交易过程中，根据项目情况依规合理选择交易方式，并按规定履行必要的进场或审批程序。在实施过程中，应加强风险预警和控制，相关前提、边界条件发生重大变化的，应重新履行决策审批程序。

6. 交割登记

交易各方沟通磋商达成一致意见后共同签署交易合同，严格遵守国有资产交易价款支付相关规定，做好资产交割、资金支付等工作，并同步按照国有资产产权登记管理规定和标准流程，在国资委和公司产权管理系统中做好信息填报和产权登记，完成公司总部和国资委审核后，及时办理工商登记。

7. 公司治理

企业引入社会资本后，应完善法人治理结构，合理设置股东（大）会、董事会、监事会，规范股东（大）会、董事会、监事会、经理层和党组织的权责关系，按企业章程行权、依市场规则运行。持续深化三项制度改革，用足、用好、用活正向激励工具，构建多元化、系统化的激励约束体系，充分调动职工积极性。分类实施"战略＋运营""战略＋财务"管控模式，厘清资本所有权和企业经营权的边界，增强企业发展活力和动力。

8. 监督评价

建立健全纪检、监察、审计、财务等协同机制，加强对引入社会资本交易过程的监督检查，对出现的违法违规行为，依法依规处理，严肃责任追究。加强引入社会资本后的评价工作，围绕资源协同、治理优化、管理改善、效益提升等方面，开展对引资项目实施效果的"回头看"，加强分析考评、经验总结和整改落实。

七、资本运营业务操作规范指引——股权投资（试行）

（一）适用范围

本指引适用于国家电网有限公司（以下简称"公司"）各级全资、控股单位（以下简称"各单位"）对拟实施的投资新设、股权收并购、追加投资等股权投资开展可行性研究的行为。

（二）政策依据

1. 国家有关文件

《中共中央、国务院关于深化国有企业改革的指导意见》
《企业国有资产交易监督管理办法》
《中央企业投资监督管理办法》
《上市公司国有股权监督管理办法》
《中央企业违规经营投资责任追究实施办法（试行）》
《企业国有资产评估管理暂行办法》
《国家出资企业产权登记管理暂行办法》
《关于中央企业加强参股管理有关事项的通知》

2. 公司有关文件

《国家电网有限公司股权管理办法》
《国家电网公司资产评估工作管理办法》
《国家电网公司资产产权业务操作规范指引（七）——企业并购》
《国家电网公司关于进一步深化项目可研经济性与财务合规性评价工作的通知》
《国家电网有限公司关于做好股权项目遴选与投资后评价等工作的通知》

（三）基本原则

各单位开展股权投资可行性研究时应遵循以下原则：

1. 依据充分，客观公正

以法律法规和规章制度为依据，以公司战略目标和发展规划为引领，严格细致开展审核，实事求是提出建议，确保经得起检验。

2. 深入分析，精准测算

坚持理论与实践结合、定性与定量结合，综合运用多种方法、工具、模型等进行分析测算，确保逻辑严谨无误、重大因素考虑周全、指标预测结果可靠。

3. 注重效益，防范风险

强化价值导向，深入开展投资经济性论证，确保将资源投入必需必要的领域；兼顾投资能力，加强财务合规性审核，切实防范投资风险。

4. 专业把关，分工协作

加强工作组织，充实人员力量，充分发挥归口管理部门、专业部门、经研院所及内外部管理咨询、审计、法律等服务机构的合力，为科学决策提供支撑。

（四）主要流程及关注重点

股权投资可行性研究工作主要涉及资料收集、项目分析、数据测算、报告编制、可研评审等5个环节。

1. 资料收集

（1）制定资料需求清单。拟开展股权投资的单位应全面梳理项目可研信息需求，制定资料需求清单，重点关注信息包括但不限于：第一，项目基本情况，包括投资方案、交易对价、出资方式、业务模式、盈利预测等信息。第二，合作对象情况，包括历史沿革、股权结构、实际控制人、资本布局、业务资质、资源优势、资信状况等信息。第三，标的企业情况，包括股权结构、实际控制人、法人治理结构、机构设置、技术产品、财务资产、人员队伍、法律诉讼等信息。

（2）及时完整收集信息。应对照项目可研资料需求清单，通过向合作对象收集、自行收集等方式广泛获取信息。其中，向合作对象收集信息时，除了请对方提供电子或书面资料外，还可通过实地调研、人员访谈、现场查阅等方式获取；自行收集方式可通过国家信用信息公示系统、中国专利信息网、中国裁判文书网等政府信息平台及社会相关征信系统查询。

（3）开展资料与数据校核。资料收集完成后，应对各项资料和数据进行认真核对，为深入分析奠定基础，重点关注：提供资料是否齐全；关键参数假设值是否完备、说明是否清晰；关键参数假设和边界条件的文字表述与数据口径是否一致；从关键参数假设到指标预测结果的运算链路是否畅通；业务模式和逻辑是否列示清楚等。

2. 项目分析

（1）投资方向分析。

①国家政策。分析项目投向是否符合党中央、国务院决策部署及国家出台的政策

规定，其中重点关注：第一，改革部署。分析投向是否符合供给侧结构性改革、国资国企改革、电力体制改革、金融体制改革、科技体制改革等文件要求，是否符合国民经济和社会发展规划、产业政策、国有资本布局等宏观调控方向。第二，监管要求。针对国资监管，重点分析是否属于国资委认定的非主业投资、中央企业投资项目负面清单、市场准入负面清单等范围，以及是否符合中央企业法人户数和管理层级管控的要求。针对电价监管，重点分析是否符合国家发改委、国家能源局关于输配电价核价、输配电资产管理等要求；针对金融监管，重点分析项目是否满足"一行两会"（中国人民银行，中国银行保险监督管理委员会，中国证券监督管理委员会）关于立足主业、服务实体、审慎经营、风险隔离等要求。

②公司战略。重点分析项目投向是否符合公司战略目标，是否贯彻落实公司党组部署要求，是否有助于发挥公司核心优势，不断增强国有经济竞争力、创新力、控制力、影响力和抗风险能力等。

③自身定位。重点分析项目投向是否符合公司确定或批复的本单位企业性质、功能定位、核心业务、发展规划等，是否与公司系统内其他单位尤其是上市公司存在同业竞争。

（2）合作对象分析。分析股权投资合作对象（或交易对手，下同）的资质、资源、资信状况，重点关注：实际控制人情况；对方在技术、业务、市场、管理、研发、品牌、政策等方面是否具有独特优势，能否提供资源支持并发挥协同效应；业务运营、财务状况和现金流量是否良好；对方及其关联方是否与标的企业存在同业竞争；是否存在重大失信记录、违规违法记录，以及债权债务、法律诉讼等风险。

（3）标的企业分析。对于股权收并购或增资项目，应对标的企业近年来的经营发展情况进行分析评估，重点关注：股权结构及实际控制人情况；大额投资及重要子企业情况；拥有的核心技术、专利、产品、人员等情况；主要客户、供应商和竞争对手情况；资产负债、损益、现金流量等财务指标及相关比率的变动原因，以及与市场同业的对比情况；对股东的现金分红情况；与实际控制人及其关联方之间的业务交易、资金占用、担保等经济往来关系及其合理性；贷款、业务、对外借款、担保等合同及执行情况；未决诉讼、债务纠纷、对外担保等或有负债情况；债务处置、职工安置方案合规性、合理性等。

（4）交易方案分析。

①出资安排。分析出资主体、金额、方式和进度，重点关注：各方股东是否均以现金出资，采用认缴还是实缴，是否按持股比例同步实缴；资金来源和筹资方式是否明确，涉及融资的应包括资本金比例和融资方式、融资成本，其中资本金比例不低于总投资的20%；对于非现金出资，是否规范履行资产评估程序，资产评估方法是否科学合理等。

②股权结构。分析各股东持股比例情况是否符合公司对不同业务参股与控股的要求;项目与主营业务相关的应考虑控股,不控股的应加以说明;股权关系与实际控制权是否逻辑一致;出资比例与股权结构是否相符等。

③交易方式。分析协议、进场等交易方式的选择,是否符合相关法律法规、国资委及公司关于交易方式的规定;交易方式的操作时间安排,是否有利于项目落地。对于股权收并购项目,分析交易操作主体、流程顺序是否符合法律法规的要求。

④交易价格。对于股权收并购项目,分析定价程序的合规性、合理性,是否符合国资委等相关监管机构及公司管理要求;并购项目的交易价格原则上应不高于经备案的评估值,评估中介机构应符合国资委和公司相关要求。

⑤分红政策。是否在公司章程及相关协议中约定了分红政策,对于财务性参股投资,应积极主张分红收益获取;根据分红政策(及退出收益,如涉及)预测的投资回报是否能够满足国资委和公司的要求。

⑥退出方式。对于参股投资,应分析是否在投资相关协议中约定投资退出机制,投资退出方式一般包括股份上市、股份转让、股份回购等,应结合实际选择合理的方式并明确列示,有效防范投资风险。

(5)业务发展分析。

①业务模式。分析标的企业的业务资质(牌照)、业务划分、核心产品和服务内容、管理团队、主要供应商、目标客户、监管政策、建设周期、运营主体、盈利模式、现金流量等,判断业务模式是否清晰、合理、可行、可持续。

②竞争状况。结合标的企业的规模实力、市场份额和行业排名,以及主要竞争对手的战略目标、核心能力、主要财务指标、最新动向等,分析标的企业具备的优势和劣势、面临的机会和威胁等,判断未来业务发展是否具有核心竞争力,是否存在被替代风险。

③成长空间。结合市场需求、产业政策、技术变革等因素,预测标的企业发展趋势,重点关注行业前景是否明朗,产品生命周期是否有利;核心团队是否稳定可靠;产品和服务是否易于标准化与可复制;企业是否具备较强的创新能力等。

(6)法人治理分析。

①董监高设置。分析标的企业党组织、股东(大)会、董事会、监事会、经理层设置是否符合《公司法》要求,董事、监事、高管派驻是否与出资股比相匹配,是否有利于维护公司合法权益。各单位应积极争取董监高席位,一般情况下,持股51%以上,应拥有董事会半数以上席位;持股34%~50%,应拥有至少三分之一的席位;持股10%~33%,应拥有至少一个董事席位;持股5%~10%,应尽量争取董事席位,确保至少一个监事席位;持股5%以下,尽量争取董事或监事席位。

②股东权利。分析股东权利及表决权分配是否符合法律法规等相关规定，是否有效维护公司合法权益。对于参股投资，重点关注：是否设置一票否决权，股东是否充分行使权利，是否设置优先认购权、优先清偿权、随售权、平等待遇权等条款，各方股东是否同股同权等。

（7）潜在风险分析。

①政策风险。主要是产业规划、行业准入、业务监管等政策变动导致核心业务边界条件发生显著变化；如项目属于非主业投资，须经公司董事会、国资委审批等。

②市场风险。主要是因供需变化、市场竞争等原因，导致经营效益水平达不到预期目标，直接影响投资回报。

③技术风险。主要是因技术加速演进、更新迭代、创新失败等因素，导致企业产品功能或服务减弱甚至失去竞争力。

④运营风险。主要是由于企业在治理结构、人员配置、专业能力等方面存在欠缺，导致投资达不到预期目标。

⑤合规风险。主要因违反法律法规、监管要求、管理制度等受到制裁，导致投资损失。

3. 数据测算

（1）确定关键参数假设。

在对项目进行定性分析的基础上，应深入开展定量测算，首先应按照职责分工，组织相关专业部门审核关键参数假设，重点关注：结合国家监管政策、行业研究成果、可比企业信息等，审核业务参数假设值是否客观并具备合理依据；结合数据口径和范围，关注参数变动是否异常。

（2）测算核心财务指标。基于关键参数假设，依托审核模型，测算股权投资标的企业主要经营指标，原则上不少于5年，主要包括收入成本费用及利润情况、资本性投入情况、折旧摊销情况、融资情况、现金流量情况等。

（3）开展投资回报测算。应用静态投资回报率（ROI）、内含报酬率（IRR）、投资回收期等方法测算项目投资回报，并与国资委投资负面清单要求、公司整体投资回报率等基准指标进行比较，投资预期收益率不得低于国资委投资负面清单管控对投资回报率的要求，其中，商业一类企业股权投资的预期收益还应同时不低于国资委业绩考核经济增加值（EVA）指标对公司权益资本成本率的要求，从经济性角度分析说明投资项目的可行性。

（4）开展敏感性分析。对于预测模型中可能发生较大波动并且对经营结果影响较大的因素，应进行敏感性分析，重点关注：主营业务收入及成本、政策补贴、资本性支出等因素，也可以针对关键参数假设，区分乐观、中性、悲观等不同场景进行敏感性测试，列示相应结果。

4. 报告编制

（1）项目可研报告一般包括以下内容：

①基本情况，主要包括项目背景、投资主体、合作优势等。

②必要性分析，可从国家政策、社会效益、公司战略、本单位发展等层面阐述。

③可行性分析，可从政策、市场、技术、人才等角度阐述。

④投资方案，包括投资主体、投资规模、出资方式、资金来源、法人治理结构、分红政策、退出机制等。

⑤运营方案，包括被投资企业历史沿革、核心业务、商业模式、竞争状况、行业发展趋势等。

⑥经济效益分析，包括历史经营指标及与同业对比、关键参数假设、预期财务指标、预期投资回报、敏感性分析等。

⑦主要风险及应对措施，可从市场风险、政策风险、市场风险、技术风险、运营风险、合规风险等角度阐述。

⑧可研结论，说明项目投资是否满足要求、风险是否可控、是否具备较好经济效益等。

⑨工作建议，可对目前存在问题提出改进方案和下一步工作计划。

（2）其他报告。除了项目可研报告，还应编制风险评估报告、法律意见书，并根据项目实际，相应编制尽职调查报告、资产评估报告、审计报告等，各类报告应保持衔接。其中，风险评估报告主要包括项目概况、内外部环境分析、主要风险因素、风险评价、风险应对策略、评估结论等内容；法律意见书主要包括各股东方的工商和涉诉信息核实、项目涉及的法律法规、法律风险提示等内容；尽职调查报告主要包括标的企业基本情况、业务与技术情况、财务状况和风险提示等内容。

5. 可研评审

编制完成股权投资可行性研究报告后，应委托具备资质的第三方机构组织开展项目评审，正式出具评审意见。可研评审重点关注：

（1）有效性。

①项目时效。项目提交评审时间距离可研报告编制日不超过 6 个月。

②信息完整。项目可研报告、风险评估报告、法律意见书等必要材料及其包含的内容要点完备。

（2）合规性。

①投资方向。拟投资项目应符合国家政策、公司战略的要求，应聚焦主责主业，符合本单位核心业务与功能定位；项目符合国资委《中央企业投资项目负面清单》、管理层级和法人户数管控等要求。

②交易方案。交易方式、操作流程、定价依据符合法律法规和管理制度规定。合作方资产权属清晰，资信情况良好，不存在同业竞争、关联交易等问题。项目核心条款设置满足拟投资单位股权投资目的，能够有效保障拟投资单位资金安全及应获权利，并缓释股权投资可能面临的风险。

③治理结构。历史沿革、党组织、"三会一层"（股东大会，董事会，监事会，高级管理层）、股东权利、组织机构设置符合法律法规，能够有效维护公司合法权益。合作方不存在重大失信或违规违法行为。

（3）合理性。

①业务模式。投资目的是否符合拟投资单位主营业务发展要求。投资项目商业模式清晰，具有市场竞争力，项目具备完善的利润分配和退出机制。

②行业发展。企业主营业务所属行业具有广阔的发展空间，行业当前及未来市场竞争格局有利于企业发展，行业市场规模足以支撑企业发展。

③企业运营。投资方资金来源明确，实际控制人及其关联方与企业具有一定风险隔离，组织机构设置合理，核心人员较为稳定，企业研发创新能力处于行业领先水平，企业产能扩张满足营收增长速度，企业市场占有率逐步提升。

（4）经济性。

①投资回报。股权投资收益率不得低于国务院国资委投资负面清单对投资回报率的要求，其中，商业一类企业股权投资的预期收益率还应同时不低于国资委业绩绩效考核经济增加值指标对公司权益成本率的要求。

②盈利预测。关键参数应与同行业、同类型企业平均水平基本一致；项目效益预测应有充分依据，营收、成本、利润等财务指标应从底层关键参数进行分析并有完整的推算过程；至少预测不少于5年的营收、成本、利润、现金流量等指标。

③敏感性分析。对于预测模型中可能存在较大波动的、敏感性较强的因素，进一步分析不确定性因素对投资项目的最终经济效果指标的影响程度，并对风险程度进行说明。

（5）风险性。

①内部风险。对管理风险、技术风险、财务风险、运营风险、合规风险等内部风险进行充分的评估并制定相应的缓释措施。

②外部风险。对政策风险、市场风险、经济环境风险等外部风险进行充分的评估

与预测，并相应制定应对措施。

八、电网资产收购管理

（一）收购原则

（1）电网资产收购必须符合国家能源产业政策和公司发展战略，以公司发展规划为指导，严格遵守投资管理规定，严控投资风险。

（2）收购的电网资产必须合法合规，产权清晰，满足电网发展和安全需要，有利于增强公司市场竞争力，可纳入公司有效资产，并取得合理电价空间保障。

（3）公司电网资产收购执行负面清单制度，对于禁止类投资项目一律不得安排收购，具体以公司经国资委备案明确的投资项目负面清单为准。

（二）管理职责

（1）公司总部负责审定收购电网资产的投资计划，按照《国家电网公司总部"三重一大"决策主要事项》规定，决策相关拟收购的电网资产。各单位负责对拟收购的电网资产履行决策、评估、尽职调查、协议签署、验收交接等程序，并按公司投资计划安排落实执行和接受管控。

（2）国网发展部是电网资产收购管理的归口部门，主要职责如下：

①对公司电网资产收购工作进行统一管理，贯彻执行国家有关投资的方针政策、法律法规、标准、制度等。

②建立和完善公司电网资产收购制度、流程和标准。

③履行国家有关部门投资监管程序和项目监管程序。

④组织开展电网资产收购项目评审工作。

⑤指导各单位开展电网资产收购项目的合同签订工作。

⑥负责编制、下达公司电网资产收购项目投资计划，纳入综合计划管理，对收购计划进行备案。

⑦负责组织开展电网资产收购项目后评价工作，加强监督、考评。

（3）总部相关部门职责如下：

①国网财务部负责组织电网资产收购项目的资产评估，负责下达公司电网资产收购项目预算，参与电网资产收购项目评审，具体负责项目经济性与财务合规性审核，指导各单位开展收购项目的资产价值管理等工作。

②国网运检部参与电网资产收购项目评审，指导各单位开展收购项目的设备状态

评估与接收工作。

③国网营销部参与电网资产收购项目评审，具体负责项目与营销服务和市场竞争相关的必要性、经济性审核。

④国网审计部指导各单位开展收购项目审计工作。

⑤国网法律部指导各单位开展收购项目合法性审核工作。

（4）各单位发展部门是本单位电网资产收购管理的归口部门，主要职责如下：

①贯彻国家、公司和地方有关投资的政策、法律法规、标准、制度等，执行公司电网资产收购制度、工作标准，结合本单位实际制定实施细则。

②履行地方有关部门项目监管程序，配合总部履行国家有关部门项目监管程序。

③负责本单位电网资产收购项目论证报告的管理工作。

④负责组织开展电网资产收购的尽职调查。

⑤负责电网资产收购项目的合同签订。

⑥负责本单位电网资产收购项目投资计划的分解下达。

⑦负责组织本单位电网资产收购的实施。

⑧负责开展本单位电网资产收购项目的后评价工作。

⑨负责配合总部开展督导和考评工作。

（5）各单位其他部门职责分工如下：

①财务部门负责组织开展电网资产收购项目的资产评估，牵头电网资产收购项目论证报告的经济性和财务合规性论证，负责将电网资产收购项目预算纳入本单位预算，负责资产价值管理工作。

②运检部门负责电网资产收购项目的设备状态评估和技改方案论证，负责电网资产收购项目的资产接收，参与电网资产收购项目论证报告的经济性论证。

③营销部门负责电网资产收购项目论证报告的市场竞争必要性论证，参与电网资产收购论证报告的经济性论证。

④审计部门负责收购项目审计工作。

⑤法律部门负责收购项目合法性审核工作。

⑥各级经研院是电网资产收购工作的支撑单位。国网经研院受总部委托组织开展电网资产收购项目论证报告的评审工作，并出具评审意见；各单位经研院负责电网资产收购项目论证报告的编制与内部评审工作。

（三）管理流程

（1）各单位根据市场因素，确定拟收购的电网资产，并与资产所属方初步洽谈，签订收购意向书，编制电网资产收购项目论证报告，履行本单位"三重一大"决策程序后上报总部。申请收购的项目应报送下列材料：

①关于电网资产收购的请示文件。

②项目论证报告，其内容主要包括项目概况、必要性、可行性、经济性、合法合规性、投资估算、风险分析、计划安排等。

③本单位履行"三重一大"决策程序文件。

④项目收购意向书。

⑤项目核准批复等合法合规性文件。

⑥本单位法律顾问或律师事务所出具的法律意见。

⑦其他说明文件或支撑材料。

（2）公司对各单位申请收购的电网资产进行评审，通过评审的项目，由国网经研院出具评审意见，履行公司决策程序后，纳入综合计划和预算安排及调整

（3）拟收购电网资产需公司进行资产评估的，应按照公司资产评估管理相关规定规范开展评估备案工作，并以经审核备案的评估结果作为收购定价依据。

（4）公司对开展收购的电网资产实行收购计划备案管理。纳入年度综合计划和预算的收购资产，由各单位完成资产评估、尽职调查后上报收购备案申请，经公司审核后对收购计划进行备案。各单位对备案后的资产依据《企业国有资产交易监督管理办法》等国家规定实施收购工作。

（5）电网资产收购项目的投资计划以资产评估报告明确的评估值加上应承担的必要的税费确定。投资计划和预算下达后不得随意调整，如因不可抗力、国家政策调整、市场变化等因素影响，经努力仍不能完成计划时，可以申请调整，各单位应在报送下年度投资计划和预算建议之前提出调整申请，并说明调整原因。

（6）各单位应开展电网资产收购风险管理，加强技术经济分析，强化收购前期风险评估和风控方案制定，委托有资质的中介机构开展电网资产收购的尽职调查，做好电网资产收购过程中的风险监控、预警和处置，防止遭受资产损失。电网资产收购在履行投资决策程序、下达投资计划和预算应当通过产权市场公开进行；尚未产生合法受让方的、拟采取非公开协议转让方式未经国资监管机构批准前，不得对外签署具有法律约束力的交易文件。

（7）各单位总法律顾问、法律顾问负责收购项目决策合法性审核，并对相关法律风险提出防范意见，签发法律意见书；各单位法律事务机构参与收购活动，处理相关法律事务。

（四）项目后评价及审计监督

（1）收购后运营满一年的典型项目，相关单位应开展后评价工作。具体参照公司

投资项目后评价管理相关规定执行。

（2）公司电网资产收购执行审计制度。按公司审计管理相关规定明确的审计范围，以电网资产收购决策、投资方向、资金使用、投资收益、收购风险管理等为重点审计内容，对审计发现的问题各单位必须认真纠正和整改，有关电网资产收购的重大问题应及时上报。

（3）电网资产收购应以国家法律法规为准绳，严格执行企业内部管理规定，严格界定违规经营投资责任，严肃追究问责。具体追究范围、程序、流程等参照公司违规投资责任追究相关制度执行。

九、公司资产评估管理

（一）管理职责

1. 公司总部负责

办理资产评估项目备案，或向国资委上报资产评估项目的核准、备案；制订资产评估工作管理制度，监督、指导公司系统的资产评估活动；对各级单位的资产评估项目进行审核；建立评估机构准入机制，确定并动态优化准入机构范围；建立评估工作考评机制，对各省公司级单位评估管理情况及准入机构评估工作情况进行考评，并定期通报考评结果；定期对资产评估项目进行统计分析。

2. 各级单位主要负责

根据公司有关规定，明确内部职责分工，落实管理责任；组织开展本单位的资产评估工作；监督、指导下属企业的资产评估活动；对下属企业的资产评估项目进行审核，按本办法的规定逐级上报公司总部办理核准、备案，承担本单位及所属企业评估工作的规范、督导和整改责任；按公司规定，定期对资产评估项目进行统计分析；配合公司总部对评估机构执业情况进行考评，并提出准入机构调整建议。

3. 资产评估项目实行核准制和备案制

经各级政府批准的经济行为事项涉及的资产评估项目，报国资委核准；经国资委批准的经济行为事项涉及的资产评估项目，报国资委备案；经公司各级单位批准或决定的经济行为事项涉及的资产评估项目，报公司总部备案。

（二）资产评估事项

（1）公司各级单位有下列经济行为之一的，应当对相关资产进行评估：整体或者部分改建为有限责任公司或者股份有限公司；以非货币资产对外投资；企业合并、分立、破产、解散；非上市公司国有股东股权比例变动；非上市公司国有产权（股权）转让；单项资产账面原值超过百万元或占资产占有单位全部固定资产原值20%以上的资产转让、置换、租赁；整体或部分资产租赁给非国有单位；以非货币资产偿还债务；资产涉讼；收购非国有单位的资产；接受非国有单位以非货币资产出资；接受非国有单位以非货币资产偿还债务；法律、行政法规规定的其他需要进行资产评估的事项。

（2）公司各级单位有下列经济行为之一的，可以不对相关国有资产进行评估：经国资委或其他有权部门批准，对企业整体产权或部分资产实施无偿划转；公司总部与各级全资企业以及各全资企业之间的合并、资产（产权）置换和无偿划转；公司各级全资企业原股东增资、减资；公司各级控股企业与其直接、间接全资拥有的子企业，或其直接、间接全资拥有的子企业之间转让所持股权；国资委允许的其他情形。

（三）资产评估机构的准入管理

（1）公司对资产评估机构选聘实行准入制度，并对评估机构进行分级管理。凡公司总部审批决策事项（包括需国资委核准及备案事项），有关评估机构应在公司确定的重大项目可选机构范围内选聘；各级单位自行决策事项，有关评估机构在公司总体准入机构范围内选聘。

（2）各级单位拟开展资产评估的，应当根据国家有关规定和公司要求，结合评估目的和评估对象情况，综合考虑中介机构所在地域、评估资质、执业水平、行业专长及收费情况等，采取邀请招标、竞争性谈判等差额竞争方式，在公司准入的资产评估机构范围内选聘评估机构，对选聘方式、评审意见和选聘结果等进行书面记录并做好档案管理。其中，资产评估机构中标通知书（成交通知书）应与相关资产评估报告和经济行为依据文件一并归档。

（3）公司总部对准入机构的资产评估报告质量和服务水平进行跟踪监控，结合公司资产评估业务量、工作开展情况、评估备案审查情况、国家有关主管部门或行业主管部门的检查通报情况，以及各级单位的调整意见等，不定期对准入机构范围进行优化调整。

（四）资产评估工作的组织实施

（1）公司各级单位开展资产评估，必须具备以下前提条件：

①按照国家和公司有关规定、企业章程和议事规则等，与资产评估项目相对应的经济行为已经取得合法有效的决策审批文件，包括但不限于上级单位批准文件、股东会（董事会）会议决议、党组会（或总经理办公会）会议纪要等。

②评估对象权属清晰，不存在产权纠纷和争议。

（2）公司各级单位发生应当进行资产评估的经济行为时，应区别评估对象情况确定资产评估委托方：

①评估对象属于企业法人财产权范围的，由该企业作为委托方。

②评估对象属于企业产权（股权）等出资人权利的，由该企业的国有股东作为委托方，涉及多个国有股东的，经协商一致可由其中一个或多个国有股东共同作为委托方。

③评估对象涉及非国有资产的，由接受非国有资产的企业或由经济行为双方当事人共同作为委托方。

④经济行为涉及诉讼、仲裁、行政机关采取财产保全措施、调解处理产权纠纷的，由相应机关、机构、部门或其指定的单位作为委托方。

（3）按照规定选聘资产评估机构后，评估委托方和资产占有单位应与评估机构签订评估业务委托协议、评估承诺函等，明确各方的权利义务关系。

（4）评估委托方应与评估机构协商确定评估基准日，评估基准日的选择应有利于保证评估结果有效地服务于评估目的、减少和避免基准日后的调整事项，有利于准确划定评估范围、准确高效地清查核验资产等。

（5）评估委托方应当按照国家有关主管部门和行业主管部门的规定，根据评估对象和评估目的等情况，与评估机构共同研究，选择适当的评估方法，合理反映评估对象的价值，为经济行为提供公正客观的价值参考依据。其中，涉及企业价值的资产评估项目，以持续经营为前提进行评估时，原则上应采用两种以上方法进行评估，并在评估报告中列示，依据实际状况充分、全面分析后，确定其中一个评估结果作为评估报告使用结果。

（6）评估委托方和资产占有单位应积极协助、配合评估机构开展工作，不得以任何形式干预其正常执业行为。评估委托方和资产占有单位应对所提供情况和资料的真实性、合法性和完整性负责，不得隐匿或虚报资产。

（7）资产评估机构初步完成评估工作后，评估委托方应在不影响评估人员公正、独立、合法执业的前提下，与其就资产评估草稿进行充分沟通和认真核对，形成资产评估报告。这里所称的资产评估报告，包括评估报告书、评估说明、评估明细表和相关附件。

（五）资产评估项目的核准和备案

（1）资产评估报告形成后，应及时报公司总部审核，未按时申报的，公司总部不予受理，具体如下：

①由国资委负责核准的资产评估项目,应自评估基准日起7个月内完成必要的决策及审批并报公司总部审核,公司总部自评估基准日起8个月内报国资委核准;

②由国资委负责备案的资产评估项目,应自评估基准日起8个月内完成必要的决策及审批并报公司总部审核,公司总部自评估基准日起9个月内报国资委备案;

③由公司总部负责备案的资产评估项目,应自评估基准日起9个月内完成必要的决策及审批并报公司总部审核。

(2)各级单位应建立资产评估内部审查机制,对评估资料严格审查,确保评估依据充分、上报资料完整,并根据公司总部审核意见及时对评估报告进行修改完善。资产评估项目的审核按以下程序办理:

①资产评估委托方将评估结果逐级上报,经省公司级单位审核同意后报公司总部,上报材料至少包括资产评估报告、评估机构和人员的资质及资格证明材料、经济行为依据文件、评估基准日审计报告(若涉及)。

②公司总部对资产评估项目进行审核,并将审核意见反馈各省公司级单位,审核要点主要包括经济行为是否按规定履行了决策审批程序,评估机构和人员是否具备相应资质和资格,评估基准日的选择是否适当,评估过程、依据和结果是否合规、完整、准确、合理。

③各省公司级单位组织资产评估委托方与评估机构进行沟通,根据公司总部审核意见对评估报告进行必要的修改、补充,并报公司总部复审。

④复审仍未通过的,各省公司级单位应组织对评估报告做进一步修改,并报公司总部再次复审。

⑤复审通过后,公司总部通知各省公司级单位正式办理评估项目核准或备案。经公司总部审核三次仍未通过的,原则上不予备案。

(3)公司建立资产评估项目备案审核制度。公司总部委托资质、信誉良好的中介机构协助对各级单位上报备案的资产评估项目进行审核,并对重大项目组织外部专家会审,出具书面审核意见。协助审核机构及外部专家的审核意见,是公司总部办理备案的重要参考依据,是资产评估项目档案的必要组成部分。

(4)资产评估委托方应依照产权关系,逐级向公司总部申报办理核准或备案手续;同一评估项目由公司多家企业共同委托的,经协商一致可由其中一方依照产权关系办理核准或备案手续。

(5)办理资产评估项目核准或备案时,应向公司总部报送以下文件材料:

①与评估项目相对应的《资产评估项目核准申请表》《国有资产评估项目备案表》或《接受非国有资产评估项目备案表》(国资委统一格式)原件一式三份,其中,评估委托方须由法定代表人签名、加盖公章,评估委托方的上级单位需由法定代表人或资

产评估主要负责人签名、加盖公章。

②与审核通过的评估结果一致的资产评估报告原件。

③经评估机构盖章的审核意见答复及修改情况说明。

④与资产评估项目相对应的经济行为依据文件。

⑤各省公司级单位财务部门负责人签字确认的书面评估审核意见。

⑥其他有关材料。

（6）公司总部办理备案的资产评估项目，由国网财务部负责审查并报部门主要负责人审核；须上报国资委备案的资产评估项目，由国网财务部审查后报公司分管财务工作的领导审核；须上报国资委核准的资产评估项目，由国网财务部审查后报公司分管财务工作的领导和主要负责人审核。

（7）各级单位实施与资产评估项目相对应的经济行为时，应当以经核准或备案的资产评估结果为作价参考依据。其中，国有产权（资产）协议转让等事项，转让价格不得低于经核准或审核备案的评估结果（国资委另有规定的，从其规定）；国有产权（资产）公开挂牌转让事项，首次挂牌价格应不低于经备案的资产评估结果，经公开征集没有产生意向受让方的，可以在不低于评估结果90%的范围内重新确定挂牌价格，拟挂牌价格低于评估结果90%的，应当事先获得原经济行为批准机构同意。收购非国有单位产权（资产）等事项，原则上作价应不高于经备案的资产评估结果，拟定交易价格高于评估结果的，应当事先获得原经济行为批准机构同意。

（8）资产评估项目的核准文件或备案表应与资产评估报告同时使用。资产评估报告的法律责任由受托评估机构和在评估报告中签字的具有相应执业资格的评估人员共同承担，不因核准或备案而转移其法律责任。

（9）经核准或备案的资产评估结果使用有效期为自评估基准日起1年。有效期内评估目的改变，评估对象或影响评估结果的其他事项发生较大变化时，应当重新进行评估。

（10）国资委下达的资产评估项目核准文件以及经国资委或公司总部备案的资产评估项目备案表，是资产评估结果生效和办理股权设置、产权转让、企业改制、产权登记、工商登记、账务处理等相关手续的必备文件。

（六）资产评估的监督管理

（1）公司建立评价指标和评价规则，对各省公司级单位资产评估管理情况进行考评，并于每年3月31日前，向各省公司级单位通报上一年度评价结果。省公司级单位有关评价结果，将作为公司评价各省公司级单位财务管理情况的重要依据之一。

（2）公司结合内部审计、监察、产权登记、年度产权报告等工作，对各级单位的资产评估工作情况进行监督检查；各省公司级单位应按要求组织所属单位对资产评估情况进行自查。对自查或上级单位监督检查中发现的问题，公司各级单位应当及时进行整改。

（3）资产评估工作中，公司各级单位发生下列情形的，公司将予以通报并责令改正，必要时可通过法定或其他程序，确认其相应的经济行为无效：

①应当进行资产评估而未进行评估。

②聘请不符合相应资质条件的资产评估机构从事国有资产评估活动。

③向资产评估机构提供虚假情况和资料，或者与资产评估机构串通作弊，导致评估结果失实的。

④应当办理核准、备案而未办理。

（4）资产评估工作中，有关人员违反本办法的规定，造成国有资产流失的，公司将根据规定给予处分；涉嫌犯罪的，依法移送司法机关处理。

十、股权管理办法

（一）总则

为构建布局合理、结构科学、效益优良的资本格局，增强国家电网有限公司（以下简称"公司"）国有资本活力和价值创造能力，根据《中华人民共和国公司法》《中央企业投资监督管理办法》《中央企业境外投资监督管理办法》《企业国有资产交易监督管理办法》《上市公司国有股权监督管理办法》《中华人民共和国企业破产法》《国家出资企业产权登记管理暂行办法》《国务院办公厅关于建立国有企业违规经营投资责任追究制度的意见》《国家电网有限公司章程》等有关规定，制定本办法。

本办法所称股权管理是指对股权的取得、运营、变动、退出等全过程管理，主要包括股权投资、股权转让、股权划转、增资扩股、终止清算等事项。公司股权管理遵循战略引领、集团统筹、价值创造、分类施策和安全高效的基本原则。

公司各级全资企业、控股企业统称"各级单位"，公司总部及各级单位统称"系统内单位"。全资、控股公司按系统内合并口径认定（系统内多个单位投资于同一家被投资企业的，持股数合并计算）。控股企业指绝对控股（持股比例50%以上）、相对控股（持股比例未达到50%但符合企业会计准则关于控制的标准）等拥有实际控制权的企业。

各级单位分为商业一类和商业二类，所属分类按照公司下发的名单确定。

本办法所称产权管理层级是指法人层级剔除特殊目的公司及合署办公企业等之后的层级，总部为第一级。

本办法所称股权投资账面余额是指扣除减值准备前的账面余额。

本办法所称控股上市公司合理持股比例是指经履行公司签报程序并报国资委备案的持股比例。

本办法适用于系统内单位股权管理行为。境外企业股权管理事项，还需符合国家和项目所在地的相关管理规定。涉及上市公司的股权管理事项，还需符合中国证监会、证券交易所等相关管理规定。金融机构从事的自营业务、投资基金开展的股权投资活动，以及涉及长期股权投资变化的财政拨款、固定资产调拨等不适用本办法。

各级单位开展的股权管理事项不得直接或间接导致公司新增产权管理层级超五级（含五级）。

对于按本办法规定需公司总部审批的股权管理事项，各级单位应在内部审议决策基础上，逐级上报公司总部审批。其中，涉及公司董事会审议决策的，经公司党组研究讨论后，按照董事会议事规则履行相关决策程序；涉及各级控股企业的，应在取得总部书面意见后，再履行相应的董事会、股东会等决策程序。

同一股权管理事项涉及公司多家二级单位及其所属企业的，金额合并计算；需公司总部审批的，报批工作原则上由持股比例最大的单位负责，也可由相关各方协商确定。

需报总部审批以及总部实施的股权管理事项，按以下方式履行决策程序：

（1）对涉及金额2亿元人民币以下的，签报公司分管领导及主要负责人审批；大于2亿元人民币（含）的，以及其他影响重大的，履行签报程序后提交公司党组会审议。

（2）股权管理事项涉及上市公司的，以及各级单位股权外部划转的，均需履行签报程序后提交公司党组会审议。其中，涉及上市公司时效性和知情人范围控制要求的，待上市公司公告披露后履行公司党组会审议程序。

（3）单笔涉及主业项目160亿元以上、非主业和境外项目80亿元（或等值人民币）以上的各级股权投资、处置和划转事项，经公司党组前置审议后，履行董事会决策程序。

上述涉及金额分别指股权投资认缴出资额，股权转让、股权划转涉及的股权投资账面余额，增资扩股、终止清算、其他股权变动事项涉及的企业账面净资产。

若企业经营、财务状况发生重大变化或股权管理事项方案出现股权结构、交易对手、资金安排等重大调整，应当按规定程序重新报批。

（二）职责分工

公司股权管理事项实行统一管理、两级（即公司总部和各二级单位）决策、分级实施。各二级单位不得再下放决策权限。

国网财务部是公司股权归口管理部门，负责股权管理事项整体规划，以及股权项目储备、计划、预算的平衡汇总、上报决策、统一下达；负责开展股权项目决算，加强投资收益管理和后评价管理；负责统筹研究制定资本运作实施方案并统一向国资委、证监会等部门报批（备）。

国网产业部负责制定市场化产业公司投资负面清单；负责组织市场化产业公司研究提出股权投资储备项目；负责制订提出产业公司年度投资项目计划预算建议，并在公司审定投资项目预算范围内组织产业公司实施；负责开展投资项目审批（如涉及）、收益评价和问题整改工作；负责制订产业资本运作工作规划，组织市场化产业公司提出首发上市、重组上市、重大资产重组、股权再融资等需求。

国网国际部负责制定公司境外投资项目负面清单；负责组织国际单位研究提出境外投资储备项目；负责提出国际单位年度境外投资项目计划预算建议，并在公司审定投资项目预算范围内组织国际单位实施；负责境外重要投资项目全流程管控，组织开展境外重要投资项目的立项、评估、决策、后评价和问题整改工作。

国网发展部、营销部、科技部、水新部、互联网部、体改办、后勤部等专业部门根据职责分工，分别负责本专业股权管理事项的前期工作，并根据公司决策意见组织实施。

国网法律部负责股权项目法律意见审核；国网人资部负责机构设立及人员编制方案审核；国网审计部负责组织开展股权项目审计。

各二级单位负责本单位及所属单位股权管理事项决策、审批、组织实施和过程管控，明确股权管理事项归口部门和相关职能部门职责分工，设置相应岗位并配备相关人员。英大集团负责审核所属金融单位股权项目，组织开展项目可研、风险评估和方案编制等工作，并按程序报公司总部审批后组织实施。

各级单位应按照国家和公司档案相关管理要求，将档案处置工作列入股权变动整体方案同步开展。

（三）计划和预算管理

公司对股权管理事项实行计划和预算管理。

股权计划和预算管理以项目为基本单元，管理内容包括股权取得、运营、变动、退出等各类事项，管理环节主要包括项目提出、遴选、纳入计划与预算。

项目提出是指各级单位根据经营发展需要提出项目需求，开展初步审查后报送公司总部。

项目遴选是股权项目配置计划和预算的基础，重点关注股权项目是否符合国家监管要求、公司发展方向和各级单位功能定位,是否具备合理性、合规性和可行性。项目遴选工作至少每季度开展一次。

经遴选达到计划与预算安排条件的股权项目,国网财务部会同国网发展部、营销部、科技部、水新部、互联网部、产业部、国际部、体改办、后勤部等专业部门对项目经济性、合规性、时序性等进行审核,核定股权管理事项的投资方向、经济类型、金额、收益等情况,统一纳入公司年度综合计划和预算(调整),报公司党组会和董事会审议通过后执行。

各级单位应强化投资前期风险评估和风控预案制定,做好项目实施过程中的风险监控、预警和处置,防范投资后项目运营、整合风险,做好项目退出的时点与方式安排。

各级单位应编制年度股权项目完成情况报告,报告内容主要包括年度股权项目计划(预算)完成情况、重大股权项目进展情况、产权管理情况等,随同年度决算一并上报。

(四)股权投资

本办法所称股权投资是指通过让渡货币资金、股权、债权、实物资产、无形资产或法律法规允许作为出资的其他资产,取得被投资企业的股权,享有表决权等权益并承担相应责任的行为。具体包括新增投资和追加投资两种。新增投资指投资新设或投资新购与系统内单位无投资关系的企业投资,追加投资指对与系统内单位已有投资关系的企业增加投资。

股权投资需要符合国务院国资委和公司投资负面清单的管控要求。除上市公司市值管理外,不得以获取溢价收益为目的在证券市场上购买股票。

股权投资预期收益率必须达到合理水平,不得低于国务院国资委投资负面清单管控对投资回报率的要求,其中商业一类企业股权投资的预期收益还应同时不低于国务院国资委业绩考核经济增加值指标对公司权益资本成本率的要求。

以债权作为出资取得股权投资,应按照企业会计准则中债务重组的有关规则确认股权投资成本;以其他非货币资产进行股权投资,以经有权部门核准或备案的资产评估结果作为出资入股的作价依据。

1. 对非上市公司股权投资

对非上市公司股权投资,符合以下任一条件均需履行公司总部审批程序:

(1)公司总部的股权投资。

(2)各级单位预算安排(调整)外的新增和追加参股股权投资。

（3）各级单位预算安排（调整）内单项总投资额超过 2 亿元（含）或预算偏差超过 20% 的新增和追加参股股权投资。

（4）其他需国家有关部委批（核）准或备案的股权投资，公司金融机构追加资本金等需报银保监会或证监会的事项除外。

抽水蓄能发电、新能源发电、增量配电、综合能源服务、工程总承包等项目建设涉及的对项目公司股权投资及专项改革事项，不单独履行股权投资审批程序，统一按公司相关规定履行项目审批决策程序。经司法机关批准的破产重整计划涉及的债转股事项根据相关司法程序执行。

其他对非上市公司的股权投资，由各二级单位决策实施，涉及向所属全资、控股企业追加投资或项目出资金额发生变动的，应纳入当年预算调整；境外绿地项目投资因所在国政策、通货膨胀等不可抗力原因，导致项目投资预算调整涉及相应调整股权投资金额的，由各二级单位决策实施。

2. 对上市公司股权投资

对上市公司股权投资应履行以下报批程序：

（1）符合以下任一条件的，经公司总部审核同意后，上报国务院国资委审批：

①通过证券交易系统增持、协议受让、认购上市公司发行股票等导致上市公司控制权转移的事项。

②与所控股上市公司进行资产重组且属于中国证监会规定的重大资产重组范围的事项。

③与非控股上市公司进行资产重组（以参股非上市企业的股权参与非国有控股上市公司资产重组的除外）。

（2）符合以下任一条件的，报公司总部审批：

①拟在一个完整会计年度内累计增持上市公司股份达到或超过上市公司总股本的 5%。

②直接或间接新增对上市公司的股权投资（以参股非上市企业的股权参与非国有控股上市公司资产重组的除外）。

（3）其余对上市公司股权投资的事项由各二级单位自行决策。

3. 股权投资项目报批资料

股权投资项目报批时应提交以下资料：

（1）关于股权投资项目的请示文件。

（2）股权投资可行性研究（尽职调查）报告，包括投资必要性和可行性、投资方案、投资规模及资金来源、预期经济效益、投资退出安排等内容。

(3)本单位内部决策文件。

(4)风险评估报告。

(5)法律意见书。

(6)其他必要材料。

(五)股权转让

本办法所称股权转让是指公司总部及各级单位将所持有的被投资企业股权有偿转让给境内外法人、自然人或者其他组织的行为。根据转让标的企业类型,分为非上市公司股权转让与上市公司股权转让。

1.非上市公司股权转让

非上市公司股权转让可采取进场交易(在国务院国资委认定的中央产权交易机构中公开挂牌进行)和协议转让两种方式。

(1)以下情形的股权转让可以采取协议转让方式:

①涉及主业处于关系国家安全、国民经济命脉的重要行业和关键领域企业的重组整合,对受让方有特殊要求,企业股权在国有及国有控股企业之间转让;

②转让方和受让方均为系统内单位,即公司内部协议转让。

(2)非上市公司股权转让,按以下方式履行决策程序:

①符合以下条件之一,经公司总部审核同意后,报国务院国资委审批:

第一,上述协议转让行为。

第二,转让标的企业持有上市公司股份的,股权转让将导致转让标的企业经济性质或上市公司实际控制人发生变化。

第三,商业二类企业股权对外转让。

②符合以下条件之一,报公司总部审批:

第一,经公司总部审批形成的股权拟对外转让的。

第二,公司内部协议转让。

第三,符合本单位功能定位与核心业务方向的全资、控股企业,转让后不再控股的。

③其他股权转让事项由各二级单位自行决策,并报公司总部备案。公司内部协议转让的报批工作由转让方负责,或由转让方和受让方协商确定。

(3)股权转让项目报批时应提交以下资料:

①关于股权转让的请示文件,说明股权转让方案的主要内容,拟采取的转让方式及其原因,转让价格的确定原则和评估基准日,是否存在意向受让方,与意向受让方

（若有）的初步沟通情况等。

②转让方内部决策和批准文件。

③股权转让方案，其中股权转让方案应载明下列内容：转让方、转让标的企业和拟转让股权的基本情况；股权转让原因和有关论证情况；转让标的企业涉及的债权、债务（包括拖欠职工债务）及担保的处理方案；转让标的企业职工安置方案；对受让方条件的要求；拟采取的转让方式及理由；转让价格的确定原则，涉及的评估基准日、收益用途、税收影响及筹划等；股权转让工作安排和进度计划；企业国有股权转让收益处置方案。

④转让标的企业最近年度或半年度的审计报告。

⑤转让方及转让标的企业的营业执照复印件、国有产权登记表（证）、企业章程等复印件。

⑥拟转让股权存在质押的，提供质权人关于同意股权转让的书面意见。

⑦法律意见书。

⑧其他必要材料。

申报股权协议转让时，还应同时提交与受让方草签的股权转让协议或初步达成的书面意向，其中需明确经公司总部或国务院国资委批准后生效。

（4）需国务院国资委审批的股权协议转让，在上述材料的基础上还需补充以下材料：

①受让方和转让标的企业的内部决策和批准文件。

②股权转让协议（需明确经国务院国资委批准后生效）。

③受让方的营业执照复印件或其他证明文件。

④转让标的企业评估基准日的审计报告、评估报告和相关评估备案表（一式三份，需由转让方签字盖章）。

⑤转让方和受让方最近年度或半年度的审计报告。

⑥转让方关于拟转让股权不存在质押或司法冻结等影响转让情况的承诺函，拟转让股权存在质押的，需提供质权人关于同意股权转让的书面意见。

⑦转让控股权的，提供经金融机构债权人同意的债权债务处置方案。

⑧涉及职工安置的，提供经转让标的企业职工代表大会（或职工大会）审议通过的职工安置方案及会议决议。

⑨国务院国资委要求的其他材料。

（5）股权转让事项经批准后，转让方应当开展以下工作：

①提请转让标的企业按章程规定履行必要的内部决策程序。

②组织对转让标的企业进行相关的财务审计、资产评估及审核备案。

③涉及国有划拨土地使用权和由国家出资形成的探矿权、采矿权的,应当按规定另行办理相关手续。

④涉及控股权转让的,应征询金融机构债权人对相关债务处置方案的意见。

⑤涉及转让标的企业职工安置的,应召开转让标的企业职工代表大会(或职工大会)讨论通过职工安置方案。

(6)转让方负责委托会计师事务所对转让标的企业进行审计。参股权转让无法进行专项审计的,转让方应当取得转让标的企业最近一期年度审计报告。

对按规定要求必须进行资产评估的股权转让事项,转让方应当委托具有相应资质的评估机构对转让标的进行资产评估,股权转让价格应以经核准或备案的评估结果为基础确定。

(7)股权转让价格的确定应区别转让方式:

①进场交易。综合考虑经公司总部审核备案的评估结果及评估基准日至股权交割日期间预期损益情况确定转让价格,首次挂牌价格不得低于拟转让股权对应的评估值。股权交易过程中,当拟挂牌价格低于评估结果90%时,应当暂停挂牌,在获得股权转让批准单位同意后方可继续进行。受让方确定后,交易双方不得以交易期间企业经营性损益等为由对已达成的交易条件和交易价格进行调整。

②公司内部协议转让。公司直接或间接全资拥有的子企业之间的协议转让、公司同一控股企业所属直接或间接全资拥有的子企业之间的协议转让,转让价格不得低于经公司总部审核备案的相应评估值或经审计的账面值;其他内部协议转让,转让价格不得低于经公司总部审核备案的评估值。

③国务院国资委批准的协议转让。转让价格不得低于经国务院国资委审核备案的评估值。股权转让导致转让方不再拥有控股地位的,应当按照有关政策规定妥善安置职工,解决转让标的企业拖欠职工的工资、欠缴的各项社会保险费,以及其他有关费用,并做好企业职工各项社会保险关系的接续工作。签订股权转让合同时,转让方应与受让方协商提出对转让标的企业职工的安置方案。

(8)股权转让进场交易采取信息预披露和正式披露相结合的方式,通过产权交易机构网站分阶段对外披露股权转让信息,公开征集受让方。其中正式披露信息时间不得少于20个工作日,因股权转让导致转让标的企业的实际控制权发生转移,转让方应在转让行为获批后10个工作日内,通过产权交易机构进行信息预披露,时间不得少于20个工作日。

股权转让进场交易原则上不得针对受让方设置资格条件。确需设置的,不得有明确指向性或违反公平竞争原则的内容,所设资格条件相关内容应在信息披露前,经公司总部审核后,报国务院国资委备案。

股权转让进场交易自首次正式披露信息之日起超过 12 个月未征集到合格受让方的，应当重新履行审计、资产评估及信息披露等程序。

（9）股权转让价款原则上应当一次结清。如金额较大、一次结清确有困难的，经协商可分期付款。采取分期付款方式的，首期付款原则上不得低于总价款的 30%，并在合同生效之日起 5 个工作日内支付；其余款项（公司内部协议转让除外）应当提供转让方认可的合法有效担保，转让方应当按同期银行贷款利率收取延期付款期间利息，且付款期限不得超过 1 年。

2. 上市公司股份转让

上市公司股份可通过证券交易系统转让、公开征集转让、非公开协议转让。其中，公开征集转让是指国有股东依法公开披露信息，征集受让方转让上市公司股份的行为。

（1）符合以下任一条件的，可采取非公开协议转让：

①上市公司连续两年亏损并存在退市风险或严重财务危机，受让方提出重大资产重组计划及具体时间表的。

②主业处于关系国家安全、国民经济命脉的重要行业和关键领域，主要承担重大专项任务，对受让方有特殊要求的。

③为实施国有资源整合或资产重组，在国有股东、潜在国有股东（经本次国有资源整合或资产重组后成为上市公司国有股东）之间转让的。

④上市公司回购股份涉及转让方所持上市公司股份的。

⑤因接受要约收购方式转让其所持上市公司股份的。

⑥因解散、破产、被依法责令关闭等原因转让所持上市公司股份的。

⑦国有股东以所持上市公司股份出资的。

（2）上市公司股份转让应履行以下报批程序：

①符合以下任一条件的，经公司总部审核同意后，上报国务院国资委审批：

第一，转让控股上市公司股份，可能导致持股比例低于合理持股比例。

第二，通过证券交易系统转让控股上市公司股份，且拟在一个完整会计年度内累计转让股份达到以下标准：上市公司总股本不超过 10 亿股的，拟转让比例达到上市公司总股本 5% 及以上；上市公司总股本超过 10 亿股的，拟转让股份数量达到 5000 万股及以上。

第三，通过证券交易系统转让参股上市公司股份，拟在一个完整会计年度内累计转让股份比例达到上市公司总股本 5% 及以上。

第四，与公司系统外单位非公开协议转让事项。

第五，控制权发生转移的非公开协议转让事项。

②各级单位公开征集转让、非公开协议转让上市公司股份，应报公司总部审批。

③其他不需要公司总部审批的上市公司股权转让，由各二级单位自行决策。

（3）通过证券交易系统转让上市公司股份时，需报送以下材料：

①关于转让上市公司股份的请示文件。

②转让方内部决策文件。

③转让上市公司股份方案，包括但不限于转让的必要性、国有股东及上市公司基本情况、主要财务数据、拟转让股权的权属状况、转让底价及确定依据、转让数量、转让时限、预期收益等。

④可行性研究报告。

⑤其他必要材料。

（4）公开征集转让时，需报送以下材料：

①受让方的征集及选择情况。

②转让方、受让方基本情况及上一年度经审计的财务会计报告。

③股份转让协议及股份转让价格的定价说明。

④受让方与转让方、上市公司之间在最近12个月内股权转让、资产置换、投资等重大情况及债权债务情况。

⑤法律意见书。

⑥尽职调查报告。

⑦其他必要材料。

（5）非公开协议转让时，需报送以下材料：

①转让方协议转让上市公司股份的决策文件。

②转让方协议转让上市公司股份的方案，包括但不限于不公开征集受让方的原因、转让价格及确定依据、转让数量、转让收入的使用计划等。

③转让方、受让方基本情况及上年度经审计的财务会计报告。

④可行性研究报告。

⑤股份转让协议。

⑥以非现金方式支付的说明。

⑦受让方与转让方、上市公司之间在最近12个月内股权转让、资产置换、投资等重大情况及债权债务情况。

⑧法律意见书。

⑨尽职调查报告。

⑩其他必要材料。

（6）拟公开征集转让或非公开协议转让上市公司股份的，在履行内部决策程序后，应书面告知上市公司，由上市公司依法公开披露该信息，向社会公众进行提示性公告。

公开征集信息内容包括但不限于拟转让股份权属情况、数量，受让方应当具备的资格条件，受让方的选择规则，公开征集期限等。公开征集信息对受让方的资格条件不得设定指向性或违反公平竞争要求的条款，公开征集期限不得少于10个交易日。

非公开协议转让上市公司股份经国务院国资委批准后，转让协议生效，各级单位应按协议约定及国务院国资委批复及时收取转让价款，并办理股份过户登记等相关变更手续。

拟受让方以现金支付股份转让价款的，各级单位应在股份转让协议签订后5个工作日内收取不低于转让价款30%的保证金，其余价款应在股份过户前全部结清。在全部转让价款支付完毕或交由转让双方共同认可的第三方妥善保管前，不得办理转让股份的过户登记手续。拟受让方以股票等有价证券支付股份转让价款的按照有关规定办理。通过证券交易系统转让上市公司股份的，转让价格按上市公司股票二级市场价格确定。公开征集转让或非公开协议转让上市公司股份的，转让价格不得低于下列两者之中的较高者：一是提示性公告日前30个交易日的每日加权平均价格的算术平均值；二是最近一个会计年度上市公司经审计的每股净资产值。

（7）存在下列特殊情形的，非公开协议转让上市公司股份的价格按以下原则分别确定：

①为实施资源整合或重组协议转让上市公司股份，并在所持上市公司股份转让完成后全部回购上市公司主业资产的，股份转让价格根据中介机构出具的该上市公司股票价格的合理估值结果确定。

②为实施国有资源整合或资产重组，在公司内部协议转让上市公司股份，且公司拥有的上市公司权益和上市公司中的国有权益并不因此减少的，股份转让价格应当根据上市公司股票的每股净资产值、净资产收益率、合理的市盈率等因素合理确定。

（六）股权划转

本办法所称股权划转是指国有股权在政府机构、事业单位、国有全资企业、国有全资公司之间的无偿转移。股权划转包括外部划转和内部划转两种类型：外部划转指股权在系统内全资单位与系统外国有全资企业、国有全资公司、事业单位、政府机构之间的划转；内部划转指股权在系统内单位之间的划转。

1. 股权外部划转

（1）申请股权外部划转应具备以下条件：

①划入、划出双方（以下合称"划转双方"）均为国有全资企业、国有全资公司、事业单位或政府机构。

②划转标的企业符合划入方主业及发展规划，且中介机构对划转标的企业划转基准日财务报表出具了无保留意见审计报告。

③划转标的企业的债务及或有负债能够妥善处置，人员能够妥善安置。

④划转双方协商达成一致意见。

股权外部划转事项经公司总部审批或决定后，公司所属划入方（划出方）应会同划转对方开展划转准备工作，并逐级向公司总部申报办理股权划转手续，由公司总部报国务院国资委批准。

（2）申报股权外部划转时应提交以下材料：

①股权划转的申请文件。

②划转双方及划转标的企业的产权登记证和营业执照复印件，或有关国资监管机构对相关产权登记等情况的说明（如涉及）。

③公司所属划入方（划出方）的内部决策文件，以及公司总部关于股权划转的书面批复文件或其他决策文件。其中，划入方（划出方）已设立董事会的，应提交董事会决议；尚未设立董事会的，应提交党组（委）会或总经理办公会议纪要。

④划转对方的决策和批准文件。其中，划转对方为中央企业或其子企业的，应提交中央企业的相关决议或批准文件；划转对方非中央企业的，应提交相关政府部门、地市级以上政府或国务院国资委的批准文件。

⑤划转标的企业的决策文件。其中，划转标的企业为有限责任公司的，应提交股东会决议；划转标的企业为中外合资公司的，应提交董事会决议；划转标的企业为国有独资公司，且设有董事会的，应提交董事会决议；划转标的企业为国有独资企业、事业单位或未设董事会的国有独资公司的，可不提交决策文件，以划出方的决策和批准文件为准。

⑥划转双方签订的股权划转协议。

⑦中介机构出具的划转标的企业划转基准日审计报告，或经同级国务院国资委批复的清产核资报告及批复文件。

⑧划转标的企业的债权债务和或有负债处置方案，及有关金融债权机构的书面意见。

⑨划出方债务处置方案及或有负债的解决方案（如涉及）。

⑩划转标的企业职代会通过的职工分流安置方案和表决结果。

⑪划出方关于所持划转标的股权是否存在质押或司法诉讼、冻结事项，以及质押权人、司法机关同意产权划转的确认函。

⑫划转标的企业关于是否存在资产抵押、质押或司法诉讼、冻结事项，以及抵押权人、司法机关同意股权转移的确认函。

⑬划转双方关于划转标的企业办社会职能情况及解决方案的说明。

⑭企业土地、房屋、设备等大宗资产权属登记情况、完善方案和各方责任的说明。

⑮公司所属划入方未来12个月内对划转标的公司的重组计划或发展规划（适用于划转标的公司控股权转移的情形）。

⑯划转双方划转基准日或上一年度审计报告。

⑰法律意见书。

⑱其他必要材料。

其中，划转标的为企业参股权的，第⑫项和第⑭项可不涉及。

股权外部划转取得国务院国资委批准后，划转协议生效。划转双方不得在报国务院国资委批准的产权划转协议之外，对划转标的做其他附加约定或承诺。

2. 股权内部划转

（1）申请股权内部划转应具备以下前提条件：

①划转双方为总部及各级单位与其全资企业或其所属全资企业间，以及公司直接或间接全资拥有的企业间。

②划转标的企业符合划入方核心业务及发展规划，且中介机构对划转标的企业划转基准日财务报表出具了无保留意见审计报告。

③划转双方协商达成一致意见。

（2）公司股权内部划转，按以下方式履行决策程序：

①符合以下任一条件的，由公司总部审批：

第一，公司总部和各级单位间进行股权内部划转。

第二，跨二级单位的股权内部划转。

②其他股权内部划转事项，由各二级单位自行决策，并纳入公司股权计划和预算（调整）安排。股权内部划转的报批工作一般由划出方负责，也可由划转双方协商确定。

（3）申报股权内部划转时应提交以下材料：

①股权划转的申请文。

②划转双方及划转标的企业的产权登记表（证）和营业执照复印件，以及股权证、章程等证明材料（如涉及）。

③划转双方的内部决策文件。

④划转双方签订的股权划转协议或有关会谈纪要，其中划转标的为企业整体股权或控股权的，划转协议或纪要中应明确划转标的企业的债权债务及或有负债处置方案，以及人员安置方案。

⑤股权划转的可行性论证报告。

⑥划转双方基本情况及上一年度审计报告。

⑦划转标的公司基本情况、划转基准日或上一年度审计年度报告及最近一期的中期报告。

⑧划出方的债务处置方案及或有负债的解决方案（如涉及）。

⑨划入方未来12个月内对划转标的公司的重组计划或发展规划（适用于划转标的公司控股权转移的情形）。

⑩法律意见书。

⑪其他必要材料。

股权内部划转事项经批准后，划转双方应及时开展财务审计、协议签署，做好股权划转、工商变更、人员安置等工作。

（七）增资扩股

本办法所称增资扩股指各级单位向社会募集股份、发行股票、新股东投资入股、原股东增加投资扩大股权，或以未分配利润、资本公积等转增股本，从而增加企业资本金的行为。

1. 非上市公司增资扩股

非上市公司增资扩股的方式包括非公开协议和进场交易。

（1）符合以下条件的，可采取非公开协议方式进行增资扩股，其他增资扩股行为均须进场交易：

①因国有资本布局结构调整需要，由公司系统外特定的国有及国有控股企业参与公司各级企业增资扩股。

②因公司与系统外特定投资方建立战略合作伙伴关系或利益共同体需要，由该投资方参与公司各级企业增资扩股。

③公司总部直接或指定其控股、实际控制的其他子企业参与增资。

④有关债权方将对各级单位的债权转为股权的。

⑤原股东增资。

（2）非上市公司增资扩股，按以下规定进行报批：

①符合以下任一条件的，经公司总部审核同意后，报国务院国资委批准：

第一，商业二类企业增资扩股且股权结构发生变化。

第二，上述可采取非公开协议方式进行增资扩股情况中第①项和第②项规定的增资扩股事项；

第三，各级单位全资、控股，或参股但为第一大国有股东的股份有限公司拟公开发行股票并上市。

②除上述规定外，符合以下任一条件的，报公司总部审批：

第一，导致二级单位股权结构发生变化的增资扩股事项。

第二，符合本单位功能定位与核心业务方向的全资、控股企业，增资扩股后由全资、控股变为参股。

第三，涉及引入管理层、职工个人持股的。

第四，上述可采取非公开协议方式进行增资扩股情况中第③项和第④项规定的增资扩股事项。

③其他增资扩股事项，由各二级单位自行决策，并报公司总部备案。

（3）增资扩股项目报批时应提交以下资料：

①关于企业增资扩股的请示文件。

②申报单位内部决策文件。

③企业增资扩股方案，包括募集资金金额、用途、投资方应具备的条件、选择标准、遴选方式等。如有潜在意向方的，应说明有关基本情况。增资后企业的股东数量须符合国家相关法律法规的规定。

④拟增资扩股企业最近年度或半年度的审计报告，资产评估报告及其核准或备案文件。其中属于以下情形的，可以仅提供企业审计报告：原股东同比例增资，对全资子公司增资，增资企业和投资方均为国有全资企业。

⑤拟增资扩股企业营业执照复印件、国有资产产权登记证（表）、企业章程等复印件。

⑥法律意见书。

⑦其他必要资料。

如采取非公开协议方式增资的，应说明必要性及投资方情况，同时报送与受让方草签的增资协议或初步达成的书面意向，其中需明确经公司总部或国务院国资委批准后生效。

（4）企业增资扩股方案经决策和批准后，各级单位应开展以下工作：

①根据章程和监管规定履行内部决策程序。

②组织对增资扩股企业进行财务审计、资产评估，应依据评估报告确定企业资本及股权比例；若增资企业和投资方均为国有独资或国有全资企业的，可以依据评估报告或最近一期审计报告确定企业资本及股权比例。

③涉及控制权转移的，应征询金融机构债权人对债权债务处置方案的意见。

④涉及土地使用权的，必须经土地确权登记并明确土地使用权的处置方式；涉及探矿权、采矿权的，需由国土资源主管部门明确探矿权、采矿权的处置方式，但不得单独转让探矿权、采矿权。涉及国有划拨土地使用权和由国家出资形成的探矿权、采矿权的，应按规定办理有关出让或转让手续；符合保留划拨方式的土地使用权，应取得土地管理部门的土地使用权处置批准。

⑤根据国家有关规定，增资扩股方案需提交企业职工代表大会或职工大会审议的，应按照有关规定和程序及时公布。

⑥采取非公开协议方式的，应规范签署增资扩股协议；采取进场交易方式的，应当在国务院国资委发布的从事中央企业增资业务产权交易机构进行。

（5）增资扩股通过产权交易机构网站对外披露信息公开征集投资方，时间不得少于40个工作日。信息披露内容包括但不限于以下几点：

①标的企业基本情况。

②标的企业当前股权结构。

③标的企业增资行为的决策及批准情况。

④标的企业近三年审计报告中的主要财务指标。

⑤标的企业拟募集资金金额和增资后的股权结构。

⑥募集资金用途。

⑦投资方的资格条件，以及投资金额和持股比例要求等。

⑧投资方遴选方式。

⑨增资终止条件。

⑩其他需要披露事项。

（6）增资扩股通过资格审查的意向投资方数量较多时，可以采用竞价、竞争性谈判、综合评议等方式进行多轮次遴选。标的企业董事会或股东会以资产评估结果为基础，结合意向投资方的条件和报价等因素审议选定投资方。

（7）标的企业持有上市公司股份的，若增资扩股导致其经济性质或上市公司实际控制人发生变化，应当在办理工商变更手续前，将增资扩股情况报公司总部审核后上报国务院国资委批准；有关增资扩股方案和协议中应注明经国务院国资委批准后生效。

2.上市公司增资扩股

上市公司增资扩股方式包括以公开方式向不特定对象公开募集股份、以非公开方式向特定对象发行股份，以及发行可转换公司债券等。

（1）各级控股上市公司增资扩股，在满足中国证监会相关规定情况下，符合以下任一条件的，由公司总部决策，其余事项经公司总部审核同意后报国务院国资委审批：

①未导致公司持股比例低于经国务院国资委备案的合理持股比例的。
②未导致上市公司控制权转移。
③不属于中国证监会规定的重大资产重组。

（2）上市公司发行证券时，应当报送以下资料：
①上市公司董事会决议。
②国有股东所控股上市公司发行证券的方案，内容包括但不限于相关国有股东、上市公司基本情况，发行方式、数量、价格，募集资金用途，对国有股东控股地位影响的分析，发行可转换公司债券的风险评估论证情况、偿本付息及应对债务风险的具体方案等。
③可行性研究报告。
④律师事务所出具的法律意见书。
⑤其他必要材料。

（八）终止清算

终止清算指公司各级单位终止生产经营，办理清算事宜，妥善清结各项资产财务关系的行为。

（1）企业终止情形主要包括以下几种：
①不能清偿到期债务，被依法宣告破产。
②因企业发生合并、分立等重组改制行为需要解散。
③违反法律、行政法规被依法责令关闭。
④投资者或上级单位决定终止。
⑤公司章程规定的营业期限届满或者出现公司章程规定的其他解散事由。
⑥出现其他重大事项影响企业持续经营。

（2）终止清算事项应履行申报程序，应提交以下材料：
①关于企业终止的申请报告。
②企业终止事由的相关证明材料。
③企业提交申请报告前 30 日内的资产负债表、损益表、财务情况说明书。
④职工安置方案，其中全民所有制企业需报送经企业职工代表大会或职工大会审议通过的相关文件。
⑤拖欠的职工工资、医疗费和挪用的职工住房公积金以及企业欠缴的社会保险费等解决方案。
⑥法律意见书。
⑦其他必要资料。

（3）终止清算时，按以下方式履行决策程序：

①终止清算企业为二级单位，由公司总部决定。

②终止清算企业为公司第三级及以下全资企业，由原批准该企业设立的单位决定。

③终止清算企业为公司第三级及以下控股企业，由其章程规定的权力机构（股东会或董事会）决定，按二级单位的意见正确行使表决权。

（4）终止清算企业应于上级主管单位或股东会做出终止清算决定15日内成立清算组，负责办理清算事宜。企业在清算期间不得开展与清算无关的经营活动。清算组一般由终止清算企业及其出资单位有关人员、法规明确规定或人民法院指定人员组成，必要时可聘请中介机构有关专业人员。

清算组应按照公司法、企业破产法相关规定执行清算工作，履行下列职责：

①清理回收企业财产，分别编制资产负债表和财产清单。

②通知或者公告债权人。

③处理与清算有关的企业未了结业务。

④清缴所欠税款。

⑤清理债权、债务。

⑥处理企业清偿债务后的剩余财产。

⑦代表企业参与民事诉讼、仲裁活动。

（5）终止清算企业清算结束后，清算组应完成以下工作：

①编制企业清算日至终结日止的清算财务报告，同时聘请具备资格的会计师事务所出具清算审计报告。

②将清算财务报告、清算审计报告及企业的财务报告、资产评估报告（如涉及）和清算财产表，一并报上级主管单位或股东会确认。

③办理国有产权注销登记和工商注销登记，公告企业终止。

④按照《国有企业资产与产权变动档案处置暂行办法》等有关规定，妥善处置清算企业档案。

（九）其他股权变动事项

本办法所称其他股权变动事项是指被投资企业合并、分立、改制、减资缩股等引起各级单位所持股权发生变化的行为，不包括股权投资、股权转让、股权划转、增资扩股、终止清算。

1. 报批规定

各级单位应按以下规定进行报批：

（1）符合以下任一条件的，需经公司总部审核后报国务院国资委审批：

①中国证监会规定的上市公司重大资产重组。

②控股上市公司吸收合并。

③引起上市公司控制权发生变化的。

④导致公司持有上市公司比例低于经国务院国资委备案的合理持股比例。

⑤导致商业二类企业股权结构发生变化。

⑥其他国务院国资委认为必要的事项。

（2）符合以下任一条件的，报公司总部审批：

①公司所属各级有限责任公司改制为股份有限公司。

②符合本单位功能定位与核心业务方向的全资、控股企业，股权变动后不再控股。

③导致二级单位股权结构发生变化的事项。

④跨二级单位的股权变动事项。

（3）除上述规定外的其他股权变动事项，由各单位自行决策，并报公司总部备案。

2.提交资料

申报股权变动项目审批时，应提交以下资料：

（1）关于企业股权变动的请示文件。

（2）申报单位内部决策文件。

（3）企业股权变动方案。

（4）拟股权变动企业最近年度或半年度的审计报告。

（5）拟股权变动企业营业执照复印件、国有资产产权登记证（表）、企业章程等复印件。

（6）法律意见书。

（7）其他必要资料。

3.资产变化

公司各级全资企业涉及其他股权变动事项，相关资产评估基准日（或划转审计基准日）至股权交割日之间，因标的企业盈利而增加的净资产，应上交国有产权持有单位，或经国有产权持有单位同意，作为标的企业国有权益；因标的企业亏损而减少的净资产，应由国有产权持有单位补足，或者由标的企业用以后年度国有股份应得的股利补足。

公司各级控股企业涉及其他股权变动事项，资产评估基准日（或划转审计基准日）至股权交割日之间的净资产变化，由标的企业股权变动前的各产权持有单位协商处理，并应在相关协议中予以明确。

（十）股权运营管理

1. 股东权利行使

股东权利是指股东基于其股东资格而享有的从被投资企业获得经济利益并参与企业管理的权利，主要包括参与决策权、资产收益权、知情权、监督管理权等。

各级单位应严格按照国家法律法规、公司规章制度，充分行使股东权利，积极参与被投资企业股东（大）会、董事会、监事会（以下统称"三会"）运行管理，保障股东合法利益。

各级单位应积极参与章程和议事规则制定，确保股东权利规范落实。

对于全资、控股企业，应推动建立完善"三会"运行管理相关制度及运行机制，有效发挥"三会"对企业决策、管理和监督的积极作用。"三会"的运行管理应严格遵守国家法律法规、公司有关制度及本企业章程、议事规则等有关规定。

对于参股投资，应与参股企业及其他股东协商，根据持股比例争取合理的董事、监事席位和高级管理人员推荐资格，积极参与被投资企业重大事项决策。

各级单位应制定本单位股东权利行使规范，明确流程、标准，推动被投资企业持续完善法人治理，积极行使股东权利，维护出资权益。

各级单位应在满足被投资企业经营发展需要的前提下，推动被投资企业建立健全科学合理的分红机制，并通过股东协议、企业章程、董事会、股东会等予以落实，促进国有资本保值增值。

各级单位要切实加强投资收益管理，通过制度或企业章程等，明确全资、控股被投资企业的利润分配原则及标准，确保及时足额获得投资收益及红利分配。

被投资企业经营损益、利润分配、处置被投资企业股权等形成的投资收益，纳入损益预算管理。

2. 产权登记和信息化管理

公司各级单位是产权登记管理的责任主体，应按照国有资产产权登记管理规定，组织产权持有单位及时、准确办理占有、变动和注销产权登记，并按照国家和公司有关规定，做好相关档案管理。首先，占有、变动产权登记，应于相关经济行为发生5个工作日内办理，并在产权登记完成后办理工商登记；其次，注销产权登记，应在注销工商登记后5个工作日内办理；最后，单纯企业名称、注册地、主营业务等产权登记基础信息变更的，应在工商登记变更后5个工作日内办理。

（1）发生以下任一经济行为，应办理占有产权登记：

①因投资、分立、合并而新设企业。

②因收购、投资入股而首次取得企业股权。

③其他应当办理占有产权登记的情形。

（2）发生以下任一经济行为，应办理变动产权登记：

①企业名称改变。

②注册资本改变。

③组织形式改变。

④履行出资人职责的机构和履行出资人职责的企业名称、持股比例改变。

⑤注册地改变。

⑥主营业务改变。

⑦其他应当办理变动产权登记的情形。

（3）发生以下任一经济行为，应办理注销产权登记：

①因解散、破产进行清算，并注销企业法人资格。

②因产权转让、减资、股权出资、出资人性质改变等导致企业出资人中不再存续履行出资人职责的机构和履行出资人职责的企业。

③其他应当办理注销产权登记的情形。

公司各级单位应加强股权信息化管理和应用，通过产权管理信息系统及时在线办理股权新增、变动、退出等事项，维护股权管理信息，保证财务处理及时高效、数据真实准确、支撑材料完整规范。建立数据质量治理常态化工作机制。各单位应定期清理完善产权数据，保证产权管理信息系统数据与账务数据、决算报表、产权登记和工商登记信息一致。

（十一）股权后评价

公司对股权实行后评价管理，从定性和定量角度对股权项目经营效益、管理水平、风险状况进行综合性评判，分为项目级后评价和单位级后评价。

项目级后评价是指对单个股权项目进行评价，重点关注可研达成情况、盈利能力、成长性、风险状况、合规性，以及投资回报等，原则上在被投资企业进入实际运营满一年起，每年开展一次。

单位级后评价是指对投资单位整体投资管理水平进行评价，重点关注该单位所投资项目达标情况、年度投资收益水平、投资管理状况以及风险控制水平等，原则上每年开展一次，后评价结果纳入公司企业负责人业绩考核。

公司各二级单位应于年度决算期间，报送上年度后评价报告。报告内容应包含评价依据、评价过程、评价结果、特别说明事项等，同步报送相关支撑资料。

（十二）责任追究

对股权投资、股权转让、股权划转、增资扩股、终止清算等股权变动中，违反规定、未履行或未正确履行职责造成国有资产损失以及其他严重不良后果的各级单位经营管理有关人员，按照《国家电网有限公司违规经营投资责任追究实施办法（试行）》及国家有关规定追究责任，实行重大决策终身问责；涉嫌违纪违法的，移送纪检监察机构依纪依法处置。

公司加强对各级单位股权管理事项的监督，将股权管理事项纳入审计、财务专项检查范围。对于产权登记、股权项目储备、计划和预算编报不及时、不完整、不准确的单位加强考核，在年度评优评先中原则上不予考虑；对超越管控边界、预算执行偏差较大等情况进行通报。

十一、固定资产管理办法

（一）总则

（1）为加强国家电网有限公司（以下统称"公司"）固定资产管理，规范管理行为，提高资产使用效率，提升资产管理的标准化、精益化、信息化水平，确保国有资产保值增值，根据国家有关法律法规、政策和公司有关规定，结合实际情况，制定本办法。

（2）本办法适用于公司总部、分部，以及全资、控股企业和各级分公司（以下统称"各级单位"），其中控股企业含绝对控股、相对控股等拥有实际控制权的企业。公司二级法人单位统称"二级单位"。

（3）本办法所称固定资产是指为生产商品、提供劳务、出租或经营管理而持有的、使用寿命超过一个会计年度的有形资产。固定资产的分类和具体范围按公司固定资产目录执行。

（4）公司固定资产管理遵循以下原则：

①统一政策，分级管理。
②完善制度，落实责任。
③业务协同，信息集成。
④优化配置，物尽其用。
⑤创新管理，持续完善。

（5）公司固定资产管理目标是适应输配电价监管和国资监管要求，持续夯实有效资产，确保资产价值管理与实物管理统一联动，账、卡、物动态一致；资产安全完整，资产的效能和效用最优；资产配置科学合理，公司整体效益最大化。

（二）职责分工

（1）公司固定资产实行统一管理、分级负责。公司总部负责贯彻执行国家有关固定资产管理的法律、法规和政策，制定公司统一的固定资产管理制度、固定资产目录和设备目录；负责统筹公司固定资产的预算管理、核算管理、会计政策管理和投保、索赔管理；负责审批各级单位达到规定标准的固定资产转让、报废、调拨、租赁等经济行为；负责制定公司统一的固定资产信息化管理标准，并组织开展信息系统优化配置；负责组织公司资产全寿命周期管理、电网资产实物"ID"、多维精益管理变革等工作；负责组织固定资产管理培训工作等。跨区资产管理中心负责配合做好总部电网资产报废审批工作。

各级单位负责贯彻执行公司统一的固定资产管理政策和要求，根据权限范围开展本单位固定资产购建预算、报废、调拨、租赁等工作；负责开展公司资产全寿命周期管理、电网资产实物"ID"建设、多维精益管理变革等工作；负责上报需总部审批的固定资产变动相关事项；负责规范建立设备台账和固定资产卡片，实现账、卡、物一一对应；负责开展固定资产清查盘点，并按规定进行相关处理；负责在公司统一指导下，制定本单位固定资产投保方案，并做好固定资产投保及索赔工作；负责组织开展本单位固定资产管理培训工作等。

（2）各级单位财务部门承担固定资产的价值管理职能，具体如下：

①会同固定资产实物管理部门制定或提出完善公司固定资产管理制度、固定资产目录建议方案。

②统筹协调开展固定资产的价值管理信息系统优化配置工作，配合实物管理部门开展实物管理信息系统优化完善工作。

③会同发展部和实物管理部门开展有效资产投入产出分析。

④按照公司预算管理程序，协同实物管理部门开展固定资产购建及报废等预算安排。

⑤配合实物管理部门审批固定资产转让、报废、调拨、租赁等经济行为，并监督其资产保值增值情况。

⑥负责固定资产投保方案制定，协同实物管理部门和使用保管部门做好固定资产投保及索赔工作。

⑦组织开展固定资产管理培训工作。

⑧会同实物管理部门和使用保管部门开展固定资产清查盘点。

除以上职责外，国网财务部还负责指导各级单位财务部开展固定资产管理相关工作；会同固定资产实物管理部门制定公司统一的固定资产管理制度、固定资产目录；

统筹组织公司系统固定资产的优化配置工作；负责制定公司统一的固定资产折旧和会计核算政策，审批各单位固定资产折旧政策调整方案；负责公司总部固定资产投资、运维、报废、残值回收等的资金收支管理；负责建立公司财产保险服务提供商备选库。

（3）各级单位设备部、营销部、互联网部、后勤部、调控中心、水新部、产业部等承担固定资产的实物管理职能，具体如下：

①按照专业分工负责实物资产专业技术管理，组织制定固定资产退役、报废技术标准；对退役资产的再利用、转为备品或报废等做出甄别，组织资产报废的技术鉴定和审批工作。

②组织和督促使用保管部门加强实物资产管理，确保资产安全、完整。

③制定固定资产内部调拨、转移、报废、技改、大修、检修等业务的规范统一流程，并纳入有关信息系统管理。

④组织开展固定资产实物清查盘点，保证账、卡、物一致；检查固定资产使用效益，对闲置多余、盘盈盘亏固定资产提出处理意见。

⑤审核和统筹安排固定资产有关计划和业务预算并按批准后的预算组织实施。

⑥根据权限范围决定或向上级单位报批本单位固定资产转让、报废、调拨、租赁等经济行为。

⑦负责土地和房屋建筑物等资产的权证新增或变更登记工作，并负责相关权证的保管。

⑧按照公司财产保险管理的有关规定，协助固定资产财产保险有关工作。

除以上职责外，国网相关实物管理部门还负责按照专业分工制定公司实物资产管理相关办法；推进实物资产管理信息化建设，建立完善电网设备与固定资产目录对应关系；办理公司总部固定资产租赁经营及委托运行手续；负责审批各级单位达到规定标准的固定资产转让、报废、调拨、租赁等经济行为，组织推进退役资产再利用工作。

（4）固定资产的具体使用、运行、维护、保管单位（部门）承担固定资产的使用保管管理职能，具体如下：

①遵循"谁使用谁保管"的原则，将固定资产的实物保管责任落实到专人，并设立固定资产登记簿。

②根据固定资产有关情况的变化，及时更新、完善固定资产卡片相关实物信息，并协调做好与实物管理部门和财务部门的协同处理。

③贯彻执行固定资产的使用、运行、维护、检修等各种技术管理制度和公司档案有关管理要求。

④提出固定资产的技术改造、检修意见，提交实物管理部门统筹安排，经批准后

组织实施。

⑤对固定资产的报废、调拨等，会同实物管理部门和财务部门填制固定资产报废审批表和固定资产调拨单，提出拆旧物资书面处理意见，经实物管理部门鉴定、核查，并报财务部门会签后交物资部门统一处置。

⑥按照实物管理和财务部门的要求，定期或不定期对固定资产进行清查盘点，保证账、卡、物相符。

⑦及时做好固定资产出险通知、证据搜集、现场保护等工作，配合做好保险索赔有关工作。

根据实际情况，在不违反内部控制制度的前提下，固定资产实物管理和使用保管职能可以适当归并，具体由各单位决定。

（三）固定资产目录和折旧

（1）公司制定统一的固定资产目录。固定资产目录列示固定资产分类、固定资产名称、折旧年限和净残值率等内容，根据多维精益管理体系变革的要求，明确核心电网资产的重要组成设备范围。

（2）公司建立固定资产目录的动态管理机制，根据新技术、新设备应用情况，并综合考虑资产财务管理与设备生产管理等需要，组织固定资产目录的调整完善工作。

（3）各级单位可结合实际情况，在公司固定资产目录规定的资产分类框架下，提出补充、细化固定资产目录建议，上报公司总部批准后执行。非电网企业不能完全适用公司统一固定资产目录的，可根据行业管理要求和设备特点，进一步增补、完善固定资产分类等内容，上报公司总部批准后执行。境外企业可结合当地有关规定和实际情况，参照公司统一固定资产目录制定本企业固定资产目录，并报公司总部备案。

（4）各级单位固定资产原则上应采用年限平均法计提折旧。若采用加速折旧法或改变固定资产折旧方法的，须报公司总部批准。

（5）各级单位结合本地区经济发展水平、设备实际状况等因素合理确定各类固定资产折旧年限。各类固定资产所采用的折旧年限、折旧率和净残值率等须在公司固定资产目录规定范围内选择，并报公司总部备案。凡发生变更或因特殊原因确需执行与公司统一规定不一致的折旧政策的，须报经公司总部批准。

（6）各级单位实物管理部门对实施技术改造的资产，应在改造完成后综合考虑设备健康状况等因素，对其继续使用的年限进行评估。

（7）计提折旧的固定资产范围以及相应的会计核算，按照公司统一会计核算办法的有关规定执行。

（四）固定资产变动

（1）固定资产的变动指固定资产的增加、减少和出租（指经营性租赁，下同）。其中，固定资产增加包括购建（基本建设、技术改造和零星购置）、投资者投入、融资租入、债务重组取得、接受捐赠、调入、根据行政命令接收、盘盈及其他途径增加；固定资产减少包括固定资产的转让（出售、以资抵债和对外捐赠，但不包括已报废固定资产的残值处理）、以固定资产对外投资、盘亏、毁损、报废、调拨、根据行政命令调整等。

（2）新增固定资产必须履行资产实物交接验收程序，建立完整、准确的固定资产卡片，确保账、卡、物一致。新增固定资产涉及房产土地的，工程建设管理等部门负责房产土地权证的登记办理。

①基本建设和技术改造工程竣工后，财务部门应根据经审计的竣工决算报告转增固定资产。已达到预定可使用状态但尚未办理竣工决算的，财务部门应根据项目建设管理单位（部门）提供的设备移交清册和估计价值转增固定资产，待办理竣工决算后，再根据决算金额调整原来的暂估价值。

②零星购置固定资产，由经办部门根据批准的预算和计划组织实施。资产购入后，应及时办理资产验收、交接手续，连同有关批准文件、合同、协议、发票单证等，报送财务部门办理固定资产入账手续。存量电网资产收购，按照《国家电网有限公司电网资产收购管理办法》等有关规定执行。

③投资者投入、融资租入、债务重组取得、接受捐赠、无偿调入、根据行政命令接收的固定资产，由经办部门根据有关批准文件组织实施，按前款规定办理资产交接和入账手续。

④盘盈固定资产，由使用保管部门查明情况，填制固定资产盘盈报告单，经实物管理部门鉴定、财务部门估价，并由实物管理部门履行企业内部审批程序后，报财务部门入账。

（3）固定资产转让由实物管理等相关部门根据本单位内部决策或批准文件组织实施，填制固定资产转让审批单，办理审批手续后，连同有关决策材料、合同、协议、单证等，报送财务部门办理固定资产清理手续。经办部门负责收回转让价款交财务部门入账。

（4）各级单位与其他企业或个人进行固定资产置换，视同一项连续的固定资产转让及购置行为，比照固定资产转让及购置的管理权限和程序进行管理。其中按照市政规划等政府部门行政命令实施的资产置换和土地收储，由各二级单位自行决策审批。

（5）各级境内单位单项账面净值100万元及以上的固定资产转让和土地使用权转

让，应当在可从事中央企业资产交易业务的国有产权交易机构公开进行，首次挂牌价格不得低于经公司总部备案的资产评估结果。境外单位的固定资产转让，按当地法律法规执行。

（6）符合以下任一条件的固定资产转让，须报公司总部审批。固定资产附带其他资产一同转让的，一并报批。

①每次转让给公司系统外同一受让方固定资产及土地使用权原值在2亿元及以上且净值在1亿元及以上。

②对系统外单位整体转让某一独立核算单位或内部核算单位全部固定资产原值或净值的80%以上，且所转让固定资产净值在2亿元及以上。

③各级境内单位对公司系统外单位或不同二级单位间单项账面净值100万元及以上的固定资产或土地使用权的协议转让。

除上述情形以外的固定资产转让，由各二级单位制定内部管理权限和决策程序。固定资产转让涉及对外捐赠等经济事项的，须同时遵守公司相关规定。

（7）以固定资产对外投资按照公司股权投资管理的有关规定办理。

（8）发生固定资产盘亏，使用保管部门要负责查明原因，根据固定资产盘点表填制固定资产盘亏审批单，按内部管理程序审批后，报送财务部门办理固定资产清理手续。

（9）固定资产调拨原则上只能在公司系统内部各全资单位之间进行。未经公司总部同意并报国务院国资委批准，任何单位不得将固定资产调拨给公司系统外单位。

（10）各二级单位固定资产的内部调拨（指各二级单位与所属企业间或所属企业间的调拨）由各二级单位履行内部决策程序进行决策审批；其他情形的固定资产调拨，一律由公司总部决定或审批。

（11）固定资产调拨时，实物管理部门应组织填制固定资产调拨单，履行有关审批程序后，交财务部门入账。

（12）固定资产在同一单位不同使用保管部门之间调拨，参照不同单位之间调拨的规定，由各二级单位制定内部管理程序，做好调拨记录，规范管理。

（13）固定资产出租，出租人应当按照有关法律法规和公司关于合同管理的规定，与承租人签订书面租赁合同。

（14）下列对公司系统外单位的固定资产出租，须报公司总部审批：

①电压等级在220 kV及以上的整条输电线路。

②承担跨省、跨区输变电功能的关键输变电设备。

③单机容量20万千瓦及以上的火电机组和2.5万千瓦及以上的水电机组。

除上述情形以外的固定资产出租，由二级单位制定内部管理权限和决策程序。

（15）固定资产出租的租金，应当根据资产质量、运行状态、使用情况等合理确定，租金标准应以资产价值为基础，遵循"成本补偿"和"适当回报"的原则核定。

（16）生产运行中的固定资产由于自身性能、技术、经济性等原因退出运行或使用状态的，由实物管理部门组织技术鉴定，根据技术鉴定结果确定再利用或报废等处置方式，并及时将有关处置结论、对应设备清单等书面通知财务部门。其中，涉及资产报废的，还应履行相应固定资产报废审批程序。设备清单应严格按照固定资产目录所列单项固定资产（重要组成设备）分别出具，并注明清单所列设备占对应单项固定资产（重要组成设备）实物量比例。

（17）固定资产在下列情况下，可作报废处理：

①运行日久，其主要结构、机件陈旧，损坏严重，经鉴定再给予大修也不能符合生产要求；或虽然能修复但费用过高，修复后可使用的年限不长、效率不高，在经济上不可行。

②腐蚀严重，继续使用将会发生事故，又无法修复。

③严重污染环境，无法修治。

④淘汰产品，无零配件供应，不能利用和修复；国家规定强制淘汰报废；技术落后不能满足生产需要。

⑤存在严重质量问题或其他原因，不能继续运行。

⑥进口设备不能国产化，无零配件供应，不能修复，无法使用。

⑦因运营方式改变全部或部分拆除，且无法再安装使用。

⑧遭受自然灾害或突发意外事故，导致毁损，无法修复。

在满足上述有关条件基础上，电网输变（配）电资产的报废还应符合公司制定的相关设备报废技术标准。

（18）公司各级单位按照资产权属履行固定资产报废审批程序。公司总部负责总部及所属分公司（分部除外）固定资产报废审批工作；各二级单位负责本单位及所属单位固定资产报废审批工作。

（19）固定资产报废按以下程序办理：由本单位固定资产使用保管部门与实物管理部门、财务部门核对后，报固定资产实物管理部门进行技术鉴定，使用保管部门根据技术鉴定意见填制固定资产报废审批表；实物管理部门履行内部审批程序后，报送财务部门办理固定资产清理手续。

（20）各级单位应加强报废固定资产处置管理工作。报废的固定资产在履行有关审批程序后，应按照公司废旧物资处置管理的有关规定，由使用保管单位（部门）交物资部门统一规范处置。物资部门在接收报废物资时，原则上应取得固定资产报废审批表，处置收入应及时提交财务部门进行账务处理。

（21）固定资产变动涉及资产评估事项的，按照国家和公司资产评估管理有关规定办理。

（22）按本办法规定须公司总部审批的固定资产变动事项，涉及单项固定资产原值在人民币2亿元以下的，签报公司分管财务和相关工作的领导并主要负责人审批；涉及单项固定资产原值在人民币2亿元及以上的，履行签报程序后提交公司党组会审议。其中：

①总部固定资产报废事项，涉及单项固定资产原值在人民币1亿元以下的，以固定资产报废审批表审批；涉及单项固定资产原值在人民币1亿元及以上的，按上述规定办理。

②涉及董事会审议决策事项，经公司党组研究讨论后，按照董事会议事规则履行相关决策程序。

③各级控股企业按内部决策程序需经股东会审议的，公司所属股东单位应在股东会前取得公司总部的书面审批意见，并据此进行表决。

（五）固定资产保险管理

（1）各级单位应根据生产、经营、建设的实际需要，结合对相关风险的分析判断，在确保资产安全稳定运行基础上，科学投保，合理确定投保资产范围及投保险种。

（2）各级单位应在公司统一指导下，在公司财产保险服务提供商备选库范围内，采取招标、竞争性谈判等公开方式选择保险机构进行固定资产投保。

（3）各级单位应充分借助公司保险经纪服务平台的专业力量，深化产融协同，加强保险专业化、规范化管理。

（4）投保财产遭遇自然灾害或发生意外事故时，固定资产的使用保管部门（单位）应立即向财务部门和实物管理部门报告，同时向有关保险公司和保险经纪公司报案。

（5）对于火灾、爆炸、盗窃等事件，还应及时向财产所在地的消防、公安等部门报案。

（6）投保财产出险后，出险单位应采取一切必要、合理的措施防止损失进一步扩大；出险单位应督促保险公司开展现场查勘、定损理算等工作，做好保险索赔资料的准备，确保保险责任范围内的财产损失得到及时、合理赔付。

（7）各级单位收到的保险赔款，以及根据保险合同收到的机器损坏险、停机退费、防灾费等收入，应及时规范办理财务进账手续，严禁截留、私分、设立小金库。

（8）发生严重自然灾害或意外事故，造成财产重大损失的，有关单位应及时将财产损失情况、保险索赔进展情况等报告公司总部。

（9）各级单位应充分利用公司资产保险管理信息系统，确保各类投保、索赔数据均纳入信息系统管理，并建立健全财产保险统计分析制度，做好财产投保、出险、保险索赔等情况的统计工作，加强对有关历史信息的分析利用，总结经验，不断提高财产保险管理水平。

（六）固定资产信息化管理

（1）各级单位按照公司信息化建设的统一部署和要求，根据本单位资产构成、业务流程和生产经营特点等实际情况，将固定资产管理统筹纳入企业信息系统开发、建设和应用。

（2）公司建立统一的固定资产信息化管理有关信息标准，包括但不限于制定统一的固定资产代码体系以及固定资产记录信息标准；明确固定资产价值管理的细度标准；统一物资分类代码、设备分类代码与固定资产目录代码之间的紧密对应关系。

（3）各级单位建立统一、规范的固定资产变动和运行维护业务流程，建立工程项目管理、资产实物管理与固定资产财务管理的业务协同和信息集成，实现资产与设备联动，确保账、卡、物的动态一致。

（4）各级单位根据企业信息化建设、应用进程，及时梳理、调整、完善固定资产管理，以及相关管理流程、部门职责和业务规范。

（七）固定资产日常管理

（1）各级单位应根据固定资产目录和有关要求，建立设备台账及固定资产卡片，并及时做好台账及卡片信息维护工作，确保台账及卡片信息准确反映资产初始情况和后续变动有关情况。设备台账及固定资产卡片信息应由财务部门、实物管理和使用保管部门共享。

（2）各级单位应根据国家和公司有关不动产登记管理的规定，规范做好有关固定资产权属登记和变更管理工作，确保资产权属清晰、完整、有效。

（3）以固定资产进行抵押或质押的，应符合公司有关规定，并及时规范办理抵押或质押手续。

（4）各级单位要按照"谁使用谁保管"的原则，落实管理责任部门、单位和责任人，规范管理程序，保证资产的安全完整和正常运行，防止资产损失。由于管理不善造成固定资产盘亏、毁损的，应追究有关责任人员的责任。

（5）固定资产使用保管人员辞职、调离工作岗位、离退休，应在办理离职手续前，将其保管使用的固定资产移交完毕，使用保管部门负责人负责监交。

（6）固定资产实物管理和使用保管部门应对固定资产实行跟踪管理，全面了解和掌握固定资产的分布、使用情况和质量状况，对闲置不用、低效无效的固定资产提出处理意见。

（7）各级单位可以根据经营管理需要，对闲置不用、低效无效的固定资产进行出租或及时清理处置。

（8）对固定资产实行委托运营的，资产的使用保管职责可以全部或部分交由受托单位履行，但是价值管理和实物管理仍应由委托单位负责，不得因委托运营而导致固定资产管理职能的弱化或虚置。委托单位应当与受托单位签订委托协议，协议应当对双方在资产管理方面的权利义务做出明确约定。

（9）各级单位应建立健全固定资产清查机制，每年组织对固定资产进行全面或局部的清查盘点，保证账、卡、物一致。

①固定资产实物清查盘点工作由固定资产实物管理部门负责组织实施。清查盘点结束后，固定资产实物管理部门应当提交清查盘点报告，说明盘盈、盘亏固定资产情况及原因分析，针对本单位固定资产管理中存在的问题研究提出改进和加强管理的措施。固定资产清查盘点结果履行内部审批程序后，由财务部门按有关规定进行财务处理。

②在清产核资工作中进行的资产清查，按照清产核资有关规定执行。

（八）责任追究

（1）公司依据《国家电网有限公司违规经营投资责任追究实施办法（试行）》相关规定，对违反规定、未履行或未正确履行职责造成国有资产损失以及其他严重不良后果的各级经营管理有关人员，按照国家及公司责任追究有关规定追究问责，实行重大决策终身责任追究制度。

（2）发生下列情形的，公司将根据国家有关法律法规和公司规章制度责令限期改正；对因玩忽职守、徇私舞弊造成重大经济损失和国有资产流失的，依照有关规定追究有关人员的责任；涉嫌违纪违法的，移送纪检监察机构依纪依法处置。具体如下：

①未按规定履行决策和审批程序或超越授权范围转让、出租、报废固定资产或提供担保。

②资产收购、出租、转让等未按规定履行评估备案程序。

③财务审计、资产评估或估值违反相关规定，故意隐匿应当纳入评估范围的资产，或者向中介机构提供虚假会计资料，导致审计、评估结果失真。

④违反相关规定和公开公平交易原则，低价转让固定资产等。

⑤资产转让未按规定进场交易。

⑥因管理不善或人为故意等原因造成固定资产盘亏、毁损等，造成资产损失的。

⑦其他不符合国家和公司有关规定的情形。

十二、账销案存资产管理办法

（一）总则

（1）为规范和加强国家电网有限公司（以下简称"公司"）账销案存资产管理，促进账销案存资产的清理回收，盘活不良资产，防止国有资产流失，根据《中央企业账销案存资产管理工作规则》（国资发评价〔2005〕13号）等有关规定，制定本办法。

（2）本办法适用于公司总部，分部及全资、控股企业及各级分公司（以下统称"各级单位"），其中控股企业含绝对控股、相对控股等拥有实际控制权的企业。

（3）本办法所称账销案存资产，是指各级单位通过清产核资经确认核准作为资产损失、进行财务核销，或在日常经营过程中按照国家和公司有关规定经确认作为资产损失、进行财务核销，但尚未形成最终事实损失，按规定应当建立专门档案、进行专项管理的资产。

（4）本办法所称资产的事实损失是指有确凿和合法的证据表明有关账销案存资产的使用价值和转让价值发生了实质性且不可恢复的灭失，已不能给企业带来未来经济利益的流入。事实损失的确认必须符合实质性原则和程序性原则，按本办法"第（五）部分"的规定取得相应的证据，并履行规定的程序后，方可认定为事实损失，予以销案。

（5）账销案存资产是公司资产的组成部分。各级单位应认真履行资产经营职责，组织进行专项管理，积极清理追索，防止国有资产流失。

（二）账销案存资产管理职责

各级单位主要负责人对本单位账销案存资产的管理负领导责任，具体清理与追索部门对账销案存资产的追索及销案工作负管理责任，企业财务、法律等部门对账销案存资产的追索及销案工作负监督责任。

各级单位应当根据实际情况，明确本单位内部各部门在账销案存资产管理中的具体责任。原则上财务部门和业务部门分别履行以下职责：

（1）各级单位财务部门主要负责账销案存资产的价值管理，具体如下：

①负责细化本单位账销案存资产的内部管理要求，并组织实施。

②负责建立账销案存资产的财务备查账簿，记录账销案存资产的财务核销、追索回收、销案等情况，并保存有关的财务档案。

③负责回收资金的入账、核算。

④向上级单位和本单位管理层报告账销案存资产管理的有关情况，接受监督检查。

⑤协助业务部门做好账销案存资产的清理追索工作。

（2）各级单位营销、后勤、基建等业务部门按照"谁形成谁负责"的原则主要负责账销案存资产的清理追索等工作，具体如下：

①营销部负责与电费相关的账销案存资产管理工作。负责履行电费相关账销案存资产的处置和销案；负责保存有关的业务档案；负责建立本部门业务范围内账销案存资产的业务备查账簿，并与财务部门的财务备查账簿记录核对一致；负责收集、整理有关业务档案，定期向本单位档案部门归档；负责相关账销案存资产的清理追索工作，及时将回收资金交财务部门入账；负责协助财务部门向上级单位和本单位管理层报告账销案存资产管理的有关情况，接受监督检查。

②后勤部负责与后勤管理相关的账销案存资产管理工作。负责履行后勤管理相关账销案存资产的处置和销案；负责保存有关的业务档案；负责本部门业务范围内账销案存资产的业务备查账簿，并与财务部门的财务备查账簿记录核对一致；负责收集、整理有关业务档案，定期向本单位档案部门归档；负责相关账销案存资产的清理追索工作，及时将回收资金交财务部门入账；负责协助财务部门向上级单位和本单位管理层报告账销案存资产管理的有关情况，接受监督检查。

③基建等业务部门负责与电网基建相关的账销案存资产管理工作。负责履行电网基建相关账销案存资产的处置和销案；负责保存有关的业务档案；负责建立本部门业务范围内账销案存资产的业务备查账簿，并与财务部门的财务备查账簿记录核对一致；负责收集、整理有关业务档案，定期向本单位档案部门归档；负责相关账销案存资产的清理追索工作，及时将回收资金交财务部门入账；负责协助财务部门向上级单位和本单位管理层报告账销案存资产管理的有关情况，接受监督检查。

（三）账销案存资产的范围与存案要求

（1）各级单位应当按照规定对清产核资中清理出的各项资产损失，以及日常经营过程中核销的各项资产损失进行认真甄别分类，除在核销时已达到本办法"第（五）部分"规定的条件和可以直接销案的资产外，其他资产都应当按照规定作为账销案存资产管理。

（2）账销案存资产包括债权性资产、股权性资产及实物性资产。

①债权性资产包括应收账款、其他应收款、预付账款、委托贷款、可供出售金融资产（债权性）、持有至到期投资和未入账的因承担连带责任产生的债权及应由责任人或保险公司赔偿的款项等。

②股权性资产包括可供出售金融资产（债权性）及长期股权投资等。

③实物性资产包括存货、固定资产、在建工程、工程物资、投资性房地产等。

（3）各级单位应当设置专门的备查账簿，对账销案存资产进行辅助核算。

（4）财务备查账簿的设置可参照会计账簿进行。具体可参照以下3个层次设置：

①按照债权性、股权性、实物性资产设置三类资产的备查总账。

②按照本办法对三类资产的划分，进一步设置二级分类备查账。比如债权性资产可设置应收账款、其他应收款、预付账款、可供出售金融资产（债权性）、持有至到期投资、委托贷款、未入账债权、应收保险赔款等二级备查账。

③按照每一类资产的具体情况，设置明细备查账。如应收账款可按债务人名称或类别、长期股权投资可按被投资单位、存货和固定资产可按资产种类设置明细备查账。

（5）业务备查账簿可根据实际管理的需要设置。视具体情况，在确保记录完整、准确的前提下，某些资产的业务备查账和财务明细备查账可以相互替代。

（6）业务备查账与财务备查账之间，以及财务备查总账、二级备查账与明细备查账之间，应当定期核对一致，并至少于每季度末相互核对一次。

（7）备查账簿的记录要求：

①经批准核销资产损失时，除进行正常的会计处理外，凡不符合直接销案条件的，应当根据核销损失的有关依据，同时在备查账簿上记录账销案存资产的增加。

②清理收回现金或其他资产时，除及时进行正常的会计处理、登记会计账簿外，应当根据收回资产的有关依据，同时在备查账簿上记录账销案存资产的减少。

③按照本办法规定对账销案存资产作销案处理时，应当根据有关销案依据，在备查账簿上记录账销案存资产的注销。

（8）备查账簿应当视同会计账簿，按照公司会计档案管理办法等规定妥善管理。与账销案存资产增加、减少有关的合同、协议、发票、单证、司法文书等原始资料，已按照财务工作程序作为原始会计凭证管理的，应当在备查账簿上标示索引、注明归档情况；不需要作为原始会计凭证管理的，应当单独编号、索引，并随同备查账簿一并保管。

（四）账销案存资产的清理与追索

（1）各级单位应当组织力量对账销案存资产进行认真清理和追索，通过经济、行政、法律诉讼等多种途径尽可能收回资金或残值，盘活资产。

（2）账销案存资产的清理和追索，可以指定公司内部相关部门牵头、成立专门工作小组或机构进行处理，也可以在履行内部决策程序基础上委托社会专业机构按照市场化原则处理。

（3）清理与追索工作应坚持公开、透明原则，避免暗箱操作。各单位应针对具体的处理方式，制定相关工作细则，并接受上级单位和本单位审计等部门的监督。

①指定内部相关部门对账销案存资产进行清理追索的,应当建立追索责任制,明确清欠任务和工作责任,加强对清理和追索工作的领导和督促。

②成立专门工作小组或机构对账销案存资产进行清理追索的,在明确清理任务和工作责任的基础上,可以建立适当的追索奖励制度。奖励幅度原则上不超过委托社会中介机构清理追索的成本。对造成损失直接责任人的追索工作不得奖励,但可以根据追索结果适当减轻其相关责任。

③委托社会专业机构对账销案存资产进行清理追索的,可以采取按收回金额一定比例支付手续费或折价出售等多种委托方式。委托工作应通过市场化方式选择中介机构,不能市场公开选择的应以多种方案择优比较后确定。

(4) 各单位对账销案存的债权性资产、股权性资产进行清理和追索,可以采取债务重组、折价出售等处理方法,但应当建立严格的核准工作程序和监管制度。账销案存资产的债务重组、折价出售等,应当经本单位董事会、总经理办公会等决策机构研究批准,其中单项资产备查账簿账面金额在5 000万元以上的,其处置方案须报公司总部核准。

(5) 各级单位对小额账销案存债权性资产进行清理和追索,其清欠收入不足以弥补清欠成本的,经本单位董事会、总经理办公会等决策机构研究决策可以停止催收,并报上级单位备案。

(6) 各级单位对账销案存股权性资产进行清理和追索,涉及国有产权转让的,应同时执行国家及公司关于股权转让相关规定;涉及被投资企业破产或注销的,如果属于有控制权的投资,必须按规定依法组织破产或注销清算,如果属于无控制权的投资,必须认真参与破产和注销工作,维护企业自身权益,并取得相关销案证据。清算管理的有关事宜,按照公司股权管理办法相关规定执行。

(7) 各级单位对账销案存实物性资产进行清理,应当认真做好变现处置工作,尽量利用、及时变卖或按其他市场方式进行处置,尽可能收回残值。

(8) 各级单位对账销案存资产清理和追索收回的资金及其他资产,应当按国家和公司有关财务会计制度规定及时入账,不得形成"小金库"或账外资产。

(9) 账销案存资产备查账簿是辅助会计账簿,用于辅助管理,各级单位不得通过备查账截留资金收入。

(五)账销案存资产的销案依据与程序

(1) 账销案存资产销案时应当取得合法的证据作为销案依据,包括具有法律效力的外部证据、社会中介机构的法律鉴证或公证证明和特定事项的企业内部证据等。

(2) 债权性资产依据下列证据进行销案:

①债务单位被宣告破产的，应当取得法院破产清算的清偿文件及执行完毕证明。

②债务单位被注销、吊销工商登记或被政府部门责令关闭的，应当取得清算报告及清算完毕证明。

③债务人失踪、死亡（或被宣告失踪、死亡）的，应当取得有关方面出具的债务人已失踪、死亡的证明及其遗产（或代管财产）已经清偿完毕或无法清偿、没有承债人可以清偿的证明。

④涉及诉讼的，应当取得司法机关的判决或裁定及执行完毕的证据；无法执行或债务人无偿还能力被法院终止执行的，应当取得法院的终止执行裁定书等法律文件。

⑤涉及仲裁的，应当取得相应仲裁机构出具的仲裁裁决书，以及仲裁裁决执行完毕的相关证明。

⑥与债务人进行债务重组的，应当取得债务重组协议及执行完毕证明。

⑦债权超过诉讼时效的，应当取得债权超过诉讼时效的法律文件。

⑧可以公开买卖的期货、证券、外汇等短期投资，应当取得买卖的交割单据或清理凭证。

⑨清欠收入不足以弥补清欠成本的，应当取得清欠部门的情况说明及企业董事会或总经理办公会等讨论批准的会议纪要。

⑩其他足以证明债权确实无法收回的合法、有效证据。

（3）股权性资产依据下列证据进行销案：

①被投资单位被宣告破产的，应当取得法院破产清算的清偿文件及执行完毕证明。

②被投资单位被注销、吊销工商登记或被政府部门责令关闭的，应当取得清算报告及清算完毕证明。

③涉及诉讼的，应当取得司法机关的判决或裁定及执行完毕的证据；无法执行或债务人无偿还能力被法院终止执行的，应当取得法院的终止执行裁定书等法律文件。

④涉及仲裁的，应当取得具有仲裁资格的社会仲裁机构出具的仲裁裁决书及执行完毕证明。

⑤其他足以证明股权确实无法收回的合法、有效证据。

（4）实物性资产依据下列证据进行销案：

①需要拆除、报废或变现处理的，应当取得已拆除、报废或变现处理的证据，有残值的应当取得残值入账凭证。

②应由责任人或保险公司赔偿的，应当取得责任人缴纳赔偿的收据或保险公司的理赔计算单及银行进账单。

③涉及诉讼的，应当取得司法机关的判决或裁定及执行完毕的证据；无法执行或债务人无偿还能力被法院终止执行的，应当取得法院的终止执行裁定书等法律文件。

④涉及仲裁的，应当取得具有仲裁资格的社会仲裁机构出具的仲裁裁决书及执行完毕证明。

⑤抵押资产损失应当取得抵押资产被拍卖或变卖证明。

⑥其他足以证明资产确实无法收回的合法、有效证据。

（5）各级单位账销案存资产销案应遵循以下基本工作程序：

①单位内部相关业务部门提出销案报告，说明对账销案存资产的损失原因和清理追索工作情况，并提供符合规定的销案证据材料。

②单位内部法律或其他相关部门对资产损失发生原因及处理情况进行审核，并提出审核意见。

③单位内部财务部门对销案报告和销案证据材料进行复核，并提出复核意见。

④销案报告报经董事会或总经理办公会等决策机构审议批准，并形成会议纪要。

⑤单项资产备查账簿账面金额在5 000万元以上的，需逐级上报公司总部核准。

⑥根据本单位决策机构会议纪要、上级单位核准批复及相关证据，由单位主要负责人、业务分管负责人、总会计师（或主管财务负责人）签字确认后，进行账销案存资产的销案。

（6）各级单位应当在每年报送财务决算时向公司报备账销案存资产清理情况及年度账销案存资产管理情况专项报告。专项报告主要内容如下：

①企业账销案存资产本年度的清理、追索情况（包括小额账销案存债权性资产经决策机构批准停止催收的情况）。

②企业对于追索收回的资金或残值的账务处理情况。

③企业账销案存资产本年度的销案情况。

④其他需要说明的事项。

（7）各级单位应当对账销案存资产的销案情况建立专门档案管理制度，以备查询和检查，并按照会计档案保存期限规定进行保管。存档资料主要内容如下：

①销案资产的基本情况。

②销案资产的清理和追索情况。

③销案资产的销案依据。

④销案资产的销案程序。

⑤销案资产损失原因分析及责任追究情况。

⑥其他相关材料。

（六）责任追究

（1）公司依据《国家电网有限公司违规经营投资责任追究实施办法（试行）》相关

规定，对违反规定、未履行或未正确履行职责造成国有资产损失以及其他严重不良后果的各级经营管理有关人员，按照国家及公司责任追究有关规定追究问责，实行重大决策终身责任追究制度。

（2）发生下列情形的，公司将根据国家有关法律法规和公司规章制度责令限期改正；对因玩忽职守、徇私舞弊造成重大经济损失和国有资产流失的，依照有关规定追究有关人员的责任；涉嫌违纪违法的，移送纪检监察机构依纪依法处置。具体如下：

①未按照规定建立本单位账销案存资产相关管理规范，或建立的管理规范不符合有关规定或单位实际情况，在实际工作中未得到有效执行的。

②未遵循本办法规定和单位内部管理程序，擅自对账销案存资产进行销案的。

③未按照规定对账销案存资产的损失原因进行分析、整改，因内部管理原因使企业又产生新的同类资产损失的。

④未按照规定对因工作失职、渎职或者违反规定造成损失的人员，进行责任追究和处理的。

⑤未按照规定向公司报送账销案存资产管理有关资料和情况的。

⑥在账销案存资产的处理过程中进行私下交易、个人从中获利的。

⑦将账销案存资产恶意低价出售或无偿被其他单位、个人占有的。

⑧对账销案存资产的追索及变现收入不入账、私设"小金库"或私分、侵吞的。

⑨其他严重违反账销案存管理制度规定或国家有关财经制度规定的行为。

十三、股权项目遴选与投资后评价管理

落实国资国企改革要求，根据党组决策部署，近两年，公司持续深化"放管服"改革，加快以管资本为主加强国有资产管理，分批下放股权管理权限，健全完善股权项目全过程管理机制，推动公司资本布局更加合理、结构更加科学、效益更加显著。为更好适应国资监管要求与公司建设具有中国特色国际领先的能源互联网企业战略目标，推动公司"战略+运营""战略+财务"管控模式优化落地实施，提升公司资本运营管理水平，强化战略引领、权责匹配、效益导向、闭环管控，结合国家有关制度及公司股权管理办法相关规定，现就优化股权项目管理、做好股权项目遴选与投资后评价等工作有关事项通知如下。

（一）充分认识优化股权项目管理的必要性

统筹国资监管要求与市场化业务发展需要进一步优化股权项目管理。国资委突出对股权项目的管理，在《中央企业投资监督管理办法》等制度文件中明确要求"企

业的投资活动应当纳入年度投资计划，未纳入年度投资计划的投资项目原则上不得投资""不得安排投资方向不明、预留投资空间的项目"，2019年以来又相继印发加强非主业投资、管理层级、法人户数、参股投资等股权事项管理的通知，对中央企业股权投资项目管控仍然偏严、偏紧。而公司市场化业务开展，对股权投资项目的灵活性、时效性提出了更高要求，需要公司在管理体制机制上予以优化。通过以计划/预算管理为抓手，强化投前方向把控、可研论证与投后评价监督，充分发挥总部把方向、调资源、控风险的管理职能，同时依据授权金额将股权项目决策权限下放二级单位，确保公司股权项目的管理重点和管理方式适应国资监管体制和公司业务发展要求。统筹放活与管好需要进一步优化股权项目管理。公司结合改革发展需要，持续加大授权放权力度，对各单位管控模式也已向"战略+运营""战略+财务"型转变，以激发各单位责任意识、竞争意识和经营活力，推动各项业务健康发展。但目前，个别单位仍存在重投资轻管理、重规模轻效益等现象，现代企业制度、法人治理结构有待完善；个别项目尽职调查不够充分、实施操作不够规范、投后管理不够到位，存在监管要求未落实、预期收益不达标等问题。通过优化股权项目管理，将决策的"放"与风险的"管"结合起来，可以有效加强投资风险防范、落实管理责任，确保股权项目管理有的放矢、放而不乱，进一步筑牢防止国有资产流失的底线。

（二）准确把握股权项目全过程管理要点

为进一步落实国资国企改革及"放管服"改革要求，支撑公司战略发展转型，提升股权项目计划/预算管理的统筹性、灵活性和可操作性，各单位应当依据公司战略目标和单位核心业务与功能定位，由股权项目归口管理部门统筹，以股权项目为管理单元，针对股权投资、股权转让、股权划转、增资扩股、终止清算等经济行为，围绕项目立项、可研评审、决策实施、投后评价全环节，建立涵盖"提出与遴选—计划与预算—实施与运营—投后评价"的股权项目闭环管理机制，突出目标导向、效益导向，优化、细化管理流程，不断增强国有资本活力、盈利能力和抗风险能力。

1. 项目提出与遴选

通过项目提出与遴选，管好公司资本投向项目提出与遴选是指各级单位按照"逐级择优、滚动递补"的原则，根据经营发展需要实时提出股权项目需求，通过动态遴选，及时剔除不符合管理要求与规划方向的项目，并对拟保留项目提出方案优化建议，进而构建股权项目"蓄水池"。项目提出与遴选是股权项目配置计划/预算的前置条件。

（1）管理流程。项目提出与遴选范围涵盖股权取得、变动、退出等项目类型，依据成熟度不同划分为意向库和遴选库。具体遵循以下流程：

①项目提出阶段。各级单位项目发起部门确定意向后，填报项目基本信息；逐级上报审核并由各二级单位审查通过后报总部备案，纳入项目意向库。原则上只有纳入意向库的项目方可开展后续尽职调查、可行性研究等工作（境外项目须完成立项审批）。项目提出阶段审查标准参照公司《股权管理办法》《境外投资管理规定》《投资项目负面清单》《境外投资项目负面清单》等制度执行。

项目提出阶段报总部备案时应提交以下资料：项目基本信息，包括项目类型、标的名称、拟出资单位、项目规模、是否总部统一安排、级次及户数变动情况等；二级单位审查意见，需明确项目是否符合公司股权管理办法、境外投资管理规定及负面清单管理等有关规定。

②项目遴选阶段。二级单位应组织财务、发展、经法、营销、人资等相关专业部门，定期对已纳入意向库且完成可行性研究的项目进行遴选，参照遴选标准选取部分必要性高且成熟度好的项目纳入本级遴选库并报总部备案；总部将结合公司战略规划方向与年度投资管理要求，选取优质项目纳入公司级遴选库，并将结果反馈各单位。

项目遴选阶段报总部备案时应提交以下资料：本次遴选标准与遴选结果；已纳入本级遴选库的项目资料，包括可行性研究报告和可研评审意见、风险评估报告、法律意见书以及相关协议草案（如有）等。

（2）具体要求：

①各单位应按期组织开展项目遴选，确保资料完备、投向合规、方案合理、经济可行、风险可控，涉及分期出资的应合并考虑。

②各单位应及时跟进项目进展情况，并组织项目发起部门进行项目的增加、删除、修改等，项目终止时应于当月删除项目遴选信息。

③对于总部统一安排项目，各单位无须组织项目遴选，根据总部相关文件要求直接录入项目信息，纳入公司级遴选库。

④项目可研编制过程中应深入开展投资经济性论证，详细了解合作对象或标的企业基本情况，重点关注业务模式与发展空间、核心参数测算与敏感性分析、法人治理结构与股东权利分配等关键问题，并委托具备资质的第三方机构进行可研评审并出具正式评审意见。

⑤对于受客观条件限制确实无法出具可行性研究报告的项目，应由项目发起部门编制项目情况说明，描述项目背景、项目实施方案、预期收益与预测基础、潜在风险与处置措施等内容，并以此作为遴选依据。

⑥对于涉及多家单位的股权项目，公司实行项目协同管理，即由项目主要发起单位录入项目信息后，推送至相关单位确认，并生成项目协同信息，由项目主要发起单位负责履行项目遴选及后续流程。

⑦各单位应注重历史数据积累，定期整理行业相关信息，以信息系统为依托，标准化收集数据资料，为项目遴选提供数据支撑。总部将在各单位提供信息基础上，构建公司级项目遴选数据库。

2. 项目计划与预算

优化项目计划与预算，提升股权项目管理灵活性股权项目计划和预算管理是公司把控资本投向、调整资本布局、统筹资本管理的重要抓手。

（1）管理流程。项目计划与预算具体遵循以下流程：

①综合计划与预算编制。第一，总控阶段。总部下达总控目标编制通知，各二级单位从本级项目遴选库中选取拟于下一年度开展的股权项目，提出综合计划/预算安排建议并报总部；由总部统筹平衡并决策通过后下达各单位。总控目标是股权项目年度计划/预算编制的最大范围，原则上纳入年度综合计划/预算的项目均应包含在总部下达的总控目标中。第二，草案阶段。总部下达草案编制通知，各单位综合考虑总控目标及实际业务需求等因素，依据项目遴选库调整拟纳入综合计划/预算的项目；总部对各单位报送草案进行统筹平衡，形成年度综合计划/预算方案，报公司决策通过后下达各单位。第三，备案阶段。各单位按照总部下达的综合计划/预算，补充完善项目具体信息与进度安排，报总部正式备案，作为下一年度项目执行依据。

②综合计划与预算调整。各单位应严格执行公司下达的综合计划/预算，确保有计划预算不超支，无计划预算不开支。受国家政策、公司战略及市场环境等客观因素变化，确需调整的，应遵循以下流程：

从时间上看，分为零星调整和年度调整。零星调整是指对于需总部决策的重大计划/预算外项目，各单位可在完成可行性研究及项目遴选的基础上向总部提出申请，履行总部决策程序并正式批复后可予实施，后续纳入年度综合计划/预算调整。年度调整是指总部下达年度综合计划/预算调整通知，各单位应结合项目进展情况及预期完成情况及时调整当年综合计划/预算；年度调整后除总部安排事项外，不再组织预算调整。

从内容上看，分为项目调整和金额调整。对于新增投资和向参股企业追加投资项目，调增预算外项目或金额调整幅度超过公司规定比例的，需报总部审批，总部正式批复后实施，后续纳入年度综合计划/预算调整。对于向全资控股企业追加投资及股权划转、股权转让、增资扩股、终止清算项目，调增预算外项目或金额调整，由各单位自行决策并向总部备案后组织实施，后续纳入年度综合计划/预算调整。

③灵活快速响应机制。结合部分单位业务发展需要，按照公司"战略+运营""战略+财务"管控模式优化方案，针对市场化程度较高且急需实施的计划/预算外股权投资项目，公司建立应用灵活快速响应机制。

同时满足以下条件的计划/预算外股权投资项目，适用灵活快速响应机制：符合公司发展战略和相关单位业务发展需要；受政策和市场环境等影响，实施的时效性要求较高；完成投资可研且回报达标、风险可控，已纳入公司级股权项目遴选库；涉及新增法人户数和管理层级不会导致公司总体情况突破监管要求。

（2）操作流程。每年4月、7月，各单位筛选提出满足适用条件的计划/预算外股权投资项目需求，总部相关部门进行审核，履行公司决策程序后予以答复，各单位可先予实施，后续纳入年度综合计划/预算调整。

（3）具体要求：

①项目计划/预算安排金额应与项目遴选阶段数据基本保持一致。

②公司年度综合计划/预算编制时，将统筹安排非主业投资项目及非主业投资比例，预算年度内非主业项目调整、金额调整均须经公司总部审核后报国资委审批。

③各单位应及时跟进项目计划/预算执行进度，按月通过资本运营报表填报项目执行信息；项目方案发生重大变化的，应按相关制度要求重新履行决策程序。

④总部将对各单位年度综合计划/预算执行情况进行考核，剔除不可抗力因素后，存在总体规模年度执行偏差较大或综合计划/预算调整事项占年初安排比例较高等情况的，将适当调减下一年度综合计划/预算安排规模。

3.项目实施与运营

规范项目实施与运营，维护公司股东权利关于项目实施与运营，公司已有较为明确的规定，各单位应认真执行。

4.投后评价

做好投资后评价，服务投后经营管理。后评价是对项目投后经营管理水平的综合评价，依据评价对象不同划分为项目级和单位级；公司通过开展投资后评价，实现股权项目管理闭环，引导各单位加强可研论证、重视投资回报和退出管理。考虑各单位管理基础不同，目前投资后评价处于试行阶段，后续将根据实施情况对评价指标体系进行动态优化调整；对于境外股权项目，公司将在此基础上结合境外项目实际研究制定境外投资项目后评价相关细则。

（1）项目级投资后评价。

①评价内容。项目级投资后评价分为项目运营和退出2个评价阶段。其中，运营阶段从可研达成情况、盈利能力、成长性、风险状况、合规性5个维度进行评价，包括营业收入达成率、净利润达成率、净资产收益率、营业收入增长率、现金流动负债比率5个定量指标和风险评估、定位合规性、流程合规性、治理合规性4个定性指标；退出阶段以退出时点内含报酬率进行评价，对于退出部分股权的，计算内含报酬率时，

需要按照对应的股权比例折算现金流。

②评价标准。营业收入达成率和净利润达成率以可行性研究报告预测值作为评价标准;净资产收益率、营业收入增长率和现金流动负债比率以国资委企业绩效评价标准值作为评价标准;对于退出内含报酬率,市场竞争类企业以国资委业绩考核对公司权益资本成本率的要求作为评价标准,电网监管类企业以5年期国债利率作为评价标准。

③评价结果。按百分制设定,各指标考核分数按权重加和后即为最终得分,大于等于标准值(运营阶段评价以80分为标准值,退出阶段评价以60分为标准值)即为项目达标。

(2)单位级股权投资后评价。

①评价内容。从项目达标情况、整体投资收益水平、投资管理状况及风险控制水平4个维度进行评价,包括项目达标率、年度收益率、退出收益率3个定量指标和投资管理、风险控制2个定性指标。其中,投资管理指标主要评价项目遴选和预算情况、产权管理工作情况、信息化应用情况和队伍建设情况;风险控制指标主要关注是否存在低效或无效投资、不具有保留价值的特殊目的公司、重大风险未处置的投资项目等。

②评价标准。对于年度收益率和退出收益率,市场竞争类企业以国资委业绩考核对公司权益资本成本率的要求作为评价标准,电网监管类企业以5年期国债利率作为评价标准。

③评价结果。按百分制设定,划分为A、B、C 3个档次,其中:80分以上(含)为A;60分以上(含)且低于80分为B;60分以下为C。

(3)管理要求。

①对于项目级后评价,运营阶段原则上在被投资企业进入实际运营满一年或可研预测的第一年起每年开展一次评价,至第六年末结束,如有必要年限可延长;运行阶段应对被投资企业经营状况保持跟踪;退出阶段于退出当年开展评价。单位级后评价原则上每年开展一次。

②各单位负责定期开展对上年度所有存续投资项目的项目级后评价,形成年度股权投资后评价报告,于每年4月末前报送总部;报告应包括本单位股权投资运营管理情况、后评价结果分析、下一步股权投资进退安排及有关建议等,同时报送必要佐证支撑资料。公司总部负责对总部决策项目及其他重点股权投资项目进行项目级后评价,并对各二级单位开展单位级后评价。

③各单位负责收集本单位所有项目级后评价工作底稿及支撑材料,包括被投资企业本年度审计报告,关于股权投资的请示文件、批复决策文件、可行性研究(尽职调查)报告、法律意见书、风险评估报告、资产评估报告、审计报告、产权登记表等经

济行为决策文件,以及国资委企业绩效评价标准值来源(关键页复印件),分红收益凭证等。

④各单位应当结合投资后评价结果,建立动态评估及投资退出机制,及时处置与企业发展关联度不高且不具有保留价值的资产,适时退出已获利增值的财务投资。

⑤投资后评价结果将与年度股权投资项目计划/预算安排相挂钩,并纳入企业负责人业绩考核。其中,对于单位级后评价结果为 B 类的,年度股权投资项目计划/预算安排(合并口径,下同)原则上不得超过上一年度实际投资规模;对于评价结果为 C 类的,原则上不得超过上一年度实际投资规模的 60%。

(三)进一步加强股权项目管理统筹工作

1. 加强组织保障

股权项目管理涉及业务广、协调工作多,各单位要高度重视,加强组织领导,明确归口部门,厘清职责界面和业务流程,加快建立健全本单位股权项目管理相关工作规则和管理规范。在坚持资本运营"一盘棋"与股权项目归口管理的同时,不断强化、深化业务部门参与,落实专业管理职责,加强沟通协调和信息共享,实现股权项目管理工作齐抓共管、顺畅高效。

2. 优化系统应用

信息化是提高股权管理效率的重要手段,通过信息系统将制度、流程和标准予以固化,这样可以有效提升信息传递效率、提高管理服务能力。各单位可基于总部统一部署的股权项目管理相关信息化应用,利用信息化手段打通股权项目数据链路,减轻工作负担,并逐步迭代优化,推动实现股权项目全流程线上管理。具备条件的单位,可将相关功能应用延伸至业务部门。

3. 强化专业支撑

股权项目管理具有较强的专业性,且与传统财务工作差异较大,各单位可充分借助内外部专业力量,利用其专业知识与市场经验,辅助支撑日常项目管理,并为工作开展提供优质策略与建议;通过轮岗交流、集中工作、挂职锻炼等方式,以老带新、以新促老,创新人才培养方式,在数量和质量上补足人员短板,打造复合型专业人才队伍。

第二节　金融业务政策规范

一、保险管理

保险作为现代金融体系的重要支柱，是现代企业风险管理的重要手段，也是公司深化产融协同的重要领域。近年来，公司坚持资源统筹、集团运作、市场导向、规范实施，形成了较为成熟和完善的保险管理体系，为公司和电网发展提供了有力保障。为了进一步深化产融协同，提高保险管理水平，增强电网抗风险能力，现提出以下意见，请认真执行。

（一）总体要求

1. 指导思想

坚持面向主业、产融结合、以融促产、协调发展，充分发挥保险在公司和电网发展中的风险保障作用，将保险服务嵌入实体企业经营，不断提升风险管理水平，统筹优化配置公司保险资源，实现公司整体利益最大化。

2. 工作目标

通过深化产融协同、加强保险管理，构建全面覆盖、规范高效、具有电网特色的保险保障体系，为建设"三型两网"世界一流能源互联网企业提供坚强保障。

3. 总体原则

一是坚持集团化运作。充分发挥系统内保险机构服务优势，挖掘并释放公司保险资源价值，实现产融协同内生效应。二是坚持市场化实施。遵循市场规则，秉持自主协商、费率公允、操作规范的原则，形成内外结合、多方参与、有序竞争的市场机制，加大保险服务激励约束，提升保险服务质量。三是坚持精益化管理。统一保险管理标准规范，优化管理界面，提升管理效率，集中保险资源，发挥规模优势，维护公司利益。四是坚持风险防范。严格遵守保险监管规定，通过足额投保、合理再保等方式科学分散风险，杜绝产生公司系统性风险，确保风险可控。

（二）职责分工

1. 公司总部

公司总部充分发挥顶层设计、总体协调、支撑服务作用，统筹推进保险管理工作。其中，国网财务部（资本运营中心）是公司财产保险和人身意外保险工作的归口管理部门，负责牵头建立健全保险管理体系，指导评价各单位保险管理工作，组织协调保险工作中重要事项和重大问题，以及公司总部直接投资的电网基建工程的投保、索赔、日常管理等工作。

国网产业部是公司集体企业财产保险和人身意外保险工作的归口管理部门，负责牵头建立健全保险管理体系，指导评价各单位保险管理工作，组织协调保险工作中重要事项和重大问题。

跨区电网资产运营管理中心负责公司总部固定资产的投保、索赔、日常管理等工作；专业部门负责按照职责分工，提供专业意见、指导和协调保险工作中重要事项和重大问题等。

2. 各单位

各单位应加强组织领导，贯彻公司保险管理要求，建立健全工作机制，落实职责分工，稳定保险专责队伍，规范有序开展保险管理工作（公司境外业务按照当地法律政策要求，可结合自身实际参照执行）。其中，财务部门是本单位财产保险和人身意外保险工作的归口管理部门，负责投保、索赔、日常管理等工作，配合开展受托建设和受托运维资产的保险管理工作；集体企业管理部门是本单位集体企业财产保险和人身意外保险工作的归口管理部门，负责投保、索赔、日常管理等工作；相关专业部门负责按照职责分工，配合开展保险投保和索赔、组织做好风险管理和防灾防损等工作。

英大集团负责组织系统内保险机构积极对接各单位保险需求，配合国网财务部做好保险管理工作。系统内保险机构要按照各自功能定位，充分发挥专业优势，协同做好各项保险服务工作。其中，英大长安作为公司保险经纪服务平台，负责为公司系统财产保险和人身保险提供方案设计、办理投保、协助索赔等保险经纪服务，协助各单位加强保险管理；英大财险、英大人寿作为公司系统主要保险服务供应商，负责做好承保、理赔及日常服务等工作。

（三）重点工作

1. 完善保险保障体系

（1）实现实物资产投保全覆盖。科学确定投保资产范围，确保全部电网固定资产（剔除土地和运输设备）和重要非电网固定资产纳入财产一切险保障范围、全部设备类资产纳入机器损坏险保障范围，并按照上年末账面资产原值，足额确定本年度财产一切险和机器损坏险保险金额。

（2）加强工程风险保障。110kV及以上的电网基建工程应在开工时投保建安工程一切险（其他工程项目可结合实际自行安排投保），按照输变电工程保险费计列指导意见确定保险金额，保险期限应完整覆盖工程建设期。

（3）完善责任类险种保障组合。各单位应加强必要的责任类险种投保，并优化险种组合结构，避免险种之间的保障责任遗漏、重复、交叉、扩展。电网企业应投保供电责任险和公众责任险，按照供电量、供电区域及经营规模、经营场所等情况，结合历史出险和赔付水平，分别科学确定赔偿限额，保持风险覆盖与费率水平匹配；非电网企业可结合实际需要投保公众责任险。

（4）公司系统建筑施工、交通运输、危险化学品等高危行业领域企业（包括集体企业）应投保安全生产责任保险，结合当地安全生产责任保险实施细则要求，科学确定赔偿限额；非高危行业领域企业可结合自身需求投保安全生产责任保险。实行机动车辆保险集中管理，原则上采取二级单位集中管理的模式，为全部所属机动车辆投保交强险（机动车交通事故责任强制保险）和商业险，科学确定具体险种组合和保险金额（赔偿限额）。

（5）规范人身意外保险保障。在政策规定范围内，为相关人员投保团体人身意外伤害保险。

（6）加强集体企业保险管理。各单位应参照公司保险管理要求，充分发挥系统内保险机构专业优势，指导集体企业安排必要的投保，提高集体企业保险保障水平。

（7）持续健全风险转移体系。系统内保险机构要全方位加强创新研究，在转移传统电网风险的基础上，围绕利润损失保险、信用保证保险、货物运输保险、网络安全保险、充换电站保险、雇主责任保险、企业年金、企业补充医疗保险、施工人员意外保险、首台套保险、新材料保险等领域，稳妥探索运用保险手段服务支撑公司和电网发展。

（8）促进产业链合作共赢。各单位应加强产业链保险产品的创新应用，围绕投标保证、履约保证、质量保证等领域，稳妥推行保险替代保证金工作，切实为实体企业减负。系统内保险机构要依托公司在产业链中的枢纽作用，为上下游企业提供优质高效的保险保障服务。

2.规范开展保险采购

（1）规范保险采购方式。各单位应按照公司采购活动管理办法及细则的有关规定，采取与采购需求相适合的招标、竞争性谈判等方式，在公司保险服务供应商准入范围内，规范开展保险采购。

（2）及时开展保险采购。各单位应统筹安排保险采购批次和时限，及早启动、规范开展、高效决策，原则上应于本年度保单到期前完成下年度保险采购各项工作。

3. 统筹推进保险安排

（1）制定保险方案。各单位应于每年10月在英大长安协助下，按照公司保险管理要求，在全面总结本年度保险工作的基础上，科学制定下年度保险方案。

（2）开展保险安排。各单位应于本年度保单到期前完成保险采购，确定承保公司和保险费率，并提供投保所需资料，督促承保公司及时出具保单、签署保险合同，按照合同约定缴纳保费。

（3）及时进行保单批改。在保险期限内，针对保险信息发生变更的情况，各单位应及时办理批改手续，并督促承保公司出具批单或签署补充协议。

4. 加强保险日常管理

（1）统一出险报案。各单位发生财产保险事故（包括小额财产保险类案件和其他财产保险类案件，车险除外）后，应第一时间告知英大长安，通过英大长安向承保公司报案。英大长安接到通知后，应于2小时内代出险单位向其承保公司报案。告知英大长安的方式有3种：电话告知（电话：4000188688-6）、在保险系统相关模块自行录入告知、通过电网保险APP移动客户端录入告知。各单位发生车险和人身意外险事故后，应第一时间向承保公司报案，其中涉及重大人身伤亡的案件应通知英大长安。

（2）提高保险索赔效率。各单位要强化保险索赔意识，积极配合开展现场查勘、提供索赔资料等工作。英大长安要加强专业支撑，按照案件损失金额建立分级协助索赔机制，协助各单位进行全部财产保险案件的索赔工作。英大财险、英大人寿要进一步优化理赔流程，加快案件处理进程，缩短结案周期，提高结案效率。

（3）深化国网保险管理信息系统和行业标准应用。各单位要全面、准确、及时录入案件信息，推广应用小额财产保险类案件快速索赔流程和电网行业20kV及以下配电网资产保险定损规范等行业标准，并在保险合同中明确约定有关内容和要求，实现所有小额财产保险类案件索赔在线办理。

（4）深化保险培训。系统内保险机构要建立全方位、多层次、立体化的保险培训机制，实现单位层级和业财人员全面覆盖、年度集中和单次分散有机结合、通用通识和专题领域相互并行，为保险管理提供有力支撑。

5. 提升保险服务水平

（1）优化保险服务质量评价。公司总部负责健全保险服务质量评价机制，完善评价对象、指标和标准；由各单位对保险经纪公司和各承保公司开展服务质量评价，推动保险机构持续提升服务能力和水平。

（2）加强保险管理研究。各单位要结合实际需求，围绕电网资产、人员、责任风险等领域，聚焦保险工作中存在的热点、难点问题，创新开展专项课题研究、历年典型案例分析等，为保险管理工作提供决策支撑。

（3）创新保险服务方式。系统内保险机构要依托公司系统渠道资源，充分协同运用国网客户服务中心、国网电商平台、英大金融信息系统、寿险服务站、供电营业厅、供应商服务大厅、各大合作商业银行等渠道，稳妥开展综合保险服务，融入各单位日常事务，增强服务嵌入度，提高保险服务效率。

（4）提升保险需求响应能力。英大财险、英大人寿要坚持打造电网特色化保险服务，持续优化调整保险结构，丰富现有险种保障范围，迭代研发电网专属保险产品，在产品基础、保障能力、理赔响应上实现与保险需求的精准对接，着力提升承保和理赔效率，增强保险服务支撑力度。

（5）营造创先争优氛围。公司总部建立保险管理创新激励机制，鼓励各单位、保险经纪公司、各承保公司管理和服务创新，对保险工作中表现突出的单位和个人予以奖励表彰。

（四）保障机制

1. 健全保险管理制度体系

建立以产融协同指导意见为纲领、保险管理意见为指引、投保和索赔操作规范（由英大长安商各承保公司共同制订）为支撑的保险管理制度体系，明确保险管理的工作界面、职责分工、实施原则、操作流程和规范标准，推动各项工作有效落地。

2. 完善保险管理工作机制

加强保费预算管理，纳入产融协同年度预算安排；完善保险管理考核机制，将保险服务质量评价情况、国网保险管理信息系统应用情况、保险安排落实情况等纳入产融协同考核体系；深化财产保险服务质量评价结果运用，将其作为次年财产保险安排的重要依据之一，着力提高财产保险服务质量；坚持与时俱进、动态调整、持续迭代，不断提升保险管理水平。

3. 完善保险管理沟通协调机制

总部层面，由财务部牵头，跨区电网资产运营管理中心、相关专业部门、英大集团和系统内保险机构参加，统筹协调和研究推进保险管理工作中的重要事项和重大问题；各单位层面，在产融协同工作组领导下，由财务部门牵头，相关专业部门、英大长安和各承保公司参加，成立保险管理工作小组，统筹推进本单位保险管理工作，并建立保险管理三方联席协调议事机制和季度报告机制。英大集团牵头系统内保险机构通过工作推进会、经验分享、内刊动态、外部宣传等方式，促进各单位互动交流。

4. 加强信息系统支撑保障

完善国网保险管理信息系统功能，为在线投保提供支持，健全投保端与索赔端信息集成，提高保险索赔效率；优化具体操作流程，实现投保与索赔贯通、录入与结案对接、职责与权限匹配。加强国网保险管理信息系统数据运用，建立投保和索赔信息数据库，开展多维数据分析与风险评价，形成从数据中来、到实际中去的反馈调节机制，对电网安全生产、物资采购和资产管理等提出合理化建议，着力提升电网风险管理水平。

5. 强化风险防控机制建设

坚持底线思维，始终将防风险作为重中之重，加强在依法合规、市场运作、内部控制等关键领域和方案设计、保险采购、保险安排、保险理赔等重点环节的风险管控，规范开展保险管理各项工作，切实做好风险梳理和排查、预警和处置、防范和隔离，持续完善风险防控体系。

二、小额财产保险类案件快速索赔流程

为进一步提升公司财产保险集约化、精益化、信息化管理水平，2017年，公司针对案件数量占比较高的小额财产保险类案件（指20kV及以下配电网出险资产且估损金额在10万元及以下的财产险出险案件，占公司全部财产险类案件数量的93%），组织制定了《电网行业20kV及以下配电网资产保险定损规范》（以下简称"定损规范"），已作为行业标准由中国保险行业协会发布；在此基础上，建立快速索赔流程（以下简称"小额案件索赔流程"），完善保险管理信息系统（以下简称"保险系统"），将定损规范嵌入保险系统、优化索赔流程、简化索赔手续，并在国网江苏、浙江、安徽、四川、辽宁电力等5家单位进行了试点，取得较好成效，试点期间小额财产险案件理赔周期平均缩短30%，现决定全面推广试应用，有关事项通知如下：

（一）工作目标

创新财产保险管理模式，利用信息化平台和移动通信等手段，推广应用定损规范行业标准，优化索赔工作流程，对20kV及以下配电网出险资产且估损金额在10万元及以下的财产险出险案件实行标准化管理，减少索赔争议，缩短结案周期，提高财产保险管理效率，有效维护公司权益，进一步提升财产保险管理工作科学化、智能化水平。

（二）主要优化内容

1.应用定损规范计算索赔金额

各单位发生小额财产险案件后，索赔工作在保险系统中线上办理，由出险单位选择受损标的规格、型号，填写损失数量及损失程度等信息后，系统依据定损规范自动计算案件索赔金额，同时按照模板格式生成索赔资料。与原有线下协商模式相比，减少了主观判断及索赔争议。

2.简化工作环节

将小额案件定损规范及索赔流程嵌入保险系统中，较原有财产类案件流程减少了核损金额确认、理算明细录入、理算明细确认3个环节。同时，为发挥保险经纪人专业作用，增加了英大长安协助出险单位审核索赔资料环节。优化后，索赔流程包括出险报案、报案信息核实、现场查勘信息录入、索赔资料上传提交、索赔资料审核、核损金额录入、创建结案7个环节。

3.简化索赔资料

小额案件索赔流程应用后，案件索赔资料由原来的出险通知书、损失清单、事故照片、运行日志或事故记录、修复方案或修复费用清单、事故证明、资产负债表、固定资产卡片等8类，减少为出险通知书、损失金额和事故照片3类。

（三）推广工作安排

推广工作采用公司总部统一组织，分批开展培训、系统部署，逐步推广试用的方式，最终实现公司系统整体上线应用。

第一批：国网北京、山东、上海、湖北、江西、甘肃和新疆电力，2018年6月底前完成业务培训和保险系统升级部署。

第二批：国网冀北、福建、河南、重庆、吉林、黑龙江、蒙东、陕西、宁夏和西藏电力，2018年7月底前完成业务培训和保险系统升级部署。

第三批：国网天津、河北、山西、湖南和青海电力；国网华北、华东、华中、东北、西北和西南分部，2018年8月底前完成业务培训和保险系统升级部署。前期5家试点单位应于2018年5月底前将定损规范数据更新至2017年底数据，并同步完成保险系统升级工作；2018年9月1日起，公司小额案件索赔流程全面上线试运行；2018年12月底前，国网财务部根据各单位应用情况，组织对定损规范进行必要的修订完善；2019年起，各单位全面正式应用小额案件索赔流程，要求承保保险公司应用该行业标准办理定损理赔工作，并将定损规范应用要求纳入与保险公司签订的相关保险合同条款。

（四）有关要求

（1）各单位要高度重视小额案件索赔流程推广工作，配合英大长安、英大财险，组织做好人员培训、系统部署等工作，确保小额案件索赔流程按期上线运行。上线后，通过在线检查、考核评价等方式，加强对小额案件索赔流程应用工作的督促指导，确保全部案件及时通过保险系统进行处理。同时，要不断总结经验、发现问题，及时向英大长安、英大财险反馈保险系统、定损规范和理赔流程等方面的优化建议。

（2）英大长安要积极协助各单位确定培训时间、调试培训环境、编发培训教材、选派培训讲师，按时完成业务培训及保险系统调整工作，并根据小额案件索赔流程应用情况不断完善定损规范及保险系统功能。

（3）英大财险要会同英大长安和推广单位共同完成推广上线工作，及时做好案件索赔资料审核及赔付工作，并会同英大长安根据应用情况动态研究，完善定损规范。

（4）小额案件索赔流程上线运行后，2018年底前实行双轨运行：上线前未结案件按照原流程继续办理直至结案；上线后发生的案件按照小额案件索赔流程操作，同时各单位、英大长安和英大财险要充分利用保险系统设计的定损测算工具开展测算工作，不断完善定损规范，持续优化系统流程。2019年起各单位小额财产保险类案件索赔工作全面应用小额案件索赔流程线上办理。

（5）为进一步提高公司保险集约化管理及专业化服务水平，发挥产融协同效应，提高工作效率，定损规范实施之日起，各单位发生财产险保险事故（包括小额财产保险类案件和其他财产保险类案件，车险除外）后，第一时间告知英大长安，通过英大长安向承保保险公司报案。英大长安接到通知后，应于2小时内代出险单位向其承保公司报案。告知英大长安的方式有3种：电话告知（电话：4000188688-6）、在保险系统相关模块自行录入告知、通过电网保险APP移动客户端录入告知。

三、深化产融协同、加快推进供应链金融业务

为深入贯彻党中央、国务院关于深化金融体制改革，增强金融服务实体经济能力的有关部署，落实公司三届三次职代会暨2018年工作会议关于金融业务要"面向主业、产融结合、以融促产、协调发展"的总体要求和"积极发展供应链金融业务"的年度重点工作安排，实现产融协同嵌入式发展，经研究，公司决定依托系统内金融单位加快推进供应链金融业务。

（一）深刻认识公司深化产融协同、加快推进供应链金融业务的重要意义

产融协同是产业资本发展到一定程度后，与金融资本融合并提升资本运营层次的

做法，本质上是企业通过在"产"与"融"之间的全局性高效资源配置，形成产融两者相互依存、各自独立、相互促进的关系，进而获得客户、业务、效益等多方面的协同提升效应，是产业经济发展到一定阶段的必然选择。作为产业资本密集型企业，一方面，公司拥有丰富的金融资源，具有深化产融协同、促进产业升级的坚实基础和良好条件；另一方面，为了实现"建设具有卓越竞争力的世界一流能源互联网企业"的新时代发展战略，公司需要通过深化产融协同助推资本升级和产业升级，实现高质量发展。适应内外部改革形势要求，公司提出了"产融结合、以融促产"的基本方针，并将"明确产融结合、以融促产实施路径"纳入"推动公司改革落地见效"重点工作安排，凸显了深化产融协同在公司新时期改革发展中的重要意义。供应链金融是产融协同的重要实现路径，是金融机构基于对供应链中核心企业的资信认可、对其上游企业提供融资服务的一种业务模式。作为电力供应链中的核心企业，公司资信等级高，上游企业（发电企业、物资供应商、工程建设单位等）众多，既掌握物流、资金流和信息流的主导权，又具备相关金融业务资质、人才和经验，推进供应链金融业务优势突出、意义重大。一是能够充分发挥公司供应链核心企业的主导作用，有效对接上下游企业、特别是中小企业的融资需求，促进其降杠杆减负债、支撑业务发展，彰显央企责任担当；二是能够推动改善上下游企业流动性和财务状况，提升产业链整体运营效率，深化公司与相关企业的战略合作与和谐共赢，支撑现代（智慧）供应链体系建设；三是能够将公司资源和资信优势转化为经济效益，促进金融业务提高市场竞争和价值创造能力，实现公司整体利益最大化。

（二）准确把握公司推进供应链金融业务的总体原则

1. 以融促产、协同发展

坚持金融回归本源、服务实体经济的根本要求，将供应链金融作为公司深化产融协同、推动金融业务转型升级的突破口和落脚点，兼顾电网、产业、金融，以及供应链上下游各方利益，实现以融促产、协同发展。

2. 依法合规、防范风险

坚持底线思维，始终将防范风险作为重中之重，严格遵守供应链金融相关法律法规和监管要求，建立贯穿项目全流程、各环节的风险管理制度和流程规范，形成分工合理、权责明确、相互制衡、有效监督的内部控制体系，通过对供应链中物流、信息流、资金流的闭环跟踪和有效监控，确保风险可控在控。

3. 统筹协调、有序推进

坚持公司整体利益最大化，电网、产业和金融单位要在公司总部的统一协调指导下,积极配合、稳妥推进供应链金融业务;金融单位要紧密围绕自身优势开展业务,避免无序竞争。

(三)积极推进供应链金融业务的有序开展

1. 明确业务主体及流程

供应链金融包含应收账款融资、订单融资、存货融资等多种业务模式,目前国内初具规模、较为成熟的是上游企业以应收账款为基础向金融机构融资。综合考虑资源基础和风控要求,初期公司重点依托系统内金融单位推进上游企业与公司之间的应收账款融资业务,主要涉及3个方面主体:

(1)上游企业,主要包括发电企业、物资供应商和工程建设单位,这些是供应链金融业务的融资需求方。上游企业向公司提供产品和服务过程中形成应收账款,以此为基础向金融机构进行融资,并在收到应收账款后偿还融资。

(2)金融机构,主要包括英大证券、英大信托、国网租赁、中国电财等系统内金融单位,这些是供应链金融业务的融资服务方。系统内金融单位以上游企业应收账款为基础,为其提供融资服务,满足其生产经营所需周转资金,保障其向公司及时可靠供货。结合自身资质、业务优势及上游企业需求情况,英大证券重点面向大型发电企业开展资产证券化业务,英大信托重点面向系统外设备工程供应商开展信托融资业务,国网租赁、中国电财重点面向中小发电企业、系统内市场化产业单位和集体企业开展保理业务。

(3)核心企业,主要包括省公司及产业单位,这些是供应链金融业务的增信提供方。核心企业在购买产品和服务过程中形成对上游企业的应付账款(即上游企业的应收账款),向金融机构确认上游企业应收账款的权利,作为其融资的基础,并根据合同约定向上游企业到期支付款项。此外,出于风险控制的需要,金融机构可能会要求上游企业将应收账款回款账户变更为金融机构可监管的账户(仍在上游企业名下),需要核心企业同意并配合办理相关变更手续。根据业务开展、经验积累和市场需求情况,后续公司还将适时研究推进其他模式的供应链金融业务。

2. 明确各方职责

(1)公司总部。公司总部负责供应链金融业务的组织协调。国网财务资产部是供应链金融业务的归口管理部门,负责统筹协调、整体推进供应链金融业务,建立流程规范,督导业务开展,协调问题解决;国网人资部负责根据企业年金投资政策指导相关金融单位设计发行供应链金融产品,满足公司企业年金投资需要;国网物资、营销、经法、信通等部门根据部门职责,协同指导供应链金融业务涉及的应收账款确权、上游企业账户变更、线上信息化平台建设等工作。

（2）电网和产业单位。电网和产业单位负责支撑配合供应链金融业务的开展。财务部门是支撑配合供应链金融业务的牵头部门，负责统筹协调供应链金融业务相关事项，牵头办理发电企业应收电费确权及有关账户变更，做好相关财务信息与公司供应链金融线上平台的数据集成等工作；物资部门负责牵头办理供应商应收物资款确权及有关账户变更，做好相关物资信息集成等工作；电力交易中心负责配合发电企业应收电费的信息确认和数据集成等工作；法律部门负责配合有关账户变更及合同信息集成等工作；信通部门负责配合公司供应链金融线上平台建设及数据集成等工作。电网和产业单位要在上述部门分工基础上，进一步细化完善上游企业应收账款确权及有关账户变更工作流程，确保供应链金融业务能够落地实施。国网电商公司负责会同英大集团，依托公司金融科技平台，按照公司信息系统架构与网络安全的统一要求，加快供应链金融业务的线上平台建设。在确保信息安全的前提下，与财务、营销、物资等有关信息系统建立集成，整合业务信息，优化业务流程，逐步实现供应链金融业务线上化协同办理。应用大数据分析技术，提供征信、风控等支撑服务，实现供应链金融与金融科技的有机衔接。

（3）金融单位负责供应链金融业务的具体实施。英大集团负责建立业务协调机制，督导有关金融单位围绕自身业务优势开展供应链金融业务，健全完善供应链金融业务风险管理制度和流程，避免无序竞争，防范业务风险；定期跟踪和统计分析供应链金融业务开展情况，做好业务风险监控并组织落实风险防范措施。英大证券、英大信托、国网租赁、中国电财负责按照监管要求，加强组织保障，细化完善供应链金融业务管理机制与管理流程，健全相关风险管理制度和内控体系，确保业务依法、合规、稳健开展；严格把控客户准入标准，选择与公司合作基础和履约记录良好、发展实力较强、应收账款账龄合理、坏账比例较低的上游企业开展供应链金融业务，切实防范业务风险；主动协助电网和产业单位开展相关基础工作，提高服务和竞争意识。

（四）切实加强工作的协调落实

推进供应链金融业务是公司落实新时代发展战略，深化产融协同、实现以融促产的重要拓展和创新，各单位要高度重视、提高认识、全力支持、主动协同，切实将思想和行动统一到公司部署上，积极促进产融对接和供需匹配，确保各项部署得到有效落实。

（1）要加强组织保障。充分认识公司推进供应链金融的重要意义，切实加强组织领导，明确任务、细化流程、落实责任，确保供应链金融业务平稳起步，有序推进。

（2）要加强风险防控。坚持在防控风险的前提下推进供应链金融业务，加强对上游企业应收账款确权、回款账户变更等必要关键环节管控，切实维护公司信用和利益。

（3）要加强沟通协调。建立常态化的沟通协调机制，及时研究解决业务开展过程中出现的问题，确保公司顶层设计有效落地，电网、产业和金融单位之间有序衔接。

（4）加强培训宣贯。公司总部将组织金融单位开展多种形式的培训和宣贯，帮助各单位加强对供应链金融业务的了解和认识；各单位也要加大对内培训宣贯，提高业务相关各层级的认同感和参与度。

四、应收账款质押登记办法

（一）总则

（1）为规范应收账款质押登记，保护质押当事人和利害关系人的合法权益，根据《中华人民共和国民法典》等相关法律规定，制定本办法。

（2）本办法所称应收账款是指权利人因提供一定的货物、服务或设施而获得的要求义务人付款的权利，以及依法享有的其他付款请求权，包括现有的和未来的金钱债权，但不包括因票据或其他有价证券而产生的付款请求权，以及法律、行政法规禁止转让的付款请求权。

（3）本办法所称的应收账款包括下列权利：

①销售、出租产生的债权，包括销售货物，供应水、电、气、暖，知识产权的许可使用，出租动产或不动产等。

②提供医疗、教育、旅游等服务或劳务产生的债权。

③能源、交通运输、水利、环境保护、市政工程等基础设施和公用事业项目收益权。

④提供贷款或其他信用活动产生的债权。

⑤其他以合同为基础的具有金钱给付内容的债权。

（4）本办法所称应收账款质押是指为担保债务的履行，债务人或者第三人将其合法拥有的应收账款出质给债权人，债务人不履行到期债务或者发生当事人约定的实现质权的情形，债权人有权就该应收账款及其收益优先受偿。前款规定的债务人或者第三人为出质人，债权人为质权人。

（5）中国人民银行征信中心（以下简称征信中心）是应收账款质押的登记机构。征信中心建立基于互联网的登记公示系统（以下简称登记公示系统），办理应收账款质押登记，并为社会公众提供查询服务。

（6）中国人民银行对征信中心办理应收账款质押登记有关活动进行管理。

（7）在同一应收账款上设立多个权利的，质权人按照登记的先后顺序行使质权。

（二）登记与查询

（1）应收账款质押登记通过登记公示系统办理。

（2）应收账款质押登记由质权人办理。质权人办理质押登记的，应当与出质人就登记内容达成一致。质权人也可以委托他人办理登记，委托他人办理登记的，同样适用本办法关于质权人办理登记的规定。

（3）质权人办理应收账款质押登记时，应当注册为登记公示系统的用户。

（4）登记内容包括质权人和出质人的基本信息、应收账款的描述、登记期限。出质人或质权人为单位的，应当填写单位的法定注册名称、住所、法定代表人或负责人姓名、组织机构代码或金融机构编码、工商注册号、法人和其他组织统一社会信用代码、全球法人机构识别编码等机构代码或编码。出质人或质权人为个人的，应当填写有效身份证件号码、有效身份证件载明的地址等信息。质权人可以与出质人约定将主债权金额等项目作为登记内容。

（5）质权人应将填写完毕的登记内容提交登记公示系统。登记公示系统记录提交时间并分配登记编号，生成应收账款质押登记初始登记证明和修改码，提供给质权人。

（6）质权人应当根据主债权履行期限合理确定登记期限。登记期限最短1个月，最长不超过30年。

（7）在登记期限届满前90日内，质权人可以申请展期。质权人可以多次展期，每次展期期限最短1个月，最长不得超过30年。

（8）登记内容存在遗漏、错误等情形或登记内容发生变化的，质权人应当办理变更登记。质权人在原质押登记中增加新的应收账款出质的，新增加的部分视为新的质押登记。

（9）质权人办理登记时所填写的出质人法定注册名称或有效身份证件号码变更的，质权人应当在变更之日起4个月内办理变更登记。

（10）质权人办理展期、变更登记的，应当与出质人就展期、变更事项达成一致。

（11）有下列情形之一的，质权人应当自该情形产生之日起10个工作日内办理注销登记：

①主债权消灭。

②质权实现。

③质权人放弃登记载明的应收账款之上的全部质权。

④其他导致所登记权利消灭的情形。

若因质权人迟延办理注销登记，给他人造成损害的，应当承担相应的法律责任。

（12）质权人凭修改码办理展期、变更登记、注销登记。

（13）出质人或其他利害关系人认为登记内容错误的，可以要求质权人变更登记或注销登记。质权人不同意变更或注销的，出质人或其他利害关系人可以办理异议登记。办理异议登记的出质人或其他利害关系人可以自行注销异议登记。

（14）出质人或其他利害关系人应当在异议登记办理完毕之日起7日内通知质权人。

（15）出质人或其他利害关系人自异议登记之日起30日内，未将争议起诉或提请仲裁并在登记公示系统提交案件受理通知的，征信中心撤销异议登记。

（16）应出质人或其他利害关系人、质权人的申请，征信中心根据对出质人或其他利害关系人、质权人生效的法院判决、裁定或仲裁机构裁决撤销应收账款质押登记或异议登记。

（17）质权人办理变更登记和注销登记、出质人或其他利害关系人办理异议登记后，登记公示系统记录登记时间、分配登记编号，并生成变更登记、注销登记或异议登记证明。

（18）质权人开展应收账款质押融资业务时，应当严格审核确认应收账款的真实性，并在登记公示系统中查询应收账款的权利负担状况。

（19）质权人、出质人和其他利害关系人应当按照登记公示系统提示项目如实登记，并对登记内容的真实性、完整性和合法性负责。办理登记时，存在提供虚假材料等行为给他人造成损害的，其应当承担相应的法律责任。

（20）任何单位和个人均可以在注册为登记公示系统的用户后，查询应收账款质押登记信息。

（21）出质人为单位的，查询人以出质人的法定注册名称进行查询；出质人为个人的，查询人以出质人的身份证件号码进行查询。

（22）征信中心根据查询人的申请，提供查询证明。

（23）质权人、出质人或其他利害关系人、查询人可以通过证明编号在登记公示系统对登记证明和查询证明进行验证。

（三）征信中心的职责

（1）征信中心应当采取技术措施和其他必要措施，维护登记公示系统安全、正常运行，防止登记信息泄露、丢失。

（2）征信中心应当制定登记操作规则和内部管理制度，并报中国人民银行备案。

（3）登记注销或登记期限届满后，征信中心应当对登记记录进行电子化离线保存，保存期限为15年。

五、融资租赁监督管理办法

（一）总则

（1）为落实监管责任，规范监督管理，引导融资租赁公司合规经营，促进融资租赁行业规范发展，根据有关法律法规，制定本办法。

（2）本办法所称融资租赁公司，是指从事融资租赁业务的有限责任公司或者股份有限公司（不含金融租赁公司）。

本办法所称融资租赁业务，是指出租人根据承租人对出卖人、租赁物的选择，向出卖人购买租赁物，提供给承租人使用，承租人支付租金的交易活动。

（3）从事融资租赁活动应当遵守法律法规，遵循诚实信用原则和公平原则，不得损害国家利益、社会公共利益和他人合法权益。

（4）鼓励各地加大政策扶持力度，引导融资租赁公司在推动装备制造业发展、企业技术升级改造、设备进出口等方面发挥重要作用，更好地服务实体经济，实现行业高质量发展。

（二）经营规则

（1）融资租赁公司可以经营下列部分或全部业务：
①融资租赁业务。
②租赁业务。
③与融资租赁和租赁业务相关的租赁物购买、残值处理与维修、租赁交易咨询、接受租赁保证金等业务。
④转让与受让融资租赁或租赁资产。
⑤固定收益类证券投资业务。

（2）融资租赁公司的融资行为必须符合相关法律法规规定。

（3）适用于融资租赁交易的租赁物为固定资产，另有规定的除外。融资租赁公司开展融资租赁业务应当以权属清晰、真实存在且能够产生收益的租赁物为载体。融资租赁公司不得接受已设置抵押、权属存在争议、已被司法机关查封、扣押的财产或所有权存在瑕疵的财产作为租赁物。

（4）融资租赁公司不得有下列业务或活动：
①非法集资、吸收或变相吸收存款。
②发放或受托发放贷款。
③与其他融资租赁公司拆借或变相拆借资金。

④通过网络借贷信息中介机构、私募投资基金融资或转让资产。

⑤法律法规、银保监会和省、自治区、直辖市（以下简称省级）地方金融监管部门禁止开展的其他业务或活动。

（5）融资租赁公司进口租赁物涉及配额、许可等管理的，由租赁物购买方或产权所有方按有关规定办理手续，另有约定的除外。融资租赁公司经营业务过程中涉及外汇管理事项的，应当遵守国家外汇管理有关规定。

（6）融资租赁公司应当建立完善以股东或股东（大）会、董事会（执行董事）、监事（会）、高级管理层等为主体的组织架构，明确职责分工，保证相互之间独立运行、有效制衡，形成科学高效的决策、激励和约束机制。

（7）融资租赁公司应当按照全面、审慎、有效、独立原则，建立健全内部控制制度，保障公司安全稳健运行。

（8）融资租赁公司应当根据其组织架构、业务规模和复杂程度，建立全面风险管理体系，识别、控制和化解风险。

（9）融资租赁公司应当建立关联交易管理制度，其关联交易应当遵循商业原则，独立交易、定价公允，以不优于非关联方同类交易的条件进行。

融资租赁公司在对承租人为关联企业的交易进行表决或决策时，与该关联交易有关联关系的人员应当回避。融资租赁公司的重大关联交易应当经股东（大）会、董事会或其授权机构批准。

融资租赁公司与其设立的控股子公司、项目公司之间的交易，不适用本办法对关联交易的监管要求。

（10）融资租赁公司应当合法取得租赁物的所有权。

（11）按照国家法律法规规定租赁物的权属应当登记的，融资租赁公司须依法办理相关登记手续。若租赁物不属于需要登记的财产类别，融资租赁公司应当采取有效措施保障对租赁物的合法权益。

（12）融资租赁公司应当在签订融资租赁合同或明确融资租赁业务意向的前提下，按照承租人要求购置租赁物。特殊情况下需要提前购置租赁物的，应当与自身现有业务领域或业务规划保持一致，且与自身风险管理能力和专业化经营水平相符。

（13）融资租赁公司应当建立健全租赁物价值评估和定价体系，根据租赁物的价值、其他成本和合理利润等确定租金水平。

售后回租业务中，融资租赁公司对租赁物的买入价格应当有合理的、不违反会计准则的定价依据作为参考，不得低值高买。

（14）融资租赁公司应当重视租赁物的风险缓释作用，密切监测租赁物价值对融资租赁债权的风险覆盖水平，制定有效的风险应对措施。

（15）融资租赁公司应当加强租赁物未担保余值管理，定期评估未担保余值是否存在减值，及时按照会计准则的要求计提减值准备。

（16）融资租赁公司应当加强对租赁期限届满返还或因承租人违约而取回的租赁物的风险管理，建立完善的租赁物处置制度和程序，降低租赁物持有期风险。

（17）融资租赁公司对转租赁等形式的融资租赁资产应当分别管理、单独建账；转租赁应当经出租人同意。

（18）融资租赁公司应当严格按照会计准则等相关规定，真实反映融资租赁资产转让和受让业务的实质和风险状况。

（19）融资租赁公司应当建立资产质量分类制度和准备金制度。在准确分类的基础上及时足额计提资产减值损失准备，增强风险抵御能力。

（20）融资租赁公司按照有关规定可以向征信机构提供和查询融资租赁相关信息。

（21）融资租赁公司和承租人应对与融资租赁业务有关的担保、保险等事项进行充分约定，维护交易安全。

（三）监管指标

（1）融资租赁公司融资租赁和其他租赁资产比重不得低于总资产的60%。

（2）融资租赁公司的风险资产总额不得超过净资产的8倍。风险资产总额按企业总资产减去现金、银行存款和国债后的剩余资产确定。

（3）融资租赁公司开展的固定收益类证券投资业务，不得超过净资产的20%。

（4）融资租赁公司应当加强对重点承租人的管理，控制单一承租人及承租人为关联方的业务比例，有效防范和分散经营风险。融资租赁公司应当遵守以下监管指标：

①单一客户融资集中度。融资租赁公司对单一承租人的全部融资租赁业务余额不得超过净资产的30%。

②单一集团客户融资集中度。融资租赁公司对单一集团的全部融资租赁业务余额不得超过净资产的50%。

③单一客户关联度。融资租赁公司对一个关联方的全部融资租赁业务余额不得超过净资产的30%。

④全部关联度。融资租赁公司对全部关联方的全部融资租赁业务余额不得超过净资产的50%。

⑤单一股东关联度。融资租赁公司对单一股东及其全部关联方的融资余额，不得超过该股东在融资租赁公司的出资额，且同时满足本办法对单一客户关联度的规定。

银保监会可以根据监管需要对上述指标进行调整。

（四）监督管理

（1）银保监会负责制定融资租赁公司的业务经营和监督管理规则。

（2）省级人民政府负责制定促进本地区融资租赁行业发展的政策措施，对融资租赁公司实施监督管理，处置融资租赁公司风险。省级地方金融监管部门具体负责对本地区融资租赁公司的监督管理。

（3）地方金融监管部门应当根据融资租赁公司的经营规模、风险状况、内控管理等情况，对融资租赁公司实施分类监管。

（4）地方金融监管部门应当建立非现场监管制度，利用信息系统对融资租赁公司按期分析监测，重点关注相关指标偏高、潜在经营风险较大的公司。省级地方金融监管部门应当于每年4月30日前向银保监会报送上一年度本地区融资租赁公司发展情况以及监管情况。

（5）地方金融监管部门应当建立现场检查制度，对融资租赁公司的检查包括但不限于下列措施：

①进入融资租赁公司以及有关场所进行现场检查。

②询问有关单位或者个人，要求其对有关检查事项做出说明。

③查阅、复制有关文件资料，对可能被转移、销毁、隐匿或者篡改的文件资料，予以先行登记保存。

④检查相关信息系统。

进行现场检查前，应当经地方金融监管部门负责人批准。现场检查时，检查人员不得少于2人，并应当出示合法证件和检查通知书。有关单位和个人应当配合地方金融监管部门依法进行监督检查，如实提供有关情况和文件、资料，不得拒绝、阻碍或者隐瞒。

（6）地方金融监管部门根据履行职责需要，可以与融资租赁公司的董事、监事、高级管理人员进行监督管理谈话，要求其就融资租赁公司业务活动和风险管理的重大事项做出说明。

（7）地方金融监管部门应当建立融资租赁公司重大风险事件预警、防范和处置机制，制定融资租赁公司重大风险事件应急预案。融资租赁公司发生重大风险事件的，应当立即采取应急措施，并及时向地方金融监管部门报告，地方金融监管部门应当及时处置。

（8）地方金融监管部门应当建立融资租赁公司及其主要股东、董事、监事、高级管理人员违法经营融资租赁业务行为信息库，如实记录相关违法行为信息；给予行政处罚的，应当依法向社会公示。

（9）融资租赁公司应定期向地方金融监管部门和同级人民银行分支机构报送信息资料。

（10）融资租赁公司应当建立重大事项报告制度，下列事项发生后5个工作日内向地方金融监管部门报告：重大关联交易；重大待决诉讼、仲裁，以及地方金融监管部门规定需要报送的其他重大事项。

（11）地方金融监管部门应当与有关部门建立监督管理协调机制和信息共享机制，研究解决辖内融资租赁行业重大问题，加强监管联动，形成监管合力。

（12）地方金融监管部门应当加强监管队伍建设，按照监管要求和职责配备专职监管员，专职监管员的人数、能力要与被监管对象数量相匹配。

（13）融资租赁行业协会是融资租赁行业的自律组织，是社会团体法人。依法成立的融资租赁行业协会按照章程发挥沟通协调和行业自律作用，履行协调、维权、自律、服务职能，开展行业培训、理论研究、纠纷调解等活动，配合地方金融监管部门，引导融资租赁公司诚信经营、公平竞争、稳健运行。

（14）地方金融监管部门要通过信息交叉比对、实地走访、接受信访投诉等方式，准确核查辖内融资租赁公司经营和风险状况，按照经营风险、违法违规情形划分为正常经营、非正常经营和违法违规经营等3类。

①正常经营类是指依法合规经营的融资租赁公司。地方金融监管部门要对正常经营类融资租赁公司按其注册地审核营业执照、公司章程、股东名单、高级管理人员名单和简历、经审计的近2年资产负债表、利润表、现金流量表及规定的其他资料；对于接受并配合监管、在注册地有经营场所且如实完整填报信息的企业，省级地方金融监管部门要在报银保监会同意后及时纳入监管名单。

②非正常经营类主要是指"失联"和"空壳"等经营异常的融资租赁公司。

第一，"失联"是指满足以下条件之一的融资租赁公司：无法取得联系；无法在企业登记住所实地排查找到；虽然可以联系到企业工作人员，但其并不知情也不能联系到企业实际控制人；连续3个月未按监管要求报送监管信息。

第二，"空壳"是指满足以下条件之一的融资租赁公司：未依法通过国家企业信用信息公示系统报送并公示上一年度年度报告；近6个月监管信息显示无经营；近6个月无纳税记录或"零申报"；近6个月无社保缴纳记录。

地方金融监管部门要督促非正常经营类企业整改。非正常经营类企业整改验收合格的，可纳入监管名单；拒绝整改或整改验收不合格的，纳入非正常经营名录，劝导其申请变更企业名称和业务范围、自愿注销。

③违法违规经营类是指经营行为违反法律法规和本办法规定的融资租赁公司。违法违规情节较轻且整改验收合格的，可纳入监管名单；整改验收不合格或违法违规情

节严重的，地方金融监管部门要依法处罚、取缔，或协调市场监管部门依法吊销其营业执照；涉嫌违法犯罪的及时移送公安机关依法查处。

（15）省级地方金融监管部门要与市场监管部门建立会商机制，严格控制融资租赁公司及其分支机构的登记注册。融资租赁公司变更公司名称、组织形式、公司住所或营业场所、注册资本、调整股权结构等，应当事先与省级地方金融监管部门充分沟通，达成一致意见。

（五）法律责任

（1）融资租赁公司违反法律法规和本办法规定，有关法律法规有处罚规定的，依照其规定给予处罚；有关法律法规未进行处罚规定的，地方金融监管部门可以采取监管谈话、出具警示函、责令限期改正、通报批评等监管措施；构成犯罪的，依法追究刑事责任。

（2）依照法律法规对融资租赁公司进行处罚的，地方金融监管部门可以根据具体情形对有关责任人员采取通报批评、责令改正、纳入警示名单或违法失信名单等监管措施；法律法规有处罚规定的，依照法律法规予以处罚；构成犯罪的，依法追究刑事责任。

（3）融资租赁公司吸收或变相吸收公众存款，以及以其他形式非法集资的，依照法律、行政法规和国家有关规定给予处罚；构成犯罪的，依法追究刑事责任。

（六）附则

（1）省级人民政府应当依据本办法制定本辖区融资租赁公司监督管理实施细则，视监管实际情况，对租赁物范围、特定行业的集中度和关联度要求进行适当调整，并报银保监会备案。

（2）本办法施行前已经设立的融资租赁公司，应当在省级地方金融监管部门规定的过渡期内达到本办法规定的各项要求，原则上过渡期不超过3年。省级地方金融监管部门可以根据特定行业的实际情况，适当延长过渡期安排。

（3）本办法中下列用语的含义：

①关联方，可依据《企业会计准则第36号关联方披露》的规定予以认定。

②重大关联交易是指融资租赁公司与一个关联方之间单笔交易金额占融资租赁公司净资产5%以上，或者融资租赁公司与一个关联方发生交易后融资租赁公司与该关联方的交易余额占融资租赁公司净资产10%以上的交易。

（4）本办法由银保监会负责解释。

六、信用保险和保证保险业务监管办法

为保护保险消费者合法权益，进一步加强信用保险和保证保险业务（以下简称信保业务）监管，规范经营行为，防范化解风险，促进信保业务持续健康发展，根据《中华人民共和国保险法》《中华人民共和国民法典》等法律法规，制定本办法。

（一）总则

（1）本办法所称信用保险和保证保险，是指以履约信用风险为保险标的的保险。信用保险的信用风险主体为履约义务人，投保人、被保险人为权利人；保证保险的投保人为履约义务人，被保险人为权利人。

本办法所称保险公司，是指经银保监会批准设立的财产保险公司；所称专营性保险公司，是指经银保监会批复的直接保险业务经营范围仅限信用保险、保证保险的财产保险公司。

本办法所称融资性信保业务，是指保险公司为借贷、融资租赁等融资合同的履约信用风险提供保险保障的信保业务。

本办法所称合作机构，是指在营销获客、风险审核、催收追偿等信保业务经营过程中的相关环节，与保险公司开展合作的机构。

（2）保险公司经营信保业务，应当坚持依法合规、小额分散、风险可控的经营原则。

（二）经营规则

（1）保险公司开展信保业务应当遵守偿付能力监管要求，充分考虑偿付能力监管要求对信保业务的资本约束，确保信保业务的发展与公司资本实力、风险管理能力相匹配。

（2）保险公司经营融资性信保业务的，应当符合以下要求：

①最近2个季度末核心偿付能力充足率不低于75%，且综合偿付能力充足率不低于150%。

②总公司成立专门负责信保业务的管理部门，并建立完善的组织架构和专业的人才队伍。

③建立覆盖保前风险审核、保后监测管理的业务操作系统；具备对履约义务人独立审核的风险管控系统，且需接入中国人民银行征信系统。通过互联网承保个人融资性信保业务，由总公司集中核保、集中管控，且与具有合法放贷资质的金融机构的业务系统进行数据对接。

④具有健全的融资性信保业务管理制度和操作规程。

⑤银保监会规定的其他要求。

（3）保险公司承保的信保业务自留责任余额累计不得超过上一季度末净资产的10倍。除专营性保险公司外，其他保险公司承保的融资性信保业务自留责任余额累计不得超过上一季度末净资产的4倍，融资性信保业务中承保普惠型小微企业贷款余额占比达到30%以上时，承保倍数上限可提高至6倍。

保险公司承保单个履约义务人及其关联方的自留责任余额不得超过上一季度末净资产的5%。除专营性保险公司外，其他保险公司承保的融资性信保业务单个履约义务人及其关联方自留责任余额不得超过上一季度末净资产的1%。

（4）保险公司不得承保以下信保业务：

①非公开发行的债券业务、公开发行的主体信用评级或债项评级在AA+以下的债券业务（专营性保险公司除外）。

②底层履约义务人已发生变更的债权转让业务。

③非银行机构发起的资产证券化业务。

④金融衍生产品的业务。

⑤保险公司的控股股东、实际控制人、子公司，以及其他关联方的资金融入业务。

⑥银保监会禁止承保的其他业务。

（2）保险公司开展信保业务，不得存在以下经营行为：

①承保不会实际发生的损失或损失已确定的业务。

②承保融资性信保业务贷（借）款利率超过国家规定上限的业务。

③承保融资性信保业务的被保险人为不具有合法融资服务资质的资金方。

④以拆分保单期限或保险金额的形式，承保与同一融资合同项下期限或金额不相匹配的业务。

⑤通过保单特别约定或签订补充协议等形式，实质性改变经审批或备案的信保产品。

⑥对同一承保主体的同一保险责任，出具与保险合同的法律效力类似且具有担保性质的函件。

⑦自行或委外开展催收追偿中存在违法违规行为。

⑧银保监会禁止的其他经营行为。

（4）保险公司通过互联网开展融资性信保业务的，应当按照互联网保险业务监管规定，在官网显著位置对保险产品、保单查询链接、客户投诉渠道、信息安全保障、合作的互联网机构等内容进行披露；同时要求合作的互联网机构在业务网页显著位置对上述内容进行信息披露。

（5）保险公司经营信保业务，应当谨慎评估风险和运营成本，准确测算风险损失率，并结合履约义务人的实际风险水平和综合承受能力，合理厘定费率。

（三）内控管理

（1）保险公司开展信保业务应当由总公司集中管理，分支机构在总公司的统一管理下开展信保业务。开展融资性信保业务的分支机构，应当在销售、核保等重要环节设立专职专岗，不得兼职。

（2）保险公司总公司应当配备或聘请具有经济、金融、法律、财务、统计分析等知识背景或具有信用保险、保证保险、融资担保、银行信贷等从业经验的专业人才，并不断加强业务培训和人才培养，提高风险识别能力。

（3）保险公司应当建立涵盖信保业务全流程的业务系统，业务系统应具备反欺诈、信用风险评估、信用风险跟踪等实质性审核和监控功能。融资性信保业务系统还应具备还款能力评估、放（还）款资金监测等功能。

（4）保险公司应当建立信保业务评估审议及决策机制，确保相关决策可追溯。融资性信保业务的管理制度至少包括核保政策、业务操作规范、产品开发与管理、合作方管理、抵质押物管理及处置、催收追偿、内部人员管理、消费者权益保护等。

（5）保险公司应当制定信保业务的承保标准和操作规范。融资性信保业务应当建立承保可回溯管理机制，并按照《中华人民共和国保险法》要求保存相关资料；通过互联网承保的融资性信保业务，应当对投保人身份信息真实性进行验证，完整记录和保存互联网保险销售行为信息，确保记录全面、不可篡改。

（6）保险公司应当对融资性信保业务履约义务人的资产真实性、交易真实性、偿债能力、信用记录等进行审慎调查和密切跟踪，防止虚假欺诈行为。保险公司不得将融资性信保业务风险审核和风险监控等核心业务环节外包给合作机构，不得因合作机构提供风险反制措施而放松风险管控。

（7）保险公司应当加强对合作机构经营行为的监督管理，由总公司制定统一的合作协议模板，明确双方权利义务；建立健全对合作机构的管理制度，根据不同环节合作机构的特点和风险，在准入、评估、退出、举报投诉等方面提出明确要求。

（8）保险公司应当结合信保业务的风险状况，与被保险人建立一定比例的风险共担机制，并在保险合同中明确各方权利义务。

（9）保险公司应当在依法合规的前提下与第三方征信机构进行数据对接，并制定数据保密管理制度，不得泄露客户信息，不得利用客户所提供的信息从事任何与保险业务无关或损害投保人、被保险人利益的活动。

（10）保险公司应当审慎评估信保业务风险，并建立风险预警机制，针对主要风险类型，设定预警指标和参数，做到早预警、早介入、早处置。

（11）保险公司应当按照银保监会关于流动性管理的要求，每半年对信保业务开展一次压力测试。保险公司开展融资性信保业务的，应当每季度开展一次压力测试，压力测试应当包括流动性风险、系统性风险、偿付能力风险等方面的内容。

（12）保险公司经营信保业务应当严格按照监管规定，遵循非寿险精算的原理和方法，审慎评估业务风险，并根据评估结果，合理提取和结转相关准备金。

（13）保险公司应当严格按照《中华人民共和国保险法》有关要求，在法律规定及保险合同约定的时效内做出核定、赔付或拒赔决定。保险公司应当在信保业务保单中明确全国统一的投诉、理赔电话。

（14）保险公司应当依法合规开展催收追偿工作。对于委外催收的，保险公司应当与催收机构制定业务合作规则，明确双方权利义务，加强对催收机构业务行为管理。

（15）保险公司对信保业务的追偿款确认和计量应当严格按照会计准则相关规定执行，严禁虚增追偿款，影响财务报表的真实性和准确性。同时，保险公司应当至少每季度对追偿款进行回溯评估，确保财务报表真实准确反映相关风险。

（16）保险公司应结合信保业务发展战略和当前的风险状况，制定风险偏好策略，采用定性、定量相结合的方式，确定信保业务的风险容忍度和风险限额，根据公司风险承受能力，进行与之匹配的再保险安排。

（17）保险公司应当建立信保业务突发事件应急预案，明确处置部门及其职责、处置措施和处置程序，及时化解风险，避免发生群体性、区域性事件。同时，应当加强舆论引导，做好正面宣传。

（18）保险公司经营信保业务的，应当将信保业务纳入内部审计范畴。经营融资性信保业务的，应当每年进行内部专项审计。审计内容包括但不限于业务经营成果、制度建设、财务核算、系统建设、风险管控、准备金提取、合法合规等情况。

（四）监督管理

（1）保险公司应当建立信保业务突发事件报告机制，按照银保监会关于突发事件信息报告要求，报送至银保监会及风险事件所在地银保监局。信保业务突发事件包括但不限于负面舆情较多、可能造成公司偿付能力不足或流动性风险、影响公司或行业声誉的事件及群体性事件等。

（2）经营信保业务的保险公司应于每年2月底前向银保监会及属地监管局报告上一年度业务经营情况，包括但不限于以下内容：

①信保业务管理制度、组织架构、队伍建设、系统建设等情况。

②业务整体经营情况及融资性信保业务经营情况，包括经营成果、赔付情况、承

保关联方情况、再保险情况、存在的主要问题及风险、消费者投诉及处理情况、风险处置情况等。

③合作机构的相关情况，包括合作机构的管控、合作家数、合作业务领域、合作模式、主要问题及风险、法律纠纷、应对风险措施等。

④下一年度信保业务发展规划。

⑤银保监会要求报告的其他情况。

保险公司应于每年 4 月底前将上一年度信保业务审计报告或审计报告中涉及信保业务的内容及年度压力测试报告，报送银保监会及属地监管局。保险公司应按照本办法的要求，于每半年或每季度后 15 个工作日内将有关信保业务的压力测试报告，报送银保监会及属地监管局。

（3）银保监会负责整体信保业务的监督管理及统筹指导风险处置工作。银保监局负责属地机构及辖内分支机构的信保业务监督管理和风险处置工作。保险公司或省级机构首次开办或停办信保业务的，应当自出现上述情况之日起 5 个工作日内向所在地银保监局报告。

（4）保险公司在经营信保业务中，违反本办法相关规定的，银保监会及银保监局可以依法采取监管谈话、限期整改、通报批评等监管措施。

保险公司违反本办法"经营规则"要求中第一项的，银保监会及其派出机构可以依法采取责令停止接受信保新业务的监管措施。

保险公司使用的保险条款和保险费率违反法律、行政法规或监管规定的，银保监会及其派出机构可以依法采取责令停止使用条款费率、限期修改的监管措施；情节严重的，可以在一定期限内禁止申报新的条款费率。

（5）保险公司在经营信保业务过程中，存在以下情形的，银保监会及其派出机构可以责令整改；对于违反《中华人民共和国保险法》有关规定的，依法予以行政处罚。

①未按规定办理再保险的。

②存在承保经营规则中所列禁止性业务的。

③存在经营规则中所列不得存在的经营行为的。

④未按经营规则中的规定进行信息披露的。

⑤未按规定使用经审批或备案的保险条款和费率的。

⑥未按本办法规定报送相关报告的。

⑦违反本办法其他规定的。

（五）附则

（1）政策性保险公司的中长期出口信用保险和海外投资保险业务不适用本办法。

政策性保险公司不适用本办法第二部分"经营规则"中"第（3）条"规定。

（2）本办法由银保监会负责解释和修订。银保监会规章和规范性文件另有规定的，从其规定。

（3）本办法自印发之日起生效，《信用保证保险业务监管暂行办法》（保监财险〔2017〕180号）同时废止。

七、租赁会计准则

（一）总则

（1）为了规范租赁的确认、计量和相关信息的列报，根据《企业会计准则——基本准则》，制定本准则。

（2）租赁，是指在一定期间内，出租人将资产的使用权让与承租人以获取对价的合同。

（3）本准则适用于所有租赁，但下列各项除外：

①承租人通过许可使用协议取得的电影、录像、剧本、文稿等版权、专利等项目的权利，以出让、划拨或转让方式取得的土地使用权，适用《企业会计准则第6号——无形资产》。

②出租人授予的知识产权许可，适用《企业会计准则第14号——收入》。勘探或使用矿产、石油、天然气及类似不可再生资源的租赁，承租人承租生物资产，采用建设经营移交等方式参与公共基础设施建设、运营的特许经营权合同，不适用本准则。

（二）租赁的识别、分拆和合并

1. 租赁的识别

（1）在合同开始日，企业应当评估合同是否为租赁或者包含租赁。如果合同中一方让渡了在一定期间内控制一项或多项已识别资产使用的权利以换取对价，则该合同为租赁或者包含租赁。

除非合同条款和条件发生变化，企业无须重新评估合同是否为租赁或者包含租赁。

（2）为确定合同是否让渡了在一定期间内控制已识别资产使用的权利，企业应当评估合同中的客户是否有权获得在使用期间内因使用已识别资产所产生的几乎全部经济利益，并有权在该使用期间主导已识别资产的使用。

（3）已识别资产通常由合同明确指定，也可以在资产可供客户使用时隐性指定。但是，即使合同已对资产进行指定，如果资产的供应方在整个使用期间拥有对该资产的实质性替换权,则该资产不属于已识别资产。

同时符合下列条件时,表明供应方拥有资产的实质性替换权:第一,资产供应方拥有在整个使用期间替换资产的实际能力;第二,资产供应方通过行使替换资产的权利将获得经济利益。

企业难以确定供应方是否拥有对该资产的实质性替换权时,应当视为供应方没有对该资产的实质性替换权。

如果资产的某部分产能或其他部分在物理上不可区分,则该部分不属于已识别资产,除非其实质上代表该资产的全部产能,从而使客户获得因使用该资产所产生的几乎全部经济利益。

(4)在评估是否有权获得因使用已识别资产所产生的几乎全部经济利益时,企业应当在约定的客户可使用资产的权利范围内考虑其所产生的经济利益。

(5)存在下列情况之一的,可视为客户有权主导对已识别资产在整个使用期间内的使用:

①客户有权在整个使用期间主导已识别资产的使用目的和使用方式。

②已识别资产的使用目的和使用方式在使用期开始前已预先确定,并且客户有权在整个使用期间自行或主导他人按照其确定的方式运营该资产,或者客户设计了已识别资产并在设计时已预先确定了该资产在整个使用期间的使用目的和使用方式。

2.租赁的分拆和合并

(1)分别各项单独租赁进行会计处理。合同中同时包含租赁和非租赁部分的,承租人和出租人应当将租赁和非租赁部分进行分拆,租赁部分应当分别按照本准则进行会计处理,非租赁部分应当按照其他适用的企业会计准则进行会计处理。

(2)同时符合下列条件的,使用已识别资产的权利构成合同中的一项单独租赁:

①承租人可从单独使用该资产或将其与易于获得的其他资源一起使用中获利。

②该资产与合同中的其他资产不存在高度依赖或高度关联关系。

(3)在分拆合同包含的租赁和非租赁部分时,承租人应当按照各租赁部分单独价格及非租赁部分的单独价格之和的相对比例分摊合同对价,出租人应当根据《企业会计准则第14号——收入》关于交易价格分摊的规定分摊合同对价。

(4)为简化处理,承租人可以按照租赁资产的类别选择是否分拆合同包含的租赁和非租赁部分。承租人选择不分拆的,应当将各租赁部分及与其相关的非租赁部分分别合并为租赁,按照本准则进行会计处理。但是,对于按照《企业会计准则第22号——金融工具确认和计量》应分拆的嵌入衍生工具,承租人不应将其与租赁部分合并进行会计处理。

（5）企业与同一交易方或其关联方在同一时间或相近时间订立的2份或多份包含租赁的合同，在符合下列条件之一时，应当合并为一份合同进行会计处理：

①该2份或多份合同基于总体商业目的而订立并构成一揽子交易，若不作为整体考虑则无法理解其总体商业目的。

②该2份或多份合同中的某份合同的对价金额取决于其他合同的定价或履行情况。

③该2份或多份合同让渡的资产使用权合起来构成一项单独租赁。

（三）承租人的会计处理

1.确认和初始计量

（1）在租赁期开始日，承租人应当对租赁确认使用权资产和租赁负债。

使用权资产，是指承租人可在租赁期内使用租赁资产的权利。租赁期开始日，是指出租人提供租赁资产使其可供承租人使用的起始日期。

（2）租赁期，是指承租人有权使用租赁资产且不可撤销的期间。

承租人有续租选择权，即有权选择续租该资产，且合理确定将行使该选择权的，租赁期还应当包含续租选择权涵盖的期间。

承租人有终止租赁选择权，即有权选择终止租赁该资产，但合理确定将不会行使该选择权的，租赁期应当包含终止租赁选择权涵盖的期间。

发生承租人可控范围内的重大事件或变化，且影响承租人是否合理确定将行使相应选择权的，承租人应当对其是否合理确定将行使续租选择权、购买选择权或不行使终止租赁选择权进行重新评估。

（3）使用权资产应当按照成本进行初始计量。该成本包括：

①租赁负债的初始计量金额。

②在租赁期开始日或之前支付的租赁付款额，存在租赁激励的，扣除已享受的租赁激励相关金额。

③承租人发生的初始直接费用。

④承租人为拆卸及移除租赁资产、复原租赁资产所在场地或将租赁资产恢复至租赁条款约定状态预计将发生的成本。前述成本属于为生产存货而发生的，适用《企业会计准则第1号——存货》。

其中，承租人应当按照《企业会计准则第13号——或有事项》对本条第④项所述成本进行确认和计量。

租赁激励，是指出租人为达成租赁向承租人提供的优惠，包括出租人向承租人支付的与租赁有关的款项、出租人为承租人偿付或承担的成本等。

初始直接费用，是指为达成租赁所发生的增量成本。增量成本是指若企业不取得该租赁，则不会发生的成本。

（4）租赁负债应当按照租赁期开始日尚未支付的租赁付款额的现值进行初始计量。

在计算租赁付款额的现值时，承租人应当采用租赁内含利率作为折现率；无法确定租赁内含利率的，应当采用承租人增量借款利率作为折现率。

租赁内含利率，是指使出租人的租赁收款额的现值与未担保余值的现值之和等于租赁资产公允价值与出租人的初始直接费用之和的利率。

承租人增量借款利率，是指承租人在类似经济环境下为获得与使用权资产价值接近的资产，在类似期间以类似抵押条件借入资金须支付的利率。

（5）租赁付款额，是指承租人向出租人支付的与在租赁期内使用租赁资产的权利相关的款项，包括：

①固定付款额及实质固定付款额，存在租赁激励的，扣除租赁激励相关金额。

②取决于指数或比率的可变租赁付款额，该款项在初始计量时根据租赁期开始日的指数或比率确定。

③购买选择权的行权价格，前提是承租人合理确定将行使该选择权。

④行使终止租赁选择权需支付的款项，前提是租赁期反映出承租人将行使终止租赁选择权。

⑤根据承租人提供的担保余值预计应支付的款项。

实质固定付款额，是指在形式上可能包含变量但实质上无法避免的付款额。

可变租赁付款额，是指承租人为取得在租赁期内使用租赁资产的权利，向出租人支付的因租赁期开始日后的事实或情况发生变化（而非时间推移）而变动的款项。

取决于指数或比率的可变租赁付款额包括与消费者价格指数挂钩的款项、与基准利率挂钩的款项和为反映市场租金费率变化而变动的款项等。

（6）担保余值，是指与出租人无关的一方向出租人提供担保，保证在租赁结束时租赁资产的价值至少为某指定的金额。未担保余值，是指租赁资产余值中，出租人无法保证能够实现或仅由与出租人有关的一方予以担保的部分。

2.后续计量

（1）在租赁期开始日后，承租人应当按照本准则规定采用成本模式对使用权资产进行后续计量。

（2）承租人应当参照《企业会计准则第4号——固定资产》有关折旧规定，对使用权资产计提折旧。

承租人能够合理确定租赁期届满时取得租赁资产所有权的，应当在租赁资产剩余使用寿命内计提折旧。无法合理确定租赁期届满时能够取得租赁资产所有权的，应当在租赁期与租赁资产剩余使用寿命两者孰短的期间内计提折旧。

（3）承租人应当按照《企业会计准则第8号——资产减值》的规定，确定使用权资产是否发生减值，并对已识别的减值损失进行会计处理。

（4）承租人应当按照固定的周期性利率计算租赁负债在租赁期内各期间的利息费用，并计入当期损益。按照《企业会计准则第17号——借款费用》等其他准则规定应当计入相关资产成本的，从其规定。

（5）未纳入租赁负债计量的可变租赁付款额应当在实际发生时计入当期损益。按照《企业会计准则第1号——存货》等其他准则规定应当计入相关资产成本的，从其规定。

（6）在租赁期开始日后，发生下列情形的，承租人应当重新确定租赁付款额，并按变动后租赁付款额和修订后的折现率计算的现值重新计量租赁负债：第一，续租选择权或终止租赁选择权的评估结果发生变化，或者前述选择权的实际行使情况与原评估结果不一致等导致租赁期变化的，应当根据新的租赁期重新确定租赁付款额；第二，购买选择权的评估结果发生变化的，应当根据新的评估结果重新确定租赁付款额。

在计算变动后租赁付款额的现值时，承租人应当采用剩余租赁期间的租赁内含利率作为修订后的折现率；无法确定剩余租赁期间的租赁内含利率的，应当采用重估日的承租人增量借款利率作为修订后的折现率。

（7）在租赁期开始日后，根据担保余值预计的应付金额发生变动，或者因用于确定租赁付款额的指数或比率变动而导致未来租赁付款额发生变动的，承租人应当按照变动后租赁付款额的现值重新计量租赁负债。在这些情形下，承租人采用的折现率不变；但是，租赁付款额的变动源自浮动利率变动的，使用修订后的折现率。

（8）承租人在根据租赁准则或因实质固定付款额变动重新计量租赁负债时，应当相应调整使用权资产的账面价值。使用权资产的账面价值已调减至零，但租赁负债仍需进一步调减的，承租人应当将剩余金额计入当期损益。

（9）租赁发生变更且同时符合下列条件的，承租人应当将该租赁变更作为一项单独租赁进行会计处理：第一，该租赁变更通过增加一项或多项租赁资产的使用权而扩大了租赁范围；第二，增加的对价与租赁范围扩大部分的单独价格按该合同情况调整后的金额相当。

租赁变更，是指原合同条款之外的租赁范围、租赁对价、租赁期限的变更，包括增加或终止一项或多项租赁资产的使用权，延长或缩短合同规定的租赁期等。

（10）租赁变更未作为一项单独租赁进行会计处理的，在租赁变更生效日，承租人应当按照租赁准则规定分摊变更后合同的对价，同时按照规定重新确定租赁期，并按照变更后租赁付款额和修订后的折现率计算的现值重新计量租赁负债。

在计算变更后租赁付款额的现值时，承租人应当采用剩余租赁期间的租赁内含利率作为修订后的折现率；无法确定剩余租赁期间的租赁内含利率的，应当采用租赁变更生效日的承租人增量借款利率作为修订后的折现率。其中，租赁变更生效日，是指双方就租赁变更达成一致的日期。

因租赁变更导致租赁范围缩小或租赁期缩短的，承租人应当相应调减使用权资产的账面价值，并将部分终止或完全终止租赁的相关利得或损失计入当期损益。其他租赁变更导致租赁负债重新计量的，承租人应当相应调整使用权资产的账面价值。

3. 短期租赁和低价值资产租赁

（1）短期租赁，是指在租赁期开始日，租赁期不超过12个月的租赁。其中，包含购买选择权的租赁不属于短期租赁。

（2）低价值资产租赁，是指单项租赁资产为全新资产时价值较低的租赁。低价值资产租赁的判定仅与资产的绝对价值有关，不受承租人规模、性质或其他情况影响。承租人转租或预期转租租赁资产的，原租赁不属于低价值资产租赁。

（3）对于短期租赁和低价值资产租赁，承租人可以选择不确认使用权资产和租赁负债。做出该选择的，承租人应当将短期租赁和低价值资产租赁的租赁付款额，在租赁期内各个期间按照直线法或其他系统合理的方法计入相关资产成本或当期损益。其他系统合理的方法能够更好地反映承租人的受益模式的，承租人应当采用该方法。

（4）对于短期租赁，承租人应当按照租赁资产的类别做出第（3）项所述的会计处理选择。对于低价值资产租赁，承租人可根据每项租赁的具体情况做出会计处理选择。

（5）按照"第（3）项"所述进行简化处理的短期租赁发生租赁变更或者因租赁变更之外的原因导致租赁期发生变化的，承租人应当将其视为一项新租赁进行会计处理。

（四）出租人的会计处理

1. 出租人的租赁分类

（1）出租人应当在租赁开始日将租赁分为融资租赁和经营租赁。

租赁开始日，是指租赁合同签署日与租赁各方就主要租赁条款做出承诺日中的较早者。

融资租赁，是指实质上转移了与租赁资产所有权有关的几乎全部风险和报酬的租赁。其所有权最终可能转移，也可能不转移。

经营租赁，是指除融资租赁以外的其他租赁。

在租赁开始日后，出租人无须对租赁的分类进行重新评估，除非发生租赁变更。

租赁资产预计使用寿命、预计余值等会计估计变更或发生承租人违约等情况变化的，出租人不对租赁的分类进行重新评估。

（2）一项租赁属于融资租赁还是经营租赁取决于交易的实质，而不是合同的形式。如果一项租赁实质上转移了与租赁资产所有权有关的几乎全部风险和报酬，出租人应当将该项租赁分类为融资租赁。

（3）一项租赁存在下列一种或多种情形的，通常分类为融资租赁：

①在租赁期届满时，租赁资产的所有权转移给承租人。

②承租人有购买租赁资产的选择权，所订立的购买价款与预计行使选择权时租赁资产的公允价值相比足够低，因而在租赁开始日就可以合理确定承租人将行使该选择权。

③资产的所有权虽然不转移，但租赁期占租赁资产使用寿命的大部分。

④在租赁开始日，租赁收款额的现值几乎相当于租赁资产的公允价值。

⑤租赁资产性质特殊，如果不做较大改造，只有承租人才能使用。

（4）一项租赁存在下列一项或多项迹象的，也可能分类为融资租赁：

①若承租人撤销租赁，撤销租赁对出租人造成的损失由承租人承担。

②资产余值的公允价值波动所产生的利得或损失归属于承租人。

③承租人有能力以远低于市场水平的租金继续租赁至下一期间。

（5）转租出租人应当基于原租赁产生的使用权资产，而不是原租赁的标的资产，对转租赁进行分类。但是，原租赁为短期租赁，且转租出租人应用本准则对原租赁进行简化处理的，转租出租人应当将该转租赁分类为经营租赁。

2. 出租人对融资租赁的会计处理

（1）在租赁期开始日，出租人应当对融资租赁确认应收融资租赁款，并终止确认融资租赁资产。

出租人对应收融资租赁款进行初始计量时，应当以租赁投资净额作为应收融资租赁款的入账价值。

租赁投资净额为未担保余值和租赁期开始日尚未收到的租赁收款额按照租赁内含利率折现的现值之和。

租赁收款额，是指出租人因让渡在租赁期内使用租赁资产的权利而应向承租人收取的款项，包括：

①承租人需支付的固定付款额及实质固定付款额，存在租赁激励的，扣除租赁激励相关金额。

②取决于指数或比率的可变租赁付款额，该款项在初始计量时根据租赁期开始日

的指数或比率确定。

③购买选择权的行权价格,前提是合理确定承租人将行使该选择权。

④承租人行使终止租赁选择权需支付的款项,前提是租赁期反映出承租人将行使终止租赁选择权。

⑤由承租人、与承租人有关的一方,以及有经济能力履行担保义务的独立第三方向出租人提供的担保余值。

在转租的情况下,若转租的租赁内含利率无法确定,转租出租人可采用原租赁的折现率(根据与转租有关的初始直接费用进行调整)计量转租投资净额。

(2)出租人应当按照固定的周期性利率计算并确认租赁期内各个期间的利息收入。

(3)出租人应当按照《企业会计准则第22号——金融工具确认和计量》和《企业会计准则第23号——金融资产转移》的规定,对应收融资租赁款的终止确认和减值进行会计处理。

出租人将应收融资租赁款或其所在的处置组划分为持有待售类别的,应当按照《企业会计准则第42号——持有待售的非流动资产、处置组和终止经营》进行会计处理。

(4)出租人取得的未纳入租赁投资净额计量的可变租赁付款额应当在实际发生时计入当期损益。

(5)生产商或经销商作为出租人的融资租赁,在租赁期开始日,该出租人应当按照租赁资产公允价值与租赁收款额按市场利率折现的现值两者中较低者确认收入,并按照租赁资产账面价值扣除未担保余值的现值后的余额结转销售成本。

生产商或经销商出租人为取得融资租赁发生的成本,应当在租赁期开始日计入当期损益。

(6)融资租赁发生变更且同时符合下列条件的,出租人应当将该变更作为一项单独租赁进行会计处理:

①该变更通过增加一项或多项租赁资产的使用权而扩大了租赁范围。

②增加的对价与租赁范围扩大部分的单独价格按该合同情况调整后的金额相当。

(7)上述融资租赁的变更未作为一项单独租赁进行会计处理的,出租人应当区分下列情形对变更后的租赁进行处理:

①假如变更在租赁开始日生效,该租赁会被分类为经营租赁的,出租人应当自租赁变更生效日开始将其作为一项新租赁进行会计处理,并以租赁变更生效日前的租赁投资净额作为租赁资产的账面价值。

②假如变更在租赁开始日生效,该租赁会被分类为融资租赁的,出租人应当按照《企业会计准则第22号——金融工具确认和计量》关于修改或重新议定合同的规定进行会计处理。

3. 出租人对经营租赁的会计处理

（1）在租赁期内，出租人应当采用直线法或其他系统合理的方法，将经营租赁的租赁收款额确认为租金收入。其他系统合理的方法能够更好地反映因使用租赁资产所产生经济利益的消耗模式的，出租人应当采用该方法。

（2）出租人发生的与经营租赁有关的初始直接费用应当资本化，在租赁期内按照与租金收入确认相同的基础进行分摊，分期计入当期损益。

（3）对于经营租赁资产中的固定资产，出租人应当采用类似资产的折旧政策计提折旧；对于其他经营租赁资产，应当根据该资产适用的企业会计准则，采用系统合理的方法进行摊销。

出租人应当按照《企业会计准则第8号——资产减值》的规定，确定经营租赁资产是否发生减值，并进行相应会计处理。

（4）出租人取得的与经营租赁有关的未计入租赁收款额的可变租赁付款额，应当在实际发生时计入当期损益。

（5）经营租赁发生变更的，出租人应当自变更生效日起将其作为一项新租赁进行会计处理，与变更前租赁有关的预收或应收租赁收款额应当视为新租赁的收款额。

（五）售后租回交易

承租人和出租人应当按照《企业会计准则第14号——收入》的规定，评估确定售后租回交易中的资产转让是否属于销售。

（1）售后租回交易中的资产转让属于销售的，承租人应当按原资产账面价值中与租回获得的使用权有关的部分，计量售后租回所形成的使用权资产，并仅就转让至出租人的权利确认相关利得或损失；出租人应当根据其他适用的企业会计准则对资产购买进行会计处理，并根据本准则对资产出租进行会计处理。

如果销售对价的公允价值与资产的公允价值不同，或者出租人未按市场价格收取租金，则企业应当将销售对价低于市场价格的款项作为预付租金进行会计处理，将高于市场价格的款项作为出租人向承租人提供的额外融资进行会计处理；同时，承租人按照公允价值调整相关销售利得或损失，出租人按市场价格调整租金收入。

在进行上述调整时，企业应当基于以下两者中更易于确定的项目：第一，销售对价的公允价值与资产公允价值之间的差额；第二，租赁合同中付款额的现值与按租赁市价计算的付款额现值之间的差额。

（2）售后租回交易中的资产转让不属于销售的，承租人应当继续确认被转让资产，同时确认一项与转让收入等额的金融负债，并按照《企业会计准则第22号——金融工具确认和计量》对该金融负债进行会计处理；出租人不确认被转让资产，但应当确认一项与转让收入等额的金融资产,并按照《企业会计准则第 22 号——金融工具确认和计量》对该金融资产进行会计处理。

(六)列报

1. 承租人的列报

(1)承租人应当在资产负债表中单独列示使用权资产和租赁负债。其中,租赁负债通常分别非流动负债和一年内到期的非流动负债列示。

在利润表中,承租人应当分别列示租赁负债的利息费用与使用权资产的折旧费用。租赁负债的利息费用在财务费用项目列示。

在现金流量表中,偿还租赁负债本金和利息所支付的现金应当计入筹资活动现金流出,支付的按本准则处理的短期租赁付款额和低价值资产租赁付款额以及未纳入租赁负债计量的可变租赁付款额应当计入经营活动现金流出。

(2)承租人应当在附注中披露下列与租赁有关的信息:

①各类使用权资产的期初余额、本期增加额、期末余额,以及累计折旧额和减值金额。

②租赁负债的利息费用。

③计入当期损益的按本准则简化处理的短期租赁费用和低价值资产租赁费用。

④未纳入租赁负债计量的可变租赁付款额。

⑤转租使用权资产取得的收入。

⑥与租赁相关的总现金流出。

⑦售后租回交易产生的相关损益。

⑧其他按照《企业会计准则第 37 号——金融工具列报》应当披露的有关租赁负债的信息。

承租人应用本准则对短期租赁和低价值资产租赁进行简化处理的,应当披露这一事实。

(3)承租人应当根据理解财务报表的需要,披露有关租赁活动的其他定性和定量信息。此类信息包括:

①租赁活动的性质,如对租赁活动基本情况的描述。

②未纳入租赁负债计量的未来潜在现金流出。

③租赁导致的限制或承诺。

④售后租回交易上述除第(2)部分第⑦项之外的其他信息。

⑤其他相关信息。

2. 出租人的列报

（1）出租人应当根据资产的性质，在资产负债表中列示经营租赁资产。

（2）出租人应当在附注中披露与融资租赁有关的下列信息：

①销售损益、租赁投资净额的融资收益，以及与未纳入租赁投资净额的可变租赁付款额相关的收入。

②资产负债表日后连续5个会计年度每年将收到的未折现租赁收款额，以及剩余年度将收到的未折现租赁收款额总额。

③未折现租赁收款额与租赁投资净额的调节表。

（3）出租人应当在附注中披露与经营租赁有关的下列信息：

①租赁收入，并单独披露与未计入租赁收款额的可变租赁付款额相关的收入。

②将经营租赁固定资产与出租人持有自用的固定资产分开，并按经营租赁固定资产的类别提供《企业会计准则第4号——固定资产》要求披露的信息。

③资产负债表日后连续5个会计年度每年将收到的未折现租赁收款额，以及剩余年度将收到的未折现租赁收款额总额。

（4）出租人应当根据理解财务报表的需要，披露有关租赁活动的其他定性和定量信息。此类信息包括：

①租赁活动的性质，如对租赁活动基本情况的描述。

②对其在租赁资产中保留的权利进行风险管理的情况。

③其他相关信息。

（七）衔接规定

（1）对于首次执行日前已存在的合同，企业在首次执行日可以选择不重新评估其是否为租赁或者包含租赁。选择不重新评估的，企业应当在财务报表附注中披露这一事实，并一致应用于前述所有合同。

（2）承租人应当选择下列方法之一对租赁进行衔接会计处理，并一致应用于其作为承租人的所有租赁：

①按照《企业会计准则第28号——会计政策、会计估计变更和差错更正》的规定采用追溯调整法处理。

②根据首次执行本准则的累积影响数，调整首次执行本准则当年年初留存收益及财务报表其他相关项目金额，不调整可比期间信息。采用该方法时，应当按照下列规定进行衔接处理：

第一，对于首次执行日前的融资租赁，承租人在首次执行日应当按照融资租入资产和应付融资租赁款的原账面价值，分别计量使用权资产和租赁负债。

第二，对于首次执行日前的经营租赁，承租人在首次执行日应当根据剩余租赁付款额按首次执行日承租人增量借款利率折现的现值计量租赁负债，并根据每项租赁选择按照下列两者之一计量使用权资产：假设自租赁期开始日即采用本准则的账面价值（采用首次执行日的承租人增量借款利率作为折现率）；与租赁负债相等的金额，并根据预付租金进行必要调整。

（3）在首次执行日，承租人应当按照《企业会计准则第8号——资产减值》的规定，对使用权资产进行减值测试并进行相应会计处理。

（4）首次执行日前的经营租赁中，租赁资产属于低价值资产且根据本准则规定选择不确认使用权资产和租赁负债的，承租人无须对该经营租赁按照衔接规定进行调整，应当自首次执行日起按照本准则进行会计处理。

（5）承租人采用本准则上述第（2）部分第②项进行衔接会计处理时，对于首次执行日前的经营租赁，可根据每项租赁采用下列一项或多项简化处理：

①将于首次执行日后12个月内完成的租赁，可作为短期租赁处理。

②计量租赁负债时，具有相似特征的租赁可采用同一折现率；使用权资产的计量可不包含初始直接费用。

③存在续租选择权或终止租赁选择权的，承租人可根据首次执行日前选择权的实际行使及其他最新情况确定租赁期，无须对首次执行日前各期间是否合理确定行使续租选择权或终止租赁选择权进行估计。

④作为使用权资产减值测试的替代，承租人可根据《企业会计准则第13号——或有事项》评估包含租赁的合同在首次执行日前是否为亏损合同，并根据首次执行日前计入资产负债表的亏损准备金额调整使用权资产。

⑤首次执行本准则当年年初之前发生租赁变更的，承租人无须按照本准则对租赁变更进行追溯调整，而是根据租赁变更的最终安排，按照本准则进行会计处理。

（6）承租人采用上述第（5）部分规定的简化处理方法的，应当在财务报表附注中披露所采用的简化处理方法以及在合理可能的范围内对采用每项简化处理方法的估计影响所作的定性分析。

（7）对于首次执行日前划分为经营租赁且在首次执行日后仍存续的转租赁，转租出租人在首次执行日应当基于原租赁和转租赁的剩余合同期限和条款进行重新评估，并按照本准则的规定进行分类。按照本准则重分类为融资租赁的，应当将其作为一项新的融资租赁进行会计处理。

除上述情形外，出租人无须对其作为出租人的租赁按照衔接规定进行调整，而应当自首次执行日起按照本准则进行会计处理。

（8）对于首次执行日前已存在的售后租回交易，企业在首次执行日不重新评估资产转让是否符合《企业会计准则第14号——收入》作为销售进行会计处理的规定。

对于首次执行日前应当作为销售和融资租赁进行会计处理的售后租回交易，卖方（承租人）应当按照与首次执行日存在的其他融资租赁相同的方法对租回进行会计处理，并继续在租赁期内摊销相关递延收益或损失。

对于首次执行日前应当作为销售和经营租赁进行会计处理的售后租回交易，卖方（承租人）应当按照与首次执行日存在的其他经营租赁相同的方法对租回进行会计处理，并根据首次执行日前计入资产负债表的相关递延收益或损失调整使用权资产。

（9）承租人选择按照本准则规定对租赁进行衔接会计处理的，还应当在首次执行日披露以下信息：

①首次执行日计入资产负债表的租赁负债所采用的承租人增量借款利率的加权平均值。

②首次执行日前一年度报告期末披露的重大经营租赁的尚未支付的最低租赁付款额按首次执行日承租人增量借款利率折现的现值，与计入首次执行日资产负债表的租赁负债的差额。

八、金融业务风险管理办法

（一）总则

（1）为加强国家电网有限公司（以下简称"公司"）金融风险防范，防止发生系统性金融风险，保障金融业务健康发展，服务能源互联网特色金融品牌战略，促进公司战略和经营目标的实现，根据国家法律法规、监管政策、行业指引和《国家电网有限公司全面风险管理与内部控制办法》等相关规定，特制定本办法。

（2）本办法所称金融业务，是指银行（财务公司）、证券、保险、信托、租赁、期货、基金等金融机构或以承担融资为目的所从事的金融活动，以及非金融机构涉及的投资金融产品或股权、提供支付服务、开展委托贷款或信用贷款等金融活动有关的业务。

本办法所称金融业务风险管理，是指由各单位董事会、监事会、经理层，以及全体员工共同参与，围绕金融业务开展过程中的信用、市场、流动性、操作等风险，采取定性和定量结合的方法，进行识别、计量、评估、监测、报告、控制或者缓释的管理活动。

（3）金融业务风险管理应适应公司金融业务发展的定位与方向，建立健全与金融业务发展相协同的全面风险管理体系，防范发生系统性金融风险，并通过对机会风险的管理创造企业价值。合理保证实现以下目标：

①确保金融风险控制在可承受范围内，重大风险能够有效处置。

②确保公司金融业务经营管理活动合法合规。

③确保各项决策部署得到有效执行，提高经营活动效率和效果，促进公司战略目标实现。

（4）公司金融业务风险管理遵循以下基本原则：

①全覆盖原则。应覆盖经营管理的各业务领域；覆盖所有金融单位、部门、岗位和人员；覆盖决策、执行、监督和改进全过程。

②重要性原则。在全面覆盖的基础上，重点关注高风险领域、主要经济活动和重要业务事项，明确关键控制环节，制定风险应对措施，防范重大风险。

③独立性原则。应建立独立的金融业务风险管理组织架构，赋予风险管理部门足够的授权和资源，建立科学合理的报告渠道，与业务部门之间形成相互制衡的运行机制。

④业务融合原则。将金融业务风险管理嵌入业务开展过程中，并与业务发展相匹配、相适应。

（5）本办法适用于公司总部、国网英大国际控股集团有限公司（以下简称"英大集团"）及公司所属全资、控股金融单位（以下简称"集团各金融单位"），以及国家电网海外投资有限公司等涉及金融业务的其他单位（以下简称"海投公司等其他单位"）。

（二）职责分工

（1）公司财务部负责统筹、指导、协调各单位金融业务风险管理工作，主要职责包括以下几点：

①组织各单位建立健全金融风控管理体系，制定金融业务风险管理制度，明确风险管理责任。

②确定金融业务风险管理总体目标。

③建立风险信息定期报送机制，监督、检查各单位风险管理情况。

④建立重大风险事件管控机制，督导英大集团及各单位做好重大风险事件处置。

⑤加强金融风险管理考核。

（2）英大集团全面负责集团各金融单位金融业务风险管控，对集团各金融单位进行指导、监督、检查、评价和考核，主要职责包括以下几点：

①制定金融业务风险管理相关细则、指引、标准等。

②组织集团各金融单位制定年度风控重点工作计划，督导集团各金融单位建设风险偏好体系，监督、评价风险偏好执行情况。

③指导、督促集团各金融单位识别、管理各类风险，牵头管理金融集团风险，明确重大风险事件标准。

④审阅集团各金融单位风险管理报表和风险管理报告，定期评估金融业务风险状况，编制集团层面风险管理报告。

⑤加强重大风险事件报告管理，评估重大风险事件处置方案，组织或督促相关责任主体处置重大风险事件。

⑥组织开展对集团各金融单位金融业务风险监督、检查等工作，组织开展年度风险评估。

⑦按照总部要求，制定相关考核指标，组织实施金融业务风险管控考核。

（3）集团各金融单位负责实施本单位金融业务风险管控各项工作，承担风险管控主体责任，主要职责包括以下几点：

①制定本单位金融业务风险管理制度、指引等。

②建立健全金融业务风险偏好传导机制，确定本单位的风险偏好和风险限额。

③对本单位的各类金融业务风险进行识别、管理。

④定期编制、上报金融业务风险管理报表和风险管理报告。

⑤识别、上报各类风险事件，制定处置方案，开展处置工作直至解除风险。

⑥组织开展本单位各类金融业务风险管理情况检查，持续提高风险管理的有效性。

⑦组织开展本单位各部门及分支机构金融业务风险管控情况考核。

⑧加强金融单位内部风险管理人才培养和队伍建设。

（三）风险管控体系标准

（1）英大集团和集团各金融单位按照监管规定和公司制度的要求，健全、优化风险治理结构，明确董事会、监事会、经理层、全面风险管理委员会在风险管理中的职责分工。集团各金融单位应按照监管要求建立风控部门，负责牵头统筹协调全面风险管理工作，明确各业务部门风险管理职责。

（2）风险偏好是指董事会根据金融机构发展战略、年度经营目标，以及所面临的宏观经济、经营环境选择的公司愿意承担的各类风险的最大水平。

集团各金融单位建立适应公司战略发展和行业监管要求的风险偏好体系，上报英大集团，并抄报公司财务部。根据风险偏好制定各项业务、各类风险的风险限额，保证限额得到层层分解和执行。集团各金融单位应至少每季度对本单位风险偏好建设、执行情况及风险限额突破预警值等情况进行监督，英大集团每年末对各金融单位进行考核、评价，并提出风险管理要求。

（3）公司建立统一的金融风险分类框架，根据风险管理要求对风险类别、名称与风险描述适时进行优化完善,并更新发布风险信息框架。

(4)英大集团应制定金融业务准入清单,根据国家政策及公司战略等因素,以"合理平衡风险与收益"为导向,建立金融业务清单机制,明确业务准入范围并做好落地执行工作。

(5)英大集团应建立交易对手准入机制,明确各业务种类的交易对手准入标准、担保方式、内部审批程序等内容,制定交易对手准入清单,并定期更新。

(四)金融风险管控措施

(1)英大集团应组织制定风险计量标准和要求,同时建立风险加总的政策、程序,充分考虑集中度风险及风险之间的相互影响和相互传染,确保在不同层次上和总体上及时识别风险。集团各金融单位按监管要求建立风险计量模型,鼓励具备条件的金融单位采取更先进的风险计量模型,并确保风险计量的一致性、客观性和准确性。

(2)集团各金融单位按照监管要求和业务管理需求制定压力测试,制定具体压力测试实施方案,定期开展压力测试,压力测试覆盖各类风险和主要业务领域,并考虑各类风险之间的相互影响。压力测试开展频率根据监管规定确定,但至少应保证每年开展一次。

集团各金融单位应当制定应急方案,应急方案制定应当充分考虑压力测试结果,确保能够及时应对和处理紧急情况。应急方案应该涵盖对所有分支机构的应急安排。应急方案须定期演练、测试和更新,以保证其充分性和可行性。

(3)建立市场风险监测机制。英大集团应组织各金融单位定期开展宏观经济金融形势和市场重大风险分析,向相关单位预警对公司可能产生影响的市场参与主体,对英大集团及各金融单位的风险敞口、资本与杠杆水平等方面开展持续全面识别和监测,密切监控大额风险。

(4)规范金融单位资金投向。公司各金融单位应平衡风险与效益关系,合理控制存量高风险产品规模,谨慎开展新增业务;深度挖掘电网业务金融服务需求,提高服务主业能力;充分发挥熟悉、理解电网业务优势,大力拓展电网产业链金融。

(5)加强关联交易管理。英大集团制定关联交易管理要求和程序,督导集团各金融单位执行风险隔离制度,规范金融业与主业之间的内部交易和金融业与金融业之间的内部交易,督导、检查关联交易管理执行情况,确保符合监管规定,有效防范风险叠加传递。集团各金融单位严格执行关联交易制度要求,定期将关联交易明细信息报送英大集团。

(6)加强新兴金融业务合规风险管控。公司各单位应依法合规开发设计金融服务产品,确保风险可控在控;健全风险应急机制,建立合作机构及产品遴选和负面清单机制，确保金融科技业务风险始终可控在控；深化大数据风控平台应用，提高业务运营过程中风险预警与处置能力。

（五）信息报送及风险应对

（1）各单位应参照监管部门基本管理要求，借助公司风控信息系统，动态收集内外部金融业务风险初始信息，做好信息保存、标准化及加工工作。风险信息收集方法主要包括调查问卷、风险访谈、风险研讨、风险报告、风险监测指标基础信息、交易对手信息库等。

（2）集团各金融单位按照重点工作任务制订本单位金融业务风险管理工作计划，上报英大集团备案。集团各金融单位按照本单位年度工作计划组织相关部门开展风险管理和内部控制工作，及时做好总结、分析，形成风险管理工作报告，上报英大集团。

（3）集团各金融单位应按照外部监管机构和总部相关工作要求，定期向英大集团报送风险管理报告，英大集团对集团各金融单位风险管理报表和风险管理报告进行复核、汇总、分析，并结合本集团自身风险管控及监督检查情况，编制集团层面风险管理报告，报送至公司财务部。公司财务部按要求向内外部监管机构报送金融企业风险数据或报表。

海投公司等其他单位金融业务管理参照执行，定期向公司财务部报送风险管理报告及相关报表。

（4）风险事件是指发生损失或构成负面影响的事项，按照风险事件的影响程度，分为一般风险事件和重大风险事件。其中重大风险事件是指对公司重大决策部署执行产生重大影响以及影响各单位正常经营、偿付能力的事项，具体包括以下内容：

①单一风险事件预计损失超过5 000万元。

②在全国范围内受到影响，消除该影响需要付出巨大代价且时间较长。

③出现重大经济损失导致经营困难，甚至无法正常经营。

④遭受限制股权转让或限制股东权利，安排重组或实施接管等监管措施。

⑤各金融单位高级管理人员、本部部门或省级分支机构负责人被撤销任职资格，或被给予市场禁入处罚，或被国家监察机关或司法机关调查、限制人身自由等。

⑥涉嫌内外部欺诈或内外勾结犯罪等造成重大损失或负面影响。

⑦因内部操作不当引起资本市场的异常波动。

⑧核心业务系统故障造成重大损失或重大影响。

⑨出现资金链断裂。

⑩其他产生重大影响的风险事件情形。

(5) 报送时间及内容：

①集团及各金融单位发生重大风险事件时，应按照公司《全面风险管理与内部控制办法》有关规定，在1个工作日内向公司总部报告，各金融单位应同时报英大集团，报告内容至少包括重大风险事件的基本情况、事件成因、已造成的负面影响或损失、潜在风险隐患，以及采取的应对措施等。

②集团各金融单位发生一般风险事件，应在2日内同时向公司总部和英大集团报告。集团各金融单位为一般风险事件处置责任主体，负责采取有效措施应对处置；英大集团对一般风险事件处置情况进行督导。处置完成后7日内，相关金融单位形成专项报告报送英大集团，英大集团定期汇总报公司总部。

③集团各金融单位为重大风险事件处置责任主体，负责采取有效措施应对处置；英大集团对重大风险事件进行再管理，协助采取措施应对处置；公司总部对重大风险事件处置情况进行督导，并组织落实公司重大风险事件处置意见。

④集团各金融单位每月应将重大风险事件处置情况同时向公司总部和英大集团报告，报告至少应当包括目前处置进度、后期采取应对措施、需要协调事项、预计完成时间等内容。重大风险事件处置完成后2个工作日内，相关金融单位应当形成专项报告报送公司总部和英大集团，报告至少应包括重大风险事件基本情况、事件成因、实际造成损失或影响、采取应对策略、风险防控改进措施等内容。

⑤海投公司等其他单位对于重大风险事件，应在重大风险事件发生时及处置完成后均采取重大风险信息报告的形式向公司财务部报告。

(6) 公司建立风险提示函机制，各级风控部门根据风险隐患对下级或业务部门出具风险提示函，被提示机构根据提示函要求及时反馈。

(7) 集团各金融单位应按监管要求建立完善的风险管理信息系统，要具备支持风险报告和管理决策需要的主要功能，能够在本单位层面计量、评估、展示、报告、加总所有风险类别、产品和交易对手风险暴露的规模和构成，并实现与公司风控系统数据集成，加强金融业务风险整体管控。

（六）风险评估与报告

(1) 集团各金融单位根据监管要求和业务需要每月开展日常风险评估，根据风险计量结果评估各类风险状况，并采取相应的风险管理措施。

(2) 集团各金融单位对股权重组（改制）、引进战略投资者、对外投资、开发新产品、拓展新的业务领域等重大事项进行专项风险评估，全面梳理风险点，评估风险等级，制定风险管控措施，出具专项风险评估报告，为决策提供支撑。

海投公司等其他单位金融业务管理参照执行。

（3）公司财务部每年11月份牵头组织开展金融业务全面风险评估工作。英大集团和集团各金融单位应按照风险评估标准，采取科学有效的评估方法，分析风险发生的可能性、影响程度等，绘制风险热力图，确定风险等级，制定对各项风险的管理优先顺序和管理策略，并将评估结果形成本单位年度内控体系工作情况报告，提交本单位党委会或董事会审议后上报公司财务部。

（七）风险排查与督导

公司财务部按照国资委要求和内部管理需要组织开展风险排查工作。

英大集团每年年初根据金融业务风险状况和重点工作计划制定风险排查方案，并报送公司财务部备案。英大集团按照工作计划组织开展风险排查工作，对风险隐患出具风险提示函，并督促集团各金融单位整改落实金融业务风险排查发现的问题。每季度末报送风险管理报告时，英大集团将本单位和集团各金融单位风险排查结果一并报送至公司财务部。

集团各金融单位按照工作计划组织开展本单位金融业务风险排查工作。每季度末报送风险管理报告时，集团各金融单位应将本季度风险排查结果和整改计划一并报送至英大集团。集团各金融单位应严格按照整改计划落实整改。

海投公司等其他单位金融业务风险排查工作参照执行，将金融业务风险排查方案、风险排查结果和整改计划报送至公司财务部。

（七）评价与考核

（1）各单位建立金融业务风险评价体系，对风控组织体系建设、风险偏好体系建设与运行、重大风险事件处置、风险提示函落实、风险排查等情况进行评价。

（2）公司总部会同英大集团持续优化风险考核指标，并纳入企业负责人业绩考核，对金融业务风险管控情况进行考核。

（3）各级单位应建立风险责任追究机制，明确责任追究标准，对于因风险管控不力造成重大风险事件、重大损失或行政处罚的，或内部控制执行不到位存在重大缺陷的，追究相关单位和个人责任。涉嫌违纪违法的，移送纪检监察机构依纪依法处置。

第三节 外部政策监管

一、平台经济领域的反垄断指南

（一）总则

1. 指南的目的和依据

为了预防和制止平台经济领域垄断行为，保护市场公平竞争，促进平台经济规范有序创新健康发展，维护消费者利益和社会公共利益，根据《中华人民共和国反垄断法》（以下简称《反垄断法》）等法律规定，制定本指南。

2. 相关概念

（1）平台，本指南所称平台为互联网平台，是指通过网络信息技术，使相互依赖的双边或者多边主体在特定载体提供的规则下交互，以此共同创造价值的商业组织形态。

（2）平台经营者，是指向自然人、法人及其他市场主体提供经营场所、交易撮合、信息交流等互联网平台服务的经营者。

（3）平台内经营者，是指在互联网平台内提供商品或者服务（以下统称商品）的经营者。平台经营者在运营平台的同时，也可能直接通过平台提供商品。

（4）平台经济领域经营者，包括平台经营者、平台内经营者以及其他参与平台经济的经营者。

3. 基本原则

反垄断执法机构对平台经济领域开展反垄断监管应当坚持以下原则：

（1）保护市场公平竞争。坚持对市场主体一视同仁、平等对待，着力预防和制止垄断行为，完善平台企业垄断认定的法律规范，保护平台经济领域公平竞争，防止资本无序扩张，支持平台企业创新发展，增强国际竞争力。

（2）依法科学高效监管。《反垄断法》及有关配套法规、规章、指南确定的基本制度、规制原则和分析框架适用于平台经济领域所有市场主体。反垄断执法机构将根据平台经济的发展状况、发展规律和自身特点，结合案件具体情况，强化竞争分析和法律论证，不断加强和改进反垄断监管，增强反垄断执法的针对性和科学性。

（3）激发创新创造活力。营造竞争有序、开放包容的发展环境，降低市场进入壁垒，引导和激励平台经营者将更多资源用于技术革新、质量改进、服务提升和模式创新，防止和制止排除、限制竞争行为抑制平台经济创新发展和经济活力，有效激发全社会创新创造动力，构筑经济社会发展新优势和新动能。

（4）维护各方合法利益。平台经济发展涉及多方主体。反垄断监管在保护平台经济领域公平竞争，充分发挥平台经济推动资源配置优化、技术进步、效率提升作用的同时，着力维护平台内经营者、消费者和从业人员等各方主体的合法权益，加强反垄断执法与行业监管统筹协调，使全社会共享平台技术进步和经济发展成果，实现平台经济整体生态和谐共生和健康发展。

4.相关市场界定

平台经济业务类型复杂、竞争动态多变，界定平台经济领域相关商品市场和相关地域市场需要遵循《反垄断法》和《国务院反垄断委员会关于相关市场界定的指南》所确定的一般原则，同时考虑平台经济的特点，结合个案进行具体分析。

（1）相关商品市场。平台经济领域相关商品市场界定的基本方法是替代性分析。在个案中界定相关商品市场时，可以基于平台功能、商业模式、应用场景、用户群体、多边市场、线下交易等因素进行需求替代分析；当供给替代对经营者行为产生的竞争约束类似于需求替代时，可以基于市场进入、技术壁垒、网络效应、锁定效应、转移成本、跨界竞争等因素考虑供给替代分析。具体而言，可以根据平台一边的商品界定相关商品市场；也可以根据平台所涉及的多边商品，分别界定多个相关商品市场，并考虑各相关商品市场之间的相互关系和影响。当该平台存在的跨平台网络效应能够给平台经营者施加足够的竞争约束时，可以根据该平台整体界定相关商品市场。

（2）相关地域市场。平台经济领域相关地域市场界定同样采用需求替代和供给替代分析。在个案中界定相关地域市场时，可以综合评估考虑多数用户选择商品的实际区域、用户的语言偏好和消费习惯、相关法律法规的规定、不同区域竞争约束程度、线上线下融合等因素。

根据平台特点，相关地域市场通常界定为中国市场或者特定区域市场，根据个案情况也可以界定为全球市场。

（3）相关市场界定在各类垄断案件中的作用。坚持个案分析原则，不同类型垄断案件对于相关市场界定的实际需求不同。

调查平台经济领域垄断协议、滥用市场支配地位案件和开展经营者集中反垄断审查，通常需要界定相关市场。

（二）垄断协议

《反垄断法》禁止经营者达成、实施垄断协议。认定平台经济领域的垄断协议，适用《反垄断法》第二章和《禁止垄断协议暂行规定》。对《反垄断法》第十三条、第十四条明确列举的垄断协议，依法予以禁止；对符合《反垄断法》第十五条规定条件的垄断协议，依法予以豁免。

根据《反垄断法》第十三条第（六）项和第十四条第（三）项认定相关行为是否构成垄断协议时，可以考虑平台相关市场竞争状况、平台经营者及平台内经营者的市场力量、对其他经营者进入相关市场的阻碍程度、对创新的影响等因素。

1. 垄断协议的形式

平台经济领域垄断协议是指经营者排除、限制竞争的协议、决定或者其他协同行为。协议、决定可以是书面、口头等形式。其他协同行为是指经营者虽未明确订立协议或者决定，但通过数据、算法、平台规则或者其他方式实质上存在协调一致的行为，有关经营者基于独立意思表示所作出的价格跟随等平行行为除外。

2. 横向垄断协议

具有竞争关系的平台经济领域经营者可能通过下列方式达成固定价格、分割市场、限制产（销）量、限制新技术（产品）、联合抵制交易等横向垄断协议：

（1）利用平台收集并且交换价格、销量、成本、客户等敏感信息。

（2）利用技术手段进行意思联络。

（3）利用数据、算法、平台规则等实现协调一致行为。

（4）其他有助于实现协同的方式。

本指南所称价格，包括但不限于商品价格以及经营者收取的佣金、手续费、会员费、推广费等服务收费。

3. 纵向垄断协议

平台经济领域经营者与交易相对人可能通过下列方式达成固定转售价格、限定最低转售价格等纵向垄断协议：

（1）利用技术手段对价格进行自动化设定。

（2）利用平台规则对价格进行统一。

（3）利用数据和算法对价格进行直接或者间接限定。

（4）利用技术手段、平台规则、数据和算法等方式限定其他交易条件，排除、限制市场竞争。

平台经营者要求平台内经营者在商品价格、数量等方面向其提供等于或者优于其他竞争性平台的交易条件的行为可能构成垄断协议，也可能构成滥用市场支配地位行为。

分析上述行为是否构成《反垄断法》第十四条第（三）项规定的纵向垄断协议，可以综合考虑平台经营者的市场力量、相关市场竞争状况、对其他经营者进入相关市场的阻碍程度、对消费者利益和创新的影响等因素。

4. 轴辐协议

具有竞争关系的平台内经营者可能借助与平台经营者之间的纵向关系，或者由平台经营者组织、协调，达成具有横向垄断协议效果的轴辐协议。分析该协议是否属于《反垄断法》第十三条、第十四条规制的垄断协议，可以考虑具有竞争关系的平台内经营者之间是否利用技术手段、平台规则、数据和算法等方式，达成、实施垄断协议，排除、限制相关市场竞争。

5. 协同行为的认定

认定平台经济领域协同行为，可以通过直接证据判定是否存在协同行为的事实。如果直接证据较难获取，可以根据《禁止垄断协议暂行规定》第六条规定，按照逻辑一致的间接证据，认定经营者对相关信息的知悉状况，判定经营者之间是否存在协同行为。经营者可以提供相反证据证明其不存在协同行为。

6. 宽大制度

反垄断执法机构鼓励参与横向垄断协议的平台经济领域经营者主动报告横向垄断协议有关情况并提供重要证据，同时停止涉嫌违法行为并配合调查。对符合宽大适用条件的经营者，反垄断执法机构可以减轻或者免除处罚。

经营者申请宽大的具体标准和程序等，适用《禁止垄断协议暂行规定》和《国务院反垄断委员会横向垄断协议案件宽大制度适用指南》。

（三）滥用市场支配地位

《反垄断法》禁止具有市场支配地位的经营者从事滥用市场支配地位行为。认定平台经济领域的滥用市场支配地位行为，适用《反垄断法》第三章和《禁止滥用市场支配地位行为暂行规定》。通常情况下，首先界定相关市场，分析经营者在相关市场是否具有支配地位，再根据个案情况具体分析是否构成滥用市场支配地位行为。

1. 市场支配地位的认定

反垄断执法机构依据《反垄断法》第十八条、第十九条规定，认定或者推定经营者具有市场支配地位。结合平台经济的特点，可以具体考虑以下因素：

（1）经营者的市场份额以及相关市场竞争状况。确定平台经济领域经营者市场份额，可以考虑交易金额、交易数量、销售额、活跃用户数、点击量、使用时长或者其他指标在相关市场所占比重，同时考虑该市场份额持续的时间。分析相关市场竞争状况，可以考虑相关平台市场的发展状况、现有竞争者数量和市场份额、平台竞争特点、平台差异程度、规模经济、潜在竞争者情况、创新和技术变化等。

（2）经营者控制市场的能力。可以考虑该经营者控制上下游市场或者其他关联市场的能力，阻碍、影响其他经营者进入相关市场的能力，相关平台经营模式、网络效应，以及影响或者决定价格、流量或者其他交易条件的能力等。

（3）经营者的财力和技术条件。可以考虑该经营者的投资者情况、资产规模、资本来源、盈利能力、融资能力、技术创新和应用能力、拥有的知识产权、掌握和处理相关数据的能力，以及该财力和技术条件能够以何种程度促进该经营者业务扩张或者巩固、维持市场地位等。

（4）其他经营者对该经营者在交易上的依赖程度。可以考虑其他经营者与该经营者的交易关系、交易量、交易持续时间，锁定效应、用户黏性，以及其他经营者转向其他平台的可能性及转换成本等。

（5）其他经营者进入相关市场的难易程度。可以考虑市场准入、平台规模效应、资金投入规模、技术壁垒、用户多栖性、用户转换成本、数据获取的难易程度、用户习惯等。

（6）其他因素。可以考虑基于平台经济特点认定经营者具有市场支配地位的其他因素。

2. 不公平价格行为

具有市场支配地位的平台经济领域经营者，可能滥用市场支配地位，以不公平的高价销售商品或者以不公平的低价购买商品。分析是否构成不公平价格行为，可以考虑以下因素：

（1）该价格是否明显高于或者明显低于其他同类业务经营者在相同或者相似市场条件下同种商品或者可比较商品的价格。

（2）该价格是否明显高于或者明显低于该平台经济领域经营者在其他相同或者相似市场条件下同种商品或者可比较商品的价格。

（3）在成本基本稳定的情况下，该平台经济领域经营者是否超过正常幅度提高销售价格或者降低购买价格。

（4）该平台经济领域经营者销售商品提价幅度是否明显高于成本增长幅度，或者采购商品降价幅度是否明显低于成本降低幅度。

认定市场条件相同或者相似，一般可以考虑平台类型、经营模式、交易环节、成本结构、交易具体情况等因素。

3. 低于成本销售

具有市场支配地位的平台经济领域经营者,可能滥用市场支配地位,无正当理由以低于成本的价格销售商品,排除、限制市场竞争。

分析是否构成低于成本销售,一般重点考虑平台经济领域经营者是否以低于成本的价格排挤具有竞争关系的其他经营者,以及是否可能在将其他经营者排挤出市场后,提高价格获取不当利益、损害市场公平竞争和消费者合法权益等情况。

在计算成本时,一般需要综合考虑平台涉及多边市场中各相关市场之间的成本关联情况。

平台经济领域经营者低于成本销售可能具有以下正当理由:

(1) 在合理期限内为发展平台内其他业务。
(2) 在合理期限内为促进新商品进入市场。
(3) 在合理期限内为吸引新用户。
(4) 在合理期限内开展促销活动。
(5) 能够证明行为具有正当性的其他理由。

4. 拒绝交易

具有市场支配地位的平台经济领域经营者,可能滥用其市场支配地位,无正当理由拒绝与交易相对人进行交易,排除、限制市场竞争。

(1) 分析是否构成拒绝交易,可以考虑以下因素:

①停止、拖延、中断与交易相对人的现有交易。
②拒绝与交易相对人开展新的交易。
③实质性削减与交易相对人的现有交易数量。
④在平台规则、算法、技术、流量分配等方面设置不合理的限制和障碍,使交易相对人难以开展交易。
⑤控制平台经济领域必需设施的经营者拒绝与交易相对人以合理条件进行交易。

(2) 认定相关平台是否构成必需设施,一般需要综合考虑该平台占有数据情况、其他平台的可替代性、是否存在潜在可用平台、发展竞争性平台的可行性、交易相对人对该平台的依赖程度、开放平台对该平台经营者可能造成的影响等因素。

(3) 平台经济领域经营者拒绝交易可能具有以下正当理由:

①因不可抗力等客观原因无法进行交易。
②因交易相对人原因,影响交易安全。
③与交易相对人交易将使平台经济领域经营者利益发生不当减损。
④交易相对人明确表示或者实际不遵守公平、合理、无歧视的平台规则。

⑤能够证明行为具有正当性的其他理由。

5. 限定交易

具有市场支配地位的平台经济领域经营者，可能滥用市场支配地位，无正当理由对交易相对人进行限定交易，排除、限制市场竞争。

（1）分析是否构成限定交易行为，可以考虑以下因素：

①要求平台内经营者在竞争性平台间进行"二选一"，或者限定交易相对人与其进行独家交易的其他行为。

②限定交易相对人只能与其指定的经营者进行交易，或者通过其指定渠道等限定方式进行交易。

③限定交易相对人不得与特定经营者进行交易。

上述限定可能通过书面协议的方式实现，也可能通过电话、口头方式与交易相对人商定的方式实现，还可能通过平台规则、数据、算法、技术等方面的实际设置限制或者障碍的方式实现。

（2）分析是否构成限定交易，可以重点考虑以下情形：

①平台经营者通过屏蔽店铺、搜索降权、流量限制、技术障碍、扣取保证金等惩罚性措施实施的限制，因对市场竞争和消费者利益产生直接损害，一般可以认定构成限定交易行为。

②平台经营者通过补贴、折扣、优惠、流量资源支持等激励性方式实施的限制，可能对平台内经营者、消费者利益和社会整体福利具有一定积极效果，但如果有证据证明对市场竞争产生明显的排除、限制影响，也可能被认定构成限定交易行为。

（3）平台经济领域经营者限定交易可能具有以下正当理由：

①为保护交易相对人和消费者利益所必须。

②为保护知识产权、商业机密或者数据安全所必须。

③为保护针对交易进行的特定资源投入所必须。

④为维护合理的经营模式所必须。

⑤能够证明行为具有正当性的其他理由。

6. 搭售或者附加不合理交易条件

具有市场支配地位的平台经济领域经营者，可能滥用市场支配地位，无正当理由实施搭售或者附加不合理交易条件，排除、限制市场竞争。

（1）分析是否构成搭售或者附加不合理交易条件，可以考虑以下因素：

①利用格式条款、弹窗、操作必经步骤等交易相对人无法选择、更改、拒绝的方式，将不同商品进行捆绑销售。

②以搜索降权、流量限制、技术障碍等惩罚性措施，强制交易相对人接受其他商品。

③对交易条件和方式、服务提供方式、付款方式和手段、售后保障等附加不合理限制。

④在交易价格之外额外收取不合理费用。

⑤强制收集非必要用户信息或者附加与交易标的无关的交易条件、交易流程、服务项目。

（2）平台经济领域经营者实施搭售可能具有以下正当理由：

①符合正当的行业惯例和交易习惯。

②为保护交易相对人和消费者利益所必须。

③为提升商品使用价值或者效率所必须。

④能够证明行为具有正当性的其他理由。

7. 差别待遇

具有市场支配地位的平台经济领域经营者，可能滥用市场支配地位，无正当理由对交易条件相同的交易相对人实施差别待遇，排除、限制市场竞争。

（1）分析是否构成差别待遇，可以考虑以下因素：

①基于大数据和算法，根据交易相对人的支付能力、消费偏好、使用习惯等，实行差异性交易价格或者其他交易条件。

②实行差异性标准、规则、算法。

③实行差异性付款条件和交易方式。

条件相同是指交易相对人之间在交易安全、交易成本、信用状况、所处交易环节、交易持续时间等方面不存在实质性影响交易的差别。平台在交易中获取的交易相对人的隐私信息、交易历史、个体偏好、消费习惯等方面存在的差异不影响认定交易相对人条件相同。

（2）平台经济领域经营者实施差别待遇行为可能具有以下正当理由：

①根据交易相对人实际需求且符合正当的交易习惯和行业惯例，实行不同交易条件。

②针对新用户在合理期限内开展的优惠活动。

③基于平台公平、合理、无歧视的规则实施的随机性交易。

④能够证明行为具有正当性的其他理由。

（四）经营者集中

《反垄断法》禁止经营者实施具有或者可能具有排除、限制竞争效果的集中。国务院反垄断执法机构依据《反垄断法》《国务院关于经营者集中申报标准的规定》《经营者集中审查暂行规定》，对平台经济领域的经营者集中进行审查，并对违法实施的经营者集中进行调查处理。

1. 申报标准

在平台经济领域，经营者的营业额包括其销售商品和提供服务所获得的收入。根据行业惯例、收费方式、商业模式、平台经营者的作用等不同，营业额的计算可能有所区别。对于仅提供信息匹配、收取佣金等服务费的平台经营者，可以按照平台所收取的服务费及平台其他收入计算营业额；平台经营者具体参与平台一侧市场竞争或者发挥主导作用的，还可以计算平台所涉交易金额。

经营者集中达到国务院规定的申报标准的，经营者应当事先向国务院反垄断执法机构申报，未申报的不得实施集中。涉及协议控制架构的经营者集中，属于经营者集中反垄断审查范围。

2. 国务院反垄断执法机构主动调查

根据《国务院关于经营者集中申报标准的规定》第四条，经营者集中未达到申报标准，但按照规定程序收集的事实和证据表明该经营者集中具有或者可能具有排除、限制竞争效果的，国务院反垄断执法机构应当依法进行调查。

经营者可以就未达到申报标准的经营者集中主动向国务院反垄断执法机构申报。

国务院反垄断执法机构高度关注参与集中的一方经营者为初创企业或者新兴平台、参与集中的经营者，因采取免费或者低价模式导致营业额较低、相关市场集中度较高、参与竞争者数量较少等类型的平台经济领域的经营者集中，对未达到申报标准但具有或者可能具有排除、限制竞争效果的，国务院反垄断执法机构将依法进行调查处理。

3. 考量因素

国务院反垄断执法机构将依据《反垄断法》第二十七条和《经营者集中审查暂行规定》第三章有关规定，评估平台经济领域经营者集中的竞争影响。结合平台经济的特点，可以具体考虑以下因素：

（1）经营者在相关市场的市场份额。计算市场份额，除以营业额为指标外，还可以考虑采用交易金额、交易数量、活跃用户数、点击量、使用时长或者其他指标在相关市场所占比重，并可以视情况对较长时间段内的市场份额进行综合评估，判断其动态变化趋势。

（2）经营者对市场的控制力。可以考虑经营者是否对关键性、稀缺性资源拥有独占权利以及该独占权利持续时间,平台用户黏性、多栖性,经营者掌握和处理数据的能力,对数据接口的控制能力,向其他市场渗透或者扩展的能力,经营者的盈利能力及利润率水平,技术创新的频率和速度、商品的生命周期、是否存在或者可能出现颠覆性创新等。

(3)相关市场的集中度。可以考虑相关平台市场的发展状况、现有竞争者数量和市场份额等。

(4)经营者集中对市场进入的影响。可以考虑市场准入情况,经营者获得技术、知识产权、数据、渠道、用户等必要资源和必需设施的难度,进入相关市场需要的资金投入规模,用户在费用、数据迁移、谈判、学习、搜索等各方面的转换成本,并考虑进入的可能性、及时性和充分性。

(5)经营者集中对技术进步的影响。可以考虑现有市场竞争者在技术和商业模式等创新方面的竞争,对经营者创新动机和能力的影响,对初创企业、新兴平台的收购是否会影响创新。

(6)经营者集中对消费者的影响。可以考虑集中后经营者是否有能力和动机以提高商品价格、降低商品质量、减少商品多样性、损害消费者选择能力和范围、区别对待不同消费者群体、不恰当使用消费者数据等方式损害消费者利益。

(7)国务院反垄断执法机构认为应当考虑的影响市场竞争的其他因素。包括对其他经营者的影响、对国民经济发展的影响等。

对涉及双边或者多边平台的经营者集中,可能需要综合考虑平台的双边或者多边业务,以及经营者从事的其他业务,并对直接和间接网络外部性进行评估。

4. 救济措施

对于具有或者可能具有排除、限制竞争效果的经营者集中,国务院反垄断执法机构应当根据《反垄断法》第二十八条规定做出决定。对不予禁止的经营者集中,国务院反垄断执法机构可以决定附加以下类型的限制性条件:

(1)剥离有形资产,剥离知识产权、技术、数据等无形资产或者剥离相关权益等结构性条件。

(2)开放网络、数据或者平台等基础设施、许可关键技术、终止排他性协议、修改平台规则或者算法、承诺兼容或者不降低互操作性水平等行为性条件。

(3)结构性条件和行为性条件相结合的综合性条件。

(五)滥用行政权力排除、限制竞争

《反垄断法》禁止行政机关和法律、法规授权的具有管理公共事务职能的组织滥用行政权力排除、限制竞争。对于平台经济领域的滥用行政权力排除、限制竞争行为，反垄断执法机构依法进行调查，并提出处理建议。

1.滥用行政权力排除、限制竞争行为表现

行政机关和法律法规授权的具有管理公共事务职能的组织从事下列行为，排除、限制平台经济领域市场竞争，可能构成滥用行政权力排除、限制竞争行为：

（1）限定或者变相限定单位或者个人经营、购买、使用其指定的平台经济领域经营者提供的商品，或者其他经营者提供的与平台服务相关的商品。

（2）对外地平台经济领域经营者设定歧视性标准、实行歧视性政策，采取专门针对外地平台经济领域经营者的行政许可、备案，或者通过软件、互联网设置屏蔽等手段，阻碍、限制外地平台经济领域经营者进入本地市场，妨碍商品在地区之间的自由流通；

（3）以设定歧视性资质要求、评标评审标准或者不依法发布信息等方式，排斥或者限制外地平台经济领域经营者参加本地的招标采购活动。

（4）对外地平台经济领域经营者实行歧视性待遇，排斥、限制或者强制外地经营者在本地投资或者设立分支机构。

（5）强制或者变相强制平台经济领域经营者从事《反垄断法》规定的垄断行为。

（6）行政机关以规定、办法、决定、公告、通知、意见、会议纪要等形式，制定、发布含有排除、限制竞争内容的市场准入、产业发展、招商引资、招标投标、政府采购、经营行为规范、资质标准等涉及平台经济领域市场主体经济活动的规章、规范性文件和其他政策性文件，以及"一事一议"形式的具体政策措施。

2.公平竞争审查

行政机关和法律法规授权的具有管理公共事务职能的组织制定涉及平台经济领域市场主体经济活动的规章、规范性文件、其他政策性文件，以及"一事一议"形式的具体政策措施，应当按照国家有关规定进行公平竞争审查。

二、供应链创新与应用试点

为了发挥供应链创新与应用试点工作在推动复工复产、稳定全球供应链、助力脱贫攻坚等方面的重要作用，进一步充实试点内容，加快工作进度，现就有关事项通知如下：

（一）推动供应链协同复工复产

供应链畅通是推动大中小企业整体配套协同复工复产、促进产供销有机衔接和内外贸有效贯通的重要前提，也是实现"六稳"工作的重要基础。各地要密切关注和把握国际国内经济形势变化，指导试点城市和试点企业及时研判供应链运行过程中的问题，因地制宜、因时制宜调整工作着力点和应对举措，围绕用工、资金、原材料供应等关键问题，精准施策，打通"堵点"、补上"断点"，千方百计创造有利于复工复产的条件，提高复工复产效率，畅通产业循环、市场循环和经济社会循环。

试点城市要落实分区分级精准防控和精准复工复产要求，加快推动和帮助供应链龙头企业和在全球供应链中有重要影响的企业复工复产。针对本地重点产业情况和特点，梳理供应链关键流程、关键环节，及时疏通解决制约企业复工复产的物流运输、人员流动、资金融通、原材料供应等问题，特别要做好跨区域政府间协同对接。

试点企业要勇担社会责任，充分发挥龙头带动作用，加强与供应链上下游企业协同，协助配套企业解决技术、设备、资金、原辅料等实际困难。通过保障原材料供应、加快重点项目实施进度、加大预付款比例、及时结算支付等多种方式，缓解上下游中小企业经营和资金压力。发挥各类供应链平台资源集聚、供需对接和信息服务等功能优势，积极接入各方信息系统，为企业复工复产提供交易、物流、金融、信用、资讯等综合服务，促进供应链尽快恢复和重建，实现资源要素的高效整合和精准匹配。

（二）完成好新形势下试点各项工作任务

在应对经济新形势过程中，试点城市和试点企业充分利用供应链资源整合和高效协同优势，在保障市场供应、推动复工复产等方面发挥重要作用，但也反映出供应链安全性和协同性方面存在一些短板弱项。同时，市场新需求、新业态、新模式加快发展也给供应链创新与应用工作提出了新的要求。因此，试点工作要在原有试点任务基础上，重点加强以下5个方面工作：

1. 加强供应链安全建设

试点城市要将供应链安全建设作为试点工作的重要内容，加强对重点产业供应链的分析与评估，厘清供应链关键节点、重要设施和主要一二级供应商等情况及地域分布，排查供应链风险点，优化产业供应链布局。探索建立跨区域、跨部门、跨产业的信息沟通、设施联通、物流畅通、资金融通、人员流通、政务联动等协同机制，研究建立基于事件的产业供应链预警体系和应急处置预案，加强对重点产业和区域的风险预警管理。

试点企业要增强供应链风险防范意识，针对疫情防控过程中出现的安全问题，举一反三，研究制定供应链安全防控措施。把供应链安全作为企业发展战略的重要组成部分，建立供应链风险预警系统，制定和实施供应链多元化发展战略，着力在网络布局、流程管控、物流保障、应急储备、技术和人员管理等方面增强供应链弹性，提升风险防范和抵御能力，促进供应链全链条安全、稳定、可持续发展。

2.加快推进供应链数字化和智能化发展

试点城市要加大以信息技术为核心的新型基础设施投入，积极应用区块链、大数据等现代供应链管理技术和模式，加快数字化供应链公共服务平台建设，推动政府治理体系和治理能力现代化。加快推动智慧物流园区、智能仓储、智能货柜和供应链技术创新平台的科学规划与布局，补齐供应链硬件设施短板。

试点企业要主动适应新形势的生产、流通、消费模式变化，加快物联网、大数据、边缘计算、区块链、5G、人工智能、增强现实或虚拟现实等新兴技术在供应链领域的集成应用，加强数据标准统一和资源线上对接，推广应用在线采购、车货匹配、云仓储等新业态、新模式、新场景，促进企业数字化转型，实现供应链即时、可视、可感知，提高供应链整体应变能力和协同能力。鼓励有条件的企业搭建技术水平高、集成能力强、行业应用广的数字化平台，开放共享供应链智能化技术与应用，积极推广云制造、云服务开放共享供应链智能化技术与应用，赋能中小企业。

3.促进稳定全球供应链

试点城市要积极促进产、供、销有机衔接，内外贸有效贯通，支持外贸、外资、商贸流通和电子商务企业，加强与贸易伙伴的沟通协调，着力保订单、保履约、保市场，全力支持外贸重点企业、重点项目和重要订单，促进全球供应链开放、稳定、安全。创新和优化招商引资、展会服务模式，持续推进投资促进和招商工作，保障各类经贸活动正常开展。

试点企业要努力克服困难，加快重点工程建设，按时按约、保质保量完成各项订单。积极参与"百城千业万企"对标达标提升专项行动，瞄准国际先进标准，提高产品质量和服务水平。加强在重大项目中的协同与合作，共同开拓第三方市场。探索建立高效安全的物流枢纽和通道，优化、整合境外分销和服务网络资源。稳妥有序推进共建"一带一路"，优化国别产业布局，加强重大项目建设，更好带动装备、技术、标准和服务走出去，进一步提高我供应链全球化能力和水平。

4.充分利用供应链金融服务实体企业

支持试点企业基于真实交易场景，根据需要开展应收账款、仓单和存货质押和预付款融资。提高企业应收账款的透明度和标准化，持票企业可通过贴现、标准化票据融资。银行业金融机构要加强与供应链核心企业合作，支持核心企业通过信贷、债券等方式融资，用于向中小企业支付现金，降低中小企业流动性压力和融资成本。鼓励有条件的银行业金融机构应用金融科技，加强与供应链核心企业、政府部门相关系统对接，推动供应链上的资金、信息、物流等数字化和可控化，为链条上的客户提供方便快捷的供应链融资服务。金融机构要创新供应链风险识别和风险管理机制，建立基于核心企业、真实交易行为、上下游企业一体化的风险评估体系，提升金融供给能力，快速响应企业的结算、融资和财务管理需求。金融机构规范开展供应链相关的资产证券化、提供资管产品等表外融资服务，应强化信息披露和投资者适当性管理，加强投资者保护，警惕虚增、虚构应收账款行为。非金融机构不得借供应链之名违规从事金融业务和规避宏观调控管理。

（三）工作要求

1. 扎实推进试点工作

试点城市和试点企业要结合试点中期评估反馈意见和当年重点工作方向，制定针对性的整改落实措施，进一步完善工作思路和具体实施方案。对照工作方案和台账，认真检查完成情况，对标对表，抓紧抓实，加快试点工作进度，按要求及时填写季报和年度总结报告，确保试点工作各项任务目标按期高质量完成，取得实际效果。试点中期评估结果，可登录业务部业务统一平台供应链信息管理应用查询。根据试点动态调整机制，对存在违法违规行为或重大风险隐患的、未按照台账推进试点或者进展缓慢的城市和企业，将取消其试点资格。

2. 加强业务协同指导

各级商务、工业和信息化、生态环境、农业农村、人民银行、市场监管和银行保险监管部门要加大复工复产政策落实力度，加强对困难行业和中小微企业扶持，积极落实援企稳岗、复工复产等应对政策，精准、扎实、有序推动供应链全面复工复产。对符合条件的重点商贸流通企业、物流与供应链服务企业，支持金融机构落实复工复产金融支持政策。要发挥供应链创新与应用试点工作协调机制作用，加强日常检查监督，及时了解、掌握试点进展。坚持问题导向，及时研究解决供应链创新与应用过程中的突出问题，力争在体制机制、政策促进和制度标准建设等方面有所突破。指导各地加强供应链领域"政产研学用"有机融合，积极研究供应链发展的新趋势、新技术和新模式。支持相关行业组织加强行业研究、数据统计、标准制修订和国际交流，提供供应链咨询、人才培训、职业资格认定等服务，推动建设供应链公共服务平台。

3. 加快复制推广典型经验

各地要立足本地实际，做好试点经验的复制推广工作，总结试点城市和试点企业在推动供应链协同复工复产，特别是创新推进试点工作好的做法和经验，及时报商务部市场建设司，总结推广试点工作经验，组织典型案例宣传和成果展示。

三、加强金融服务民营企业的若干意见

民营经济是社会主义市场经济的重要组成部分，在稳定增长、促进创新、增加就业、改善民生等方面发挥着不可替代的作用。党中央、国务院始终高度重视金融服务民营企业工作。各地区各部门及各金融机构认真落实，出台措施，积极支持民营企业融资，取得一定成效，但部分民营企业融资难、融资贵问题仍然比较突出。为深入贯彻落实党中央、国务院决策部署，切实加强对民营企业的金融服务，现提出如下意见。

（一）总体要求

1.指导思想

以习近平新时代中国特色社会主义思想为指导，全面贯彻党的二十大精神，落实中央经济工作会议和全国金融工作会议要求，坚持基本经济制度，坚持稳中求进工作总基调，毫不动摇地巩固和发展公有制经济，毫不动摇地鼓励、支持、引导非公有制经济发展，平等对待各类所有制企业，有效缓解民营企业融资难、融资贵问题，增强微观主体活力，充分发挥民营企业对经济增长和创造就业的重要支撑作用，促进经济社会平稳健康发展。

2.基本原则

（1）公平公正。坚持对各类所有制经济一视同仁，消除对民营经济的各种隐性壁垒，不断深化金融改革，完善金融服务体系，按照市场化、法治化原则，推动金融资源配置与民营经济在国民经济中发挥的作用更加匹配，保证各类所有制经济依法公平参与市场竞争。

（2）聚焦难点。坚持问题导向，着力疏通货币政策传导机制，重点解决金融机构对民营企业"不敢贷、不愿贷、不能贷"问题，增强金融机构服务民营企业特别是小微企业的意识和能力，扩大对民营企业的有效金融供给，完善对民营企业的纾困政策措施，支持民营企业持续健康发展，促进实现"六稳"目标。

（3）落实责任。金融管理部门要切实承担监督、指导责任，财政部门要充分发挥财税政策作用并履行好国有金融资本出资人职责，各相关部门要加强政策支持，督促和引导金融机构不断加强和改进对民营企业的金融服务。各省（自治区、直辖市）政府要认真落实属地管理责任，因地制宜采取措施，促进本地区金融服务民营企业水平进一步提升。金融机构要切实履行服务民营企业第一责任人的职责，让民营企业有实实在在的获得感。

（4）标本兼治。在有效缓解当前融资痛点、堵点的同时，精准分析民营企业融资难、融资贵背后的制度性、结构性原因，注重优化结构性制度安排，建立健全长效机制，持续提升金融服务民营企业质效。

3.主要目标

通过综合施策，实现各类所有制企业在融资方面得到平等待遇，确保对民营企业的金融服务得到切实改善，融资规模稳步扩大，融资效率明显提升，融资成本逐步下降并稳定在合理水平，民营企业特别是小微企业融资难、融资贵问题得到有效缓解，充分激发民营经济的活力和创造力。

（二）加大金融政策支持力度，着力提升对民营企业金融服务的针对性和有效性

（1）实施差别化货币信贷支持政策。合理调整商业银行宏观审慎评估参数，鼓励金融机构增加民营企业、小微企业信贷投放。完善普惠金融定向降准政策。增加再贷款和再贴现额度，把支农支小再贷款和再贴现政策覆盖到包括民营银行在内的符合条件的各类金融机构。加大对民营企业票据融资支持力度，简化贴现业务流程，提高贴现融资效率，及时办理再贴现。加快出台非存款类放贷组织条例。支持民营银行和其他地方法人银行等中小银行发展，加快建设与民营中小微企业需求相匹配的金融服务体系。深化联合授信试点，鼓励银行与民营企业构建中长期银企关系。

（2）加大直接融资支持力度。积极支持符合条件的民营企业扩大直接融资。完善股票发行和再融资制度，加快民营企业首发上市和再融资审核进度。深化上市公司并购重组体制机制改革。结合民营企业合理诉求，研究扩大定向可转债适用范围和发行规模。扩大创新创业债试点，支持非上市、非挂牌民营企业发行私募可转债。抓紧推进在上海证券交易所设立科创板并试点注册制。稳步推进新三板发行与交易制度改革，促进新三板成为创新型民营中小微企业融资的重要平台。支持民营企业债券发行，鼓励金融机构加大民营企业债券投资力度。

（3）提高金融机构服务实体经济能力。支持金融机构通过资本市场补充资本。加快商业银行资本补充债券工具创新，支持通过发行无固定期限资本债券、转股型二级资本债券等创新工具补充资本。从宏观审慎角度对商业银行储备资本等进行逆周期调节。把民营企业、小微企业融资服务质量和规模作为中小商业银行发行股票的重要考量因素。研究取消保险资金开展财务性股权投资行业范围限制，规范实施战略性股权投资。聚焦民营企业融资增信环节，提高信用保险和债券信用增进机构覆盖范围。引导和支持银行加快处置不良资产，将盘活资金重点投向民营企业。

（三）强化融资服务基础设施建设，着力破解民营企业信息不对称、信用不充分等问题

（1）从战略高度抓紧抓好信息服务平台建设。依法开放相关信息资源，在确保信息安全前提下，推动数据共享。地方政府依托国家数据共享交换平台体系，抓紧构建完善金融、税务、市场监管、社保、海关、司法等大数据服务平台，实现跨层级、跨部门、跨地域互联互通。健全优化金融机构与民营企业信息对接机制，实现资金供需双方线上高效对接，让信息"多跑路"，让企业"少跑腿"。发展各类信用服务机构，鼓励信用服务产品开发和创新。支持征信机构、信用评级机构利用公共信息为民营企业提供信用产品及服务。加大守信激励和失信惩戒力度。

（2）采取多种方式健全地方增信体系。发挥国家融资担保基金引领作用，推动各地政府性融资担保体系建设和业务合作。政府出资的融资担保机构应坚持准公共定位，不以营利为目的，逐步减少反担保等要求，对符合条件的可取消反担保。对民营企业和小微企业贷款规模增长快、户数占比高的商业银行，可提高风险分担比例和贷款合作额度。鼓励有条件的地方设立民营企业和小微企业贷款风险补偿专项资金、引导基金或信用保证基金，重点为首贷、转贷、续贷等提供增信服务。研究探索融资担保公司接入人民银行征信系统。

（3）积极推动地方各类股权融资规范发展。积极培育投资于民营科创企业的天使投资、风险投资等早期投资力量，抓紧完善进一步支持创投基金发展的税收政策。规范发展区域性股权市场，构建多元融资、多层细分的股权融资市场。鼓励地方政府大力开展民营企业股权融资辅导培训。

（四）完善绩效考核和激励机制，着力疏通民营企业融资堵点

（1）抓紧建立"敢贷、愿贷、能贷"长效机制。商业银行要推动基层分支机构下沉工作重心，提升服务民营企业的内生动力。尽快完善内部绩效考核机制，制定民营企业服务年度目标，加大正向激励力度。对服务民营企业的分支机构和相关人员，重点对其服务企业数量、信贷质量进行综合考核。建立健全尽职免责机制，提高不良贷款考核容忍度。设立内部问责申诉通道，为尽职免责提供机制保障。授信中不得附加以贷转存等任何不合理条件，若出现相关违规行为，一经查实，严肃处理。严厉打击金融信贷领域强行返点等行为，对涉嫌违法犯罪的机构和个人，及时移送司法机关等有关机关依法查处。

（2）有效提高民营企业融资可获得性。新发放公司类贷款中，民营企业贷款比重应进一步提高。贷款审批中不得对民营企业设置歧视性要求，同等条件下民营企业与

国有企业贷款利率和贷款条件保持一致。金融监管部门按法人机构实施差异化考核，形成贷款户数和金额并重的考核机制。如发现数据造假，依法严肃处理相关机构和责任人员。国有控股大型商业银行要主动作为，加强普惠金融事业部建设，落实普惠金融领域专门信贷政策，完善普惠金融业务专项评价机制和绩效考核制度，在提高民营企业融资可获得性和金融服务水平等方面积极发挥"头雁"作用。

（3）减轻对抵押担保的过度依赖。商业银行要坚持审核第一还款来源，把主业突出、财务稳健、大股东及实际控制人信用良好作为授信主要依据，合理提高信用贷款比重。商业银行要依托产业链核心企业信用、真实交易背景和物流、信息流、资金流闭环，为上下游企业提供无须抵押担保的订单融资、应收应付账款融资。

（4）提高贷款需求响应速度和审批时效。商业银行要积极运用金融科技支持风险评估与信贷决策，提高授信审批效率。对于贷款到期有续贷需求的，商业银行要提前主动对接。鼓励商业银行开展线上审批操作，各商业银行应结合自身实际，将一定额度信贷业务审批权下放至分支机构；确需集中审批的，要明确内部时限，提高时效。

（5）增强金融服务民营企业的可持续性。商业银行要遵循经济金融规律，依法合规审慎经营，科学设定信贷计划，不得组织运动式信贷投放。健全信用风险管控机制，不断提升数据治理、客户评级和贷款风险定价能力，强化贷款全生命周期的穿透式风险管理，在有效防范风险前提下加大对民营企业支持力度。加强享受优惠政策低成本资金使用管理，严格监控资金流向，防止被个别机构或个人截留、挪用甚至转手套利，有效防范道德风险。加强金融监管与指导，处理好支持民营企业发展与防范金融风险之间关系。

（五）积极支持民营企业融资纾困，着力化解流动性风险并切实维护企业合法权益

（1）从实际出发帮助遭遇风险事件的企业摆脱困境。加快实施民营企业债券融资支持工具和证券行业支持民营企业发展集合资产管理计划。研究支持民营企业股权融资，鼓励符合条件的私募基金管理人发起设立民营企业发展支持基金。支持资管产品、保险资金依法合规通过监管部门认可的私募股权基金等机构，参与化解处置民营上市公司股票质押风险。对暂时遇到困难的民营企业，金融机构要按照市场化、法治化原则，区别对待，分类采取支持处置措施。

（2）加快清理拖欠民营企业账款。坚持边界清晰、突出重点、源头治理、循序渐进，运用市场化、法治化手段，抓紧清理政府部门及其所属机构（包括所属事业单位）、大型国有企业（包括政府平台公司）因业务往来与民营企业形成的逾期欠款，确保民营企业有明显获得感。政府部门、大型国有企业特别是中央企业要做重合同、守信用的表率，认真组织清欠，依法依规及时支付各类应付未付账款。要加强政策支持，完善长效机制，严防新增拖欠，切实维护民营企业合法权益。

（3）企业要主动创造有利于融资的条件。民营企业要依法合规经营，珍惜商业信誉和信用记录。严格区分个人家庭收支与企业生产经营收支，规范会计核算制度，主动做好信息披露。加强自身财务约束，科学安排融资结构，规范关联交易管理。不逃废金融债务，为金融支持提供必要基础条件。

（4）加强对落地实施的监督检查。各地区各部门及各金融机构要树牢"四个意识"，坚定"四个自信"，坚决做到"两个维护"，坚持问题导向，明确责任，确定时限，狠抓落实。推动第三方机构开展金融服务民营企业政策落实情况评估，提高政策落实透明度。及时总结并向各地提供可复制、易推广的成功案例和有效做法。对贯彻执行不力的，要依法依规予以严肃问责，确保各项政策落地、落细、落实。

四、推动供应链金融服务实体经济的指导意见

为深入贯彻党中央、国务院关于推进供应链创新与应用的决策部署，指导银行保险机构规范开展供应链金融业务，推动供应链金融创新，提升金融服务实体经济质效，进一步改善小微企业、民营企业金融服务，现提出以下意见：

（一）总体要求和基本原则

1. 总体要求

银行保险机构应依托供应链核心企业，基于核心企业与上下游链条企业之间的真实交易，整合物流、信息流、资金流等各类信息，为供应链上下游链条企业提供融资、结算、现金管理等一揽子综合金融服务。

2. 基本原则

银行保险机构在开展供应链金融业务时应坚持以下基本原则：

（1）坚持精准金融服务，以市场需求为导向，重点支持符合国家产业政策方向、主业集中于实体经济、技术先进、有市场竞争力的产业链链条企业。

（2）坚持交易背景真实，严防虚假交易、虚构融资、非法获利现象。

（3）坚持交易信息可得，确保直接获取第一手的原始交易信息和数据。

（4）坚持全面管控风险，既要关注核心企业的风险变化，也要监测上下游链条企业的风险。

（二）规范创新供应链金融业务模式

1. 提供全产业链金融服务

鼓励银行业金融机构在充分保障客户信息安全的前提下，将金融服务向上游供应前端和下游消费终端延伸，提供覆盖全产业链的金融服务。应根据产业链特点和各交易环节融资需求，量身定制供应链综合金融服务方案。

2. 依托核心企业

鼓励银行业金融机构加强与供应链核心企业的合作，推动核心企业为上下游链条企业增信或向银行提供有效信息，实现全产业链协同健康发展。对于上游企业供应链融资业务，推动核心企业将账款直接付款至专户；对于下游企业供应链融资业务，推动核心企业协助银行整合"三流"信息，并合理承担担保、回购、差额补足等责任。

3. 创新发展在线业务

鼓励银行业金融机构在依法合规、信息交互充分、风险管控有效的基础上，运用互联网、物联网、区块链、生物识别、人工智能等技术，与核心企业等合作搭建服务上下游链条企业的供应链金融服务平台，完善风控技术和模型，创新发展在线金融产品和服务，实施在线审批和放款，更好满足企业融资需求。

4. 优化结算业务

银行业金融机构应根据供应链上下游链条企业的行业结算特点，以及不同交易环节的结算需求，拓展符合企业实际的支付结算和现金管理服务，提升供应链支付结算效率。

5. 发展保险业务

保险机构应根据供应链发展特点，在供应链融资业务中稳妥开展各类信用保证保险业务，为上下游链条企业获取融资提供增信支持。

6. 加强小微民营企业金融服务

鼓励银行保险机构加强对供应链上下游小微企业、民营企业的金融支持，提高金融服务的覆盖面、可得性和便利性，合理确定贷款期限，努力降低企业融资成本。

7. 加强"三农"金融服务

鼓励银行保险机构开展农业供应链金融服务和创新，支持订单农户参加农业保险，将金融服务延伸至种植户、养殖户等终端农户，以核心企业带动农村企业和农户发展，促进乡村振兴。

（三）完善供应链金融业务管理体系

1. 加强业务集中管理

鼓励银行保险机构成立供应链金融业务管理部门（中心），加强供应链金融业务的集中统一管理，统筹推进供应链金融业务创新发展，加快培育专业人才队伍。

2. 合理配置供应链融资额度

银行业金融机构应合理核定供应链核心企业、上下游链条企业的授信额度，基于供应链上下游交易情况，对不同主体分别实施额度管理，满足供应链有效融资需求。其中，对于由核心企业承担最终偿付责任的供应链融资业务，应全额纳入核心企业授信进行统一管理，并遵守大额风险暴露的相关监管要求。

3. 实施差别化信贷管理

在有效控制风险的前提下，银行业金融机构可根据在线供应链金融业务的特点，制定有针对性的信贷管理办法，通过在线审核交易单据确保交易真实性，通过与供应链核心企业、全国和地方信用信息共享平台等机构的信息共享，依托工商、税务、司法、征信等数据，采取在线信息分析与线下抽查相结合的方式，开展贷款"三查"工作。

4. 完善激励约束机制

银行保险机构应健全供应链金融业务激励约束及容错纠错机制，科学设置考核指标体系。对于供应链上下游小微企业贷款，应落实好不良贷款容忍度、尽职免责等政策。

5. 推动银保合作

支持银行业金融机构和保险机构加强沟通协商，在客户拓展、系统开发、信息共享、业务培训、欠款追偿等多个环节开展合作。协同加强全面风险管理，共同防范骗贷骗赔风险。

（四）加强供应链金融风险管控

1. 加强总体风险管控

银行业金融机构应建立健全面向供应链金融全链条的风险控制体系，根据供应链金融业务特点，提高事前、事中、事后各个环节的风险管理针对性和有效性，确保资金流向实体经济。

2. 加强核心企业风险管理

银行业金融机构应加强对核心企业经营状况、核心企业与上下游链条企业交易情况的监控，分析供应链历史交易记录，加强对物流、信息流、资金流和第三方数据等信息的跟踪管理。银行保险机构应明确核心企业准入标准和名单动态管理机制，加强对核心企业所处行业发展前景的研判，及时开展风险预警、核查与处置。

3. 加强真实性审查

银行业金融机构在开展供应链融资业务时，应对交易真实性和合理性进行尽职审核与专业判断。鼓励银行保险机构将物联网、区块链等新技术嵌入交易环节，运用移动感知视频、电子围栏、卫星定位、无线射频识别等技术，对物流及库存商品实施远程监测，提升智能风控水平。

4. 加强合规管理

银行保险机构应加强供应链金融业务的合规管理，切实按照回归本源、专注主业的要求，合规审慎开展业务创新，禁止借金融创新之名违法违规展业或变相开办未经许可的业务；不得借供应链金融之名搭建提供撮合和报价等中介服务的多边资产交易平台。

5. 加强信息科技系统建设

银行保险机构应加强信息科技系统建设，鼓励开发供应链金融专项信息科技系统，加强运维管理，保障数据安全，借助系统提升风控技术和能力。

（五）优化供应链金融发展的外部环境

1. 加强产品推介

银行保险机构应加强供应链金融产品的开发与推介，及时宣传供应链金融服务小微企业、民营企业进展情况。

2. 促进行业交流

银行业和保险业自律组织应推动行业交流，总结推广银行保险机构在供应链金融领域的良好实践和经验，促进供应链金融持续健康发展。

3. 提高监管有效性

各级监管部门应根据供应链金融业务特点，加强供应链金融风险监管，规范银行业金融机构和保险机构的业务合作，对于业务经营中的不审慎和违法违规行为，及时采取监管措施。

五、促进平台经济规范健康发展的指导意见

互联网平台经济是生产力新的组织方式，是经济发展新动能，对优化资源配置、

促进跨界融通发展和大众创业万众创新、推动产业升级、拓展消费市场尤其是增加就业，都有重要作用。要坚持以习近平新时代中国特色社会主义思想为指导，深入贯彻落实党的二十大精神，持续深化"放管服"改革，围绕激发市场活力，聚焦平台经济发展面临的突出问题，遵循规律、顺势而为，加大政策引导、支持和保障力度，创新监管理念和方式，落实和完善包容审慎监管要求，推动建立健全适应平台经济发展特点的新型监管机制，着力营造公平竞争市场环境。为促进平台经济规范健康发展，现提出以下意见：

（一）优化完善市场准入条件，降低企业合规成本

（1）推进平台经济相关市场主体登记注册便利化。放宽住所（经营场所）登记条件，经营者通过电子商务类平台开展经营活动的，可以使用平台提供的网络经营场所申请个体工商户登记。指导督促地方开展"一照多址"改革探索，进一步简化平台企业分支机构设立手续。放宽新兴行业企业名称登记限制，允许使用反映新业态特征的字词作为企业名称。推进经营范围登记规范化，及时将反映新业态特征的经营范围表述纳入登记范围。（市场监管总局负责）

（2）合理设置行业准入规定和许可。放宽融合性产品和服务准入限制，只要不违反法律法规，均应允许相关市场主体进入。清理和规范制约平台经济健康发展的行政许可、资质资格等事项，对仅提供信息中介和交易撮合服务的平台，除直接涉及人身健康、公共安全、社会稳定和国家政策另有规定的金融、新闻等领域外，原则上不要求比照平台内经营者办理相关业务许可。（各相关部门按职责分别负责）指导督促有关地方评估网约车、旅游民宿等领域的政策落实情况，优化完善准入条件、审批流程和服务，加快平台经济参与者合规化进程。（交通运输部、文化和旅游部等相关部门按职责分别负责）对仍处于发展初期、有利于促进新旧动能转换的新兴行业，要给予先行先试机会，审慎出台市场准入政策。（各地区、各部门负责）

（3）加快完善新业态标准体系。对部分缺乏标准的新兴行业，要及时制定出台相关产品和服务标准，为新产品新服务进入市场提供保障。对一些发展相对成熟的新业态，要鼓励龙头企业和行业协会主动制定企业标准，参与制定行业标准，提升产品质量和服务水平。（市场监管总局牵头，各相关部门按职责分别负责）

（二）创新监管理念和方式，实行包容审慎监管

（1）探索适应新业态特点、有利于公平竞争的公正监管办法。本着鼓励创新的原则，分领域制定监管规则和标准，在严守安全底线的前提下为新业态发展留足空间。对看得准、已经形成较好发展势头的，分类量身定制适当的监管模式，避免用老办法

管理新业态；对一时看不准的，设置一定的"观察期"，防止一上来就管死；对潜在风险大、可能造成严重不良后果的，严格监管；对非法经营的，坚决依法予以取缔。各有关部门要依法依规夯实监管责任，优化机构监管，强化行为监管，及时预警风险隐患，发现和纠正违法违规行为。（发展改革委、中央网信办、工业和信息化部、市场监管总局、公安部等相关部门及各地区按职责分别负责）

（2）科学合理界定平台责任。明确平台在经营者信息核验、产品和服务质量、平台（含APP）索权、消费者权益保护、网络安全、数据安全、劳动者权益保护等方面的相应责任，强化政府部门监督执法职责，不得将本该由政府承担的监管责任转嫁给平台。尊重消费者选择权，确保跨平台互联互通和互操作。允许平台在合规经营前提下探索不同经营模式，明确平台与平台内经营者的责任，加快研究出台平台尽职免责的具体办法，依法合理确定平台承担的责任。鼓励平台通过购买保险产品分散风险，更好保障各方权益。（各相关部门按职责分别负责）

（3）维护公平竞争市场秩序。制定出台网络交易监督管理有关规定，依法查处互联网领域滥用市场支配地位限制交易、不正当竞争等违法行为，严禁平台单边签订排他性服务提供合同，保障平台经济相关市场主体公平参与市场竞争。维护市场价格秩序，针对互联网领域价格违法行为特点制定监管措施，规范平台和平台内经营者价格标示、价格促销等行为，引导企业合法合规经营。（市场监管总局负责）

（4）建立健全协同监管机制。适应新业态跨行业、跨区域的特点，加强监管部门协同、区域协同和央地协同，充分发挥"互联网+"行动、网络市场监管、消费者权益保护、交通运输新业态协同监管等部际联席会议机制作用，提高监管效能。（发展改革委、市场监管总局、交通运输部等相关部门按职责分别负责）加大对跨区域网络案件查办协调力度，加强信息互换、执法互助，形成监管合力。鼓励行业协会、商会等社会组织出台行业服务规范和自律公约，开展纠纷处理和信用评价，构建多元共治的监管格局。（各地区、各相关部门按职责分别负责）

（5）积极推进"互联网+监管"。依托国家"互联网+监管"等系统，推动监管平台与企业平台联通，加强交易、支付、物流、出行等第三方数据分析比对，开展信息监测、在线证据保全、在线识别、源头追溯，增强对行业风险和违法违规线索的发现识别能力，实现以网管网、线上线下一体化监管。（国务院办公厅、市场监管总局等相关部门按职责分别负责）根据平台信用等级和风险类型，实施差异化监管。对风险较低、信用较好的适当减少检查频次；对风险较高、信用较差的加大检查频次和力度。（各相关部门按职责分别负责）

（三）鼓励发展平台经济新业态，加快培育新的增长点

（1）积极发展"互联网+服务业"。支持社会资本进入基于互联网的医疗健康、教育培训、养老家政、文化、旅游、体育等新兴服务领域，改造提升教育医疗等网络基础设施，扩大优质服务供给，满足群众多层次、多样化需求。鼓励平台进一步拓展服务范围，加强品牌建设，提升服务品质，发展便民服务新业态，延伸产业链和带动扩大就业。鼓励商品交易市场顺应平台经济发展新趋势、新要求，提升流通创新能力，促进产销更好衔接。（教育部、民政部、商务部、文化和旅游部、卫生健康委、体育总局、工业和信息化部等相关部门按职责分别负责）

（2）大力发展"互联网+生产"。适应产业升级需要，推动互联网平台与工业、农业生产深度融合，提升生产技术，提高创新服务能力，在实体经济中大力推广应用物联网、大数据，促进数字经济和数字产业发展，深入推进智能制造和服务型制造。深入推进工业互联网创新发展，加快跨行业、跨领域和企业级工业互联网平台建设及应用普及，实现各类生产设备与信息系统的广泛互联互通，推进制造资源、数据等集成共享，促进一二三产业、大中小企业融通发展。（工业和信息化部、农业农村部等相关部门按职责分别负责）

（3）深入推进"互联网+创业创新"。加快打造"双创"升级版，依托互联网平台完善全方位创业创新服务体系，实现线上线下良性互动、创业创新资源有机结合，鼓励平台开展创新任务众包，更多向中小企业开放共享资源，支撑中小企业开展技术、产品、管理模式、商业模式等创新，进一步提升创业创新效能。（发展改革委牵头，各相关部门按职责分别负责）

（4）加强网络支撑能力建设。深入实施"宽带中国"战略，加快5G等新一代信息基础设施建设，优化提升网络性能和速率，推进下一代互联网、广播电视网、物联网建设，进一步降低中小企业宽带平均资费水平，为平台经济发展提供有力支撑。（工业和信息化部、发展改革委等相关部门按职责分别负责）

（四）优化平台经济发展环境，夯实新业态成长基础

（1）加强政府部门与平台数据共享。依托全国一体化在线政务服务平台、国家"互联网+监管"系统、国家数据共享交换平台、全国信用信息共享平台和国家企业信用信息公示系统，进一步归集市场主体基本信息和各类涉企许可信息，上线运行全国一体化在线政务服务平台电子证照共享服务系统，为平台依法依规核验经营者、其他参与方的资质信息提供服务保障。（国务院办公厅、发展改革委、市场监管总局按职责分别负责）加强部门间数据共享，防止各级政府部门多头向平台索要数据。（发展改革委、中央网信办、市场监管总局、国务院办公厅等相关部门按职责分别负责）畅通政企数据双向流通机制，制定发布政府数据开放清单，探索建立数据资源确权、流通、交易、应用开发规则和流程，加强数据隐私保护和安全管理。（发展改革委、中央网信办等相关部门及各地区按职责分别负责）

（2）推动完善社会信用体系。加大全国信用信息共享平台开放力度，依法将可公开的信用信息与相关企业共享，支持平台提升管理水平。利用平台数据补充完善现有信用体系信息，加强对平台内失信主体的约束和惩戒。（发展改革委、市场监管总局负责）完善新业态信用体系，在网约车、共享单车、汽车分时租赁等领域，建立健全身份认证、双向评价、信用管理等机制，规范平台经济参与者行为。（发展改革委、交通运输部等相关部门按职责分别负责）

（3）营造良好的政策环境。各地区各部门要充分听取平台经济参与者的诉求，有针对性地研究提出解决措施，为平台创新发展和吸纳就业提供有力保障。（各地区、各部门负责）建立全国统一的电子发票公共服务平台，提供免费的增值税电子普通发票开具服务，加快研究推进增值税专用发票电子化工作。（税务总局负责）尽快制定电子商务法实施中的有关信息公示、零星小额交易等配套规则。（商务部、市场监管总局、司法部按职责分别负责）鼓励银行业金融机构基于互联网和大数据等技术手段，创新发展适应平台经济相关企业融资需求的金融产品和服务，为平台经济发展提供支持。允许有实力有条件的互联网平台申请保险兼业代理资质。（银保监会等相关部门按职责分别负责）推动平台经济监管与服务的国际交流合作，加强政策沟通，为平台企业走出去创造良好外部条件。（商务部等相关部门按职责分别负责）

（五）切实保护平台经济参与者合法权益，强化平台经济发展法治保障

（1）保护平台、平台内经营者和平台从业人员等权益。督促平台按照公开、公平、公正的原则，建立健全交易规则和服务协议，明确进入和退出平台、商品和服务质量安全保障、平台从业人员权益保护、消费者权益保护等规定。（商务部、市场监管总局牵头，各相关部门按职责分别负责）抓紧研究完善平台企业用工和灵活就业等从业人员社保政策，开展职业伤害保障试点，积极推进全民参保计划，引导更多平台从业人员参保。加强对平台从业人员的职业技能培训，将其纳入职业技能提升行动。（人力资源和社会保障部负责）强化知识产权保护意识。依法打击网络欺诈行为和以"打假"为名的敲诈勒索行为。（市场监管总局、知识产权局按职责分别负责）

（2）加强平台经济领域消费者权益保护。督促平台建立健全消费者投诉和举报机制，公开投诉举报电话，确保投诉举报电话有人接听，建立与市场监管部门投诉举报平台的信息共享机制，及时受理并处理投诉举报，鼓励行业组织依法依规建立消费者投诉和维权第三方平台。鼓励平台建立争议在线解决机制，制定并公示争议解决规则。依法严厉打击泄露和滥用用户信息等损害消费者权益行为。（市场监管总局等相关部门按职责分别负责）

（3）完善平台经济相关法律法规。及时推动修订不适应平台经济发展的相关法律法规与政策规定，加快破除制约平台经济发展的体制机制障碍。（司法部等相关部门按职责分别负责）

涉及金融领域的互联网平台，其金融业务的市场准入管理和事中事后监管，按照法律法规和有关规定执行。设立金融机构、从事金融活动、提供金融信息中介和交易撮合服务，必须依法接受准入管理。

各地区、各部门要充分认识促进平台经济规范健康发展的重要意义，按照职责分工抓好贯彻落实，压实工作责任，完善工作机制，密切协作配合，切实解决平台经济发展面临的突出问题，推动各项政策措施及时落地见效，重大情况及时报国务院。

六、保障中小企业款项支付条例

（1）为了促进机关、事业单位和大型企业及时支付中小企业款项，维护中小企业合法权益，优化营商环境，根据《中华人民共和国中小企业促进法》等法律，制定本条例。

（2）机关、事业单位和大型企业采购货物、工程、服务支付中小企业款项，应当遵守本条例。

（3）本条例所称中小企业，是指在中华人民共和国境内依法设立，依据国务院批准的中小企业划分标准确定的中型企业、小型企业和微型企业；所称大型企业，是指中小企业以外的企业。中小企业、大型企业依合同订立时的企业规模类型确定。中小企业与机关、事业单位、大型企业订立合同时，应当主动告知其属于中小企业。

（4）国务院负责中小企业促进工作综合管理的部门对机关、事业单位和大型企业及时支付中小企业款项工作进行宏观指导、综合协调、监督检查；国务院有关部门在各自职责范围内，负责相关管理工作。县级以上地方人民政府负责本行政区域内机关、事业单位和大型企业及时支付中小企业款项的管理工作。

（5）有关行业协会商会应当按照法律法规和组织章程，完善行业自律，禁止本行业大型企业利用优势地位拒绝或者迟延支付中小企业款项，规范引导其履行及时支付中小企业款项义务，保护中小企业合法权益。

（6）机关、事业单位和大型企业不得要求中小企业接受不合理的付款期限、方式、条件和违约责任等交易条件，不得违约拖欠中小企业的货物、工程、服务款项。中小企业应当依法经营，诚实守信，按照合同约定提供合格的货物、工程和服务。

（7）机关、事业单位使用财政资金从中小企业采购货物、工程、服务，应当严格按照批准的预算执行，不得无预算、超预算开展采购。政府投资项目所需资金应当按照国家有关规定确保落实到位，不得由施工单位垫资建设。

（8）机关、事业单位从中小企业采购货物、工程、服务，应当自货物、工程、服务交付之日起30日内支付款项；合同另有约定的，付款期限最长不得超过60日。

大型企业从中小企业采购货物、工程、服务，应当按照行业规范、交易习惯合理约定付款期限并及时支付款项。

合同约定采取履行进度结算、定期结算等结算方式的，付款期限应当自双方确认结算金额之日起算。

（9）机关、事业单位和大型企业与中小企业约定以货物、工程、服务交付后经检验或者验收合格作为支付中小企业款项条件的，付款期限应当自检验或者验收合格之日起算。

合同双方应当在合同中约定明确、合理的检验或者验收期限，并在该期限内完成检验或者验收。机关、事业单位和大型企业拖延检验或者验收的，付款期限自约定的检验或者验收期限届满之日起算。

（10）机关、事业单位和大型企业使用商业汇票等非现金支付方式支付中小企业款项的，应当在合同中做出明确、合理约定，不得强制中小企业接受商业汇票等非现金支付方式，不得利用商业汇票等非现金支付方式变相延长付款期限。

（11）机关、事业单位和国有大型企业不得强制要求以审计机关的审计结果作为结算依据，但合同另有约定或者法律、行政法规另有规定的除外。

（12）除依法设立的投标保证金、履约保证金、工程质量保证金、农民工工资保证金外，工程建设中不得收取其他保证金。保证金的收取比例应当符合国家有关规定。

机关、事业单位和大型企业不得将保证金限定为现金。中小企业以金融机构保函提供保证的，机关、事业单位和大型企业应当接受。

机关、事业单位和大型企业应当按照合同约定，在保证期限届满后及时与中小企业对收取的保证金进行核实和结算。

（13）机关、事业单位和大型企业不得以法定代表人或者主要负责人变更，履行内部付款流程，或者在合同未作约定的情况下以等待竣工验收批复、决算审计等为由，拒绝或者迟延支付中小企业款项。

（14）中小企业以应收账款担保融资的，机关、事业单位和大型企业应当自中小企业提出确权请求之日起30日内确认债权债务关系，支持中小企业融资。

（15）机关、事业单位和大型企业迟延支付中小企业款项的，应当支付逾期利息。双方对逾期利息的利率有约定的，约定利率不得低于合同订立时1年期贷款市场报价利率；未约定的，按照每日利率万分之五支付逾期利息。

（16）机关、事业单位应当于每年3月31日前将上一年度逾期尚未支付中小企业款项的合同数量、金额等信息通过网站、报刊等便于公众知晓的方式公开。

大型企业应当将逾期尚未支付中小企业款项的合同数量、金额等信息纳入企业年度报告，通过企业信用信息公示系统向社会公示。

（17）省级以上人民政府负责中小企业促进工作综合管理的部门应当建立便利畅通的渠道，受理对机关、事业单位和大型企业拒绝或者迟延支付中小企业款项的投诉。

受理投诉部门应当按照"属地管理、分级负责""谁主管谁负责"的原则，及时将投诉转交有关部门、地方人民政府处理，有关部门、地方人民政府应当依法及时处理，并将处理结果告知投诉人，同时反馈受理投诉部门。

机关、事业单位和大型企业不履行及时支付中小企业款项义务，情节严重的，受理投诉部门可以依法依规将其失信信息纳入全国信用信息共享平台，并将相关涉企信息通过企业信用信息公示系统向社会公示，依法实施失信惩戒。

（18）被投诉的机关、事业单位和大型企业及其工作人员不得以任何形式对投诉人进行恐吓、打击报复。

（19）对拒绝或者迟延支付中小企业款项的机关、事业单位，应当在公务消费、办公用房、经费安排等方面采取必要的限制措施。

（20）审计机关依法对机关、事业单位和国有大型企业支付中小企业款项情况实施审计监督。

（21）省级以上人民政府建立督查制度，对及时支付中小企业款项工作进行监督检查。

（22）国家依法开展中小企业发展环境评估和营商环境评价时，应当将及时支付中小企业款项工作情况纳入评估和评价内容。

（23）国务院负责中小企业促进工作综合管理的部门依据国务院批准的中小企业划分标准，建立企业规模类型测试平台，提供中小企业规模类型自测服务。

对中小企业规模类型有争议的，可以向主张为中小企业一方所在地的县级以上地方人民政府负责中小企业促进工作综合管理的部门申请认定。

（24）国家鼓励法律服务机构为与机关、事业单位和大型企业存在支付纠纷的中小企业提供法律服务。

新闻媒体应当开展对及时支付中小企业款项相关法律法规政策的公益宣传，依法加强对机关、事业单位和大型企业拒绝或者迟延支付中小企业款项行为的舆论监督。

（25）机关、事业单位违反本条例，有下列情形之一的，由其上级机关、主管部门责令改正；拒不改正的，对直接负责的主管人员和其他直接责任人员依法给予处分：

①未在规定的期限内支付中小企业货物、工程、服务款项。

②拖延检验、验收。

③强制中小企业接受商业汇票等非现金支付方式，或者利用商业汇票等非现金支付方式变相延长付款期限。

④没有法律、行政法规依据或者合同约定，要求以审计机关的审计结果作为结算依据。

⑤违法收取保证金，拒绝接受中小企业提供的金融机构保函，或者不及时与中小企业对保证金进行核实、结算。

⑥以法定代表人或者主要负责人变更，履行内部付款流程，或者在合同未作约定的情况下以等待竣工验收批复、决算审计等为由，拒绝或者迟延支付中小企业款项。

⑦未按照规定公开逾期尚未支付中小企业款项信息。

⑧对投诉人进行恐吓、打击报复。

（26）机关、事业单位有下列情形之一的，依照法律、行政法规和国家有关规定追究责任：

①使用财政资金从中小企业采购货物、工程、服务，未按照批准的预算执行。

②要求施工单位对政府投资项目垫资建设。

（27）大型企业违反本条例，未按照规定在企业年度报告中公示逾期尚未支付中小企业款项信息或者隐瞒真实情况、弄虚作假的，由市场监督管理部门依法处理。国有大型企业没有合同约定或者法律、行政法规依据，要求以审计机关的审计结果作为结算依据的，由其主管部门责令改正；拒不改正的，对直接负责的主管人员和其他直接责任人员依法给予处分。

（28）部分或者全部使用财政资金的团体组织采购货物、工程、服务支付中小企业款项，参照本条例对机关、事业单位的有关规定执行。

（29）军队采购货物、工程、服务支付中小企业款项，按照军队的有关规定执行。

第四章　产融协同未来工作规划

国家电网公司加强产融结合，深化融融协同，推动金融业务聚焦主业，提升金融业务发展质量，最终落脚于民生，有力缓解中小微企业融资难问题。在产融协同未来工作规划方面，公司产融协同将不断深化，增强融融协同，实现改革发展新突破，优化业务布局、资本结构，完善管理体制、协同机制，提高市场化发展程度。本章简要阐述了产融协同未来工作规划发展思路、主要目标，以及重点工作、投入产出、保障措施等内容，从宏观上对公司产融协同未来工作规划进行初步探索，结合公司实践过程进行简要论述，为各位电网人员提供参考。

第一节　发展思路

认真贯彻落实党中央、国务院关于服务实体经济、防控金融风险、深化金融改革工作部署，按照公司"一业为主、四翼齐飞、全要素发力"发展总体布局（图4-1），坚持根植主业、服务实业、以融强产、创造价值的发展定位，健全具有高度适应性、竞争力、普惠性的金融服务体系，构建金融有效支持实体经济的体制机制，打造能源特色金融品牌，积极稳妥推进金融业务高质量发展，为建设具有中国特色国际领先的能源互联网企业提供坚强金融支撑。

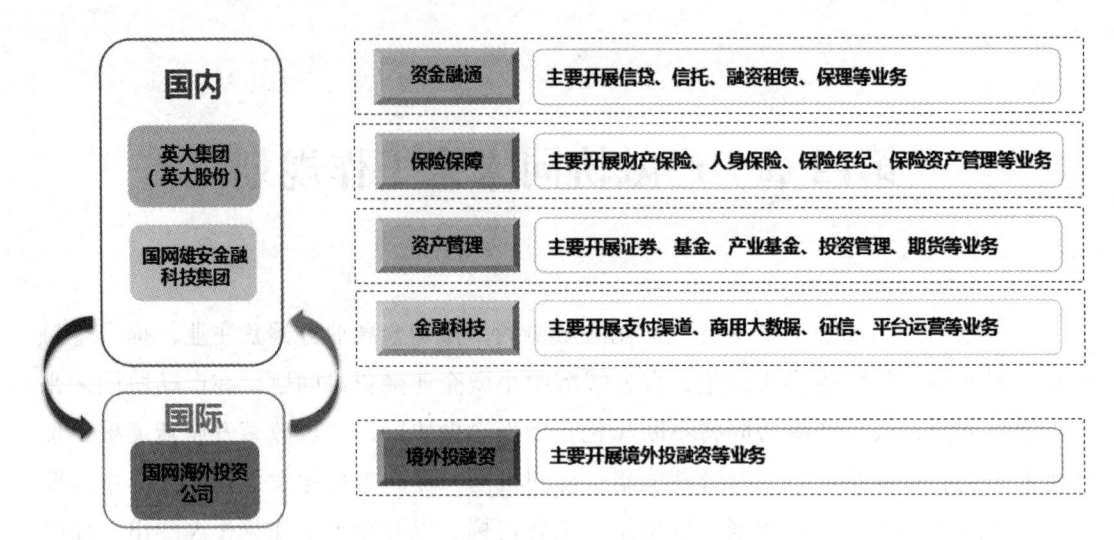

注：目前，公司金融板块涵盖资金融通、保险保障、资产管理、金融科技、境外投融资5大领域，拥有14块金融或类金融牌照。

图 4-1　公司金融板块总体布局情况

第二节　主要目标

一、总体目标

到 2025 年，服务实体经济取得新成效，产融协同不断深化，融融协同显著增强，金融科技协同相得益彰，能源金融特色优势更为突出。改革发展实现新突破，业务布局、资本结构更加优化，管理体制、协同机制更加完善，市场化发展程度进一步加深。风险防控达到新高度，风险防控能力明显增强，坚决守住不发生重大风险的底线。

二、"十四五"发展具体目标

到 2025 年，公司金融板块管理资产规模超过 2.2 万亿元，实现营业收入 733 亿元，利润总额 295 亿元。

服务实体经济方面，为实体企业提供资金融通、保险保障，资产管理服务能力更强，金融综合服务能力显著提升，"电 e 金服"成为国内领先的产业链金融服务平台，"十四五"期间累计为公司经营发展提供 3.3 万亿元的融资服务、29 万亿元的保险保障、

1 187 亿元的利润贡献。

改革发展方面，积极构建世界一流的大型企业集团资金融通体系，打造能源金融新标杆，有力支撑公司高质量发展。

风险防控方面，建成数字化大风控体系，实现金融业务风险全过程智能管控；存量风险基本出清，增量风险严格管控，各项指标符合监管要求。

三、2035 年展望

到 2035 年，全面建成国内一流、国际领先的金融板块，为建设具有中国特色国际领先的能源互联网企业提供有力支撑。

第三节　重点工作

一、全力以赴服务实体经济

坚持服务实体经济的本源定位，不断深化产融、融融、金融科技协同，发挥能源金融、综合金融优势，高质量运营"电 e 金服"，为实体经济发展注入源头活水、增强抗风险能力、提供价值创造支撑，有力服务主业高质量发展。

（一）深化产融协同

1. 做优资金融通服务

（1）不断优化资金结算服务。构建独立自主的结算服务体系，增强资金归集、集中管理、资金监控、数据服务能力，提升自主结算服务能力，深化结算自动化建设，推进新一代资金结算系统建设，积极服务电力交易资金清算。

（2）持续优化存款服务。完善存款产品结构，努力提升并表存款规模，深度挖掘非并表存款潜力，强化省管产业单位资金归集，创新存款产品，满足省管产业单位资金保值增值需求，加大补充医疗、企业年金资金归集力度。

（3）不断优化信贷业务。扩大业务规模，灵活提供临时性融资服务，优化资产期限结构，研究探索信贷、票据、产业链金融等领域的业务创新。

（4）巩固发展融资租赁业务。积极拓展系统内业务，有序开拓市场化业务。深化推广直接租赁业务，加快推进业务全覆盖；加强与五大发电集团所属单位的合作，开发其他中小发电公司和地方能源公司业务；稳健发展中小微企业业务。

（5）积极拓展信托业务。扩大跨区电网资产运作规模，引入省管产业单位资金支持电网建设。拓展供应链信托金融服务，积极探索应收账款资产证券化以及合同订单融资等新模式。

（6）大力发展保理业务。做大应收电费、工程款保理业务，加快拓展新能源电力企业应收财政补贴款保理业务，有序发展保函、担保、票据等非融资类保理服务。

（7）加快发展保险投资计划业务。根据电网建设及资金投放安排开发保险债权、股权投资计划。依托电网资源努力开拓上游发电企业客户，逐步形成可复制的综合性投融资服务模式。（国网财务部牵头，设备部、物资部、产业部、法律部、人资部等部门配合，英大集团、相关金融单位负责落实）

2. 做精保险保障服务

（1）提升电网保险保障水平。推动电网资产投保全覆盖，拓展险种保障广度，完善险种保障组合。开辟新领域新险种，试点推广网络安全保险、营业中断险、无人机综合保险等。

（2）拓展电力能源行业业务。加大保险创新力度，灵活运用保证保险等工具，助力产业链上下游民营、中小微企业发展。支持战略性新兴产业，运用"首台（套）重大技术装备保险"资质，为特高压国产高新技术装备推广及其他战略新兴科技创新提供有力支撑。

（3）大力开拓市场优质业务。提高车险业务发展质量，瞄准业务基础良好、效益显著的车险细分市场，实现良性发展。积极融入新零售布局，推动农电渠道与能源金融新零售体系有机结合。针对系统内单位和员工在安全生产、健康养老、风险防范等方面的保险需求，积极开发创新人身保险产品。

（4）巩固核心业务渠道、拓展新兴渠道业务。拓展供电营业厅、供电服务职工资源开发广度和深度。以股东服务站为主线，积极开发系统外中小企业职场营销市场。加强互联网自营平台建设，增加合作渠道。增强健康险产品的服务功能，积极参与公司医改进程、医养资源整合。

（5）推动保险经纪服务转型升级。拓宽增值服务内涵，健全保险经纪服务链条，深入开展电网资产风险管理研究，不断提高保险经纪服务水平。积极开发市场业务；深度挖掘直属单位、省管产业单位业务，大力发展产业链保险经纪业务，完善产品体系；积极拓展新能源领域业务及政府项目。（国网财务部牵头，营销部、物资部、人资部、后勤部等部门配合，英大集团、相关金融单位负责落实）

3. 做强资产管理服务

（1）助力控制资产负债率。积极运用产业基金等各类金融工具，助力实现公司资产负债率考核目标。

（2）拓宽融资服务渠道。通过债券发行、上市公司配套融资、类 REITs（不动产投资信托基金）、公募 REITs、ABS（asset backed securities）、资产支持计划、永续债等金融工具，满足各单位融资需求。

（3）提高资金运作效益。通过协议存款、信托、资管计划、证券投资基金、产业基金等方式，加强省管产业单位资金、补充医疗保险等资金运作，发挥协同运作的规模优势，提升资金运作效率和收益水平。通过优化资产配置，提升保险资金运作收益。

（4）拓展企业年金业务。扩大企业年金管理规模，助力企业年金保值增值；推动符合条件的金融单位适时申请投资管理人资格。

（5）助力盘活存量资产。依托英大投资，围绕风险资产管理、低效无效资产处置、集体企业改革等方面，妥善承接、化解资产处置风险，维护金融安全稳定。（国网财务部牵头，产业部、人力资源部等部门配合，英大集团、相关金融单位负责落实）

4. 做专资本运作服务

（1）强化资本运作支撑。积极提供财务顾问、投资咨询、保荐等服务，支持系统内单位通过资产重组、收购兼并、IPO 等方式盘活存量资产；引入社会资本发起设立系列产业基金，推动在特高压、抽水蓄能、增量配电等领域落地更多股权多元化项目。

（2）拓展市值管理业务。通过定向资产管理计划、综合金融服务等形式，为系统内外单位提供股票增减持、资本市场研究咨询等服务，助力提升股权市值。

（3）拓展产业链资本运作。采取"投资+投行"的方式，通过产业基金等开展产业链企业的股权投资、并购投资，并为产业链企业 IPO、再融资、并购重组等提供投资银行、财务顾问等一揽子金融服务。

（4）促进科研成果转化。打造能源行业领域具有较大影响力的科技创新基金产品，以公司科技成果为重点，为科技型企业成果转化类项目提供股权投资、咨询服务。（国网财务部牵头，科技部、产业部、特高压部、水新部等部门配合，英大集团、相关金融单位负责落实）

5. 做好境外金融服务

（1）加强国际业务资金保障。维护和利用好公司国家主权级信用评级，加大与商业银行合作广度和深度，通过"过桥贷款+发行债券"组合融资策略，服务"一带一路"建设，拓宽资金服务对象，优化贷款定价策略。

（2）积极引入境外资金。拓展跨境信贷业务，积极引进境外低成本资金服务电网建设和公司发展。利用产业基金等方式，积极参与公司战略性新兴产业企业混合所有制改革。

（3）提高境外投资效益。做大做强境外债券投资，提升投资收益率；稳妥推进"电网＋金融"股权投资，探索开展货币基金、债券基金等形式投资；建设境外资金池，强化资金集中管理，提高境外资金运作收益。

（4）加快保险业务国际化。运用再保险分入方式，为境外资产和工程项目提供保险服务；运用直接保险方式拓展电力能源行业重大技术装备的首台（套）保险，积极为重大技术装备提供定制化的创新型综合保险服务，探索运用直接保险方式为产业链中小微企业出口提供信用保证。积极服务出国（境）人员保险需求，设计定制化保险产品，增加保障种类，提高境外理赔服务水平。持续扩大海外运营资产保险经纪服务的覆盖范围，逐步提高回分国内保险市场份额；开拓海外大型电力项目、工程承包和投资项目等保险经纪业务，积极拓展电网资产境内分出再保险业务渠道，逐步增加分出险种，适度提高分出比例。

（5）研究探索信托、证券公司国际化业务。探索信托公司开展境外投资业务，研究证券公司在香港设立分支机构，服务公司"走出去"需求。（国网财务部牵头，产业部、国际部等部门配合，海外投资公司、英大集团、相关金融单位负责落实）

6. 强化金融服务创新

（1）构建绿色金融业务体系。积极培育绿色金融业务，推进设立绿色气候基金，研究编制绿色发展指数，创新研发绿色金融产品。

（2）打造公司碳资产管理平台。发挥国网英大碳资产公司优势，提升综合化碳减排、碳资产管理、碳交易、绿色企业认证等服务能力，服务"双碳"目标实现。

（3）积极参与全国碳市场建设。深化与相关部门合作，推进全国碳市场的股权投资、系统对接等工作，构建绿色金融生态圈。

（4）积极开展境外金融创新业务。研究发行境外绿色债券，建立欧洲、美国商业票据计划，进一步拓宽资金来源；探索开展境外产业链金融业务；配合研究国际板块引战上市可行性，打通国际业务市场化资本补充渠道，提升国际业务资本实力、发展能力和治理水平。（国网财务部牵头，发展部、国际部等部门配合，英大集团、海外投资公司、相关金融单位负责落实）

（二）深化融融协同

1. 加强业务合作协同

（1）加强内部融资协同。拓展"电财跨境通道＋直租""信托＋直租"等业务，合作开展同业资金业务。

（2）加强投行业务协同。调动各金融单位以协同承揽、承做、承销等方式增强项目承接及服务能力。相关业务优先选择内部单位作为财务顾问和保荐承销机构。

（3）加强资管业务协同。促进资产管理业务供需对接，除监管规定限制外，在同等条件下优先认购集团内部的相关产品，促进外部运作成本转换为内部收益。强化资产管理业务研究，积极提供市值托管、财务顾问、年金综合咨询等专业服务。

（4）加强保险业务协同。持续深化"一个入口报案"、国网保险系统和行业标准应用；加强企业补充医疗保险价值链管理、在电力能源行业、系统员工等业务领域等的协同合作。开展保险交叉销售，建立健全合作规范；因地制宜开展属地特色化交叉销售工作；借助电网特色渠道资源优势，提升保险交叉销售效能。

（5）加强投资业务协同。建立健全各金融单位之间的协同联动机制，统筹投资管理运作，整合投资链条和投资资源，发挥不同领域投资优势，加强投资信息沟通和金融产品投资合作，提高投资收益水平。

（6）加强创新研究协同。整合各金融单位研究力量，推动研究成果共享；加大与系统内中国电科院、国网经研院、国网能源院等科研机构合作，促进能源行业专业研究成果在资本市场展示和应用。

（7）统筹协调授信业务。充分发挥公司资源优势，加强统筹协调，推动建立业务资源互换机制，扩大总对总合作范围，争取优惠条件授信，努力提升授信额度、丰富授信品种、降低资金成本；积极引入银行资金支持电网建设；协调推动银行参与认购金融单位发行的债券、基金及其他资管产品；提升银行资产引入规模。（英大集团、相关金融单位负责落实）

2. 加强渠道拓展协同

（1）深化股东服务站运营。提高股东服务站在公司主要办公区域覆盖率，将其建设成为面向系统内单位、员工开展综合金融服务的线下窗口。

（2）拓展特色普惠金融服务。延伸服务半径，拓展普惠金融服务的广度和深度；建立健全双向业务考核和激励机制，推动供电营业厅、供电服务职工与"网上国网"线上线下交叉赋能。

（3）扩大渠道代理代销规模。推动内部金融单位优先进入商业银行合作白名单。加大银保、银基、银证、银信等合作力度，努力提升战略合作银行代销保险产品、基金产品和资管产品规模。

（4）推动构建金融新生态。发挥电网特色渠道资源价值，增强市场服务能力，稳妥拓展供应链金融、个人普惠金融服务，实现开放合作、互利共赢。（英大集团、相关金融单位负责落实）

3. 加强客户服务协同

（1）推进客户信息共享。通过金融全业务数据中心，搭建客户信息共享平台，促进客户资源共享；推行客户分层分类管理，制定客户信息共享工作实施方案，统一启用增量客户信息，逐步更新存量客户信息。

（2）建立客户关系管理体系。整合分析客户数据，实现业务营销精准激励；建立客户投诉反馈处理标准化流程，细化投诉处理责任分工，加强实时管理。

（3）加强交易对手统筹管理。建立与战略目标相适应的行业和交易对手准入机制，建立交易对手库，加强关联方管理和风险集中度管控，逐步协调推进统一授信。（英大集团、相关金融单位负责落实）

4. 加强产品创新协同

发挥金融产品研发柔性团队作用，协同开发定制化、场景化、特色化、差异化金融产品和服务。

（1）协同调研金融需求。组织各金融单位，加强与电网、国际、支撑产业、战略性新兴产业和系统外部重点客户的沟通交流，了解金融需求，明确产品协同研发重点，提升金融产品协同研发的针对性和实效性。

（2）协同研发综合金融产品。不断提升专业能力、研发能力和履职能力，加强上下沟通、横向协同，切实把握好金融产品研发协同工作各个环节，相关金融单位根据分工和专业优势共同完成产品开发工作，做好金融产品条款、精算、试销、报备、评估等工作，动态跟踪线上金融产品、综合金融产品研发进度，并从合规经营、创新发展角度，对金融产品的产品创新、模式创新、关键条款等提出意见建议。

（3）统筹开展与外部金融机构的产品协同研发。引入外部金融机构开展产品研发，共同研讨制定业务模式，优化合作条件，提升合作效率。（英大集团、相关金融单位负责落实）

5. 加强境外业务协同

（1）加强牌照合作。加强境内金融单位与海投公司的业务合作，研究共同投资设立境外机构。

（2）优化股权架构。研究探索在英大集团和海投公司层面进一步优化整合资本架构，有效打通境内、境外市场，统筹推进金融业务协同发展。

（3）协同开展业务。强化与国际、产业单位和其他央企海外公司的业务合作，研究丰富境外投融资工具，通过联合设立境外并购基金等方式，撬动国际资本，投资公司国际项目，推动能源领域先进科技成果转化。有序"引进来"，为国企混改、科技创新、新兴产业、能源转型等项目拓宽融资渠道，引进低成本、长期稳定的境外资金。

（英大集团、海外投资公司、相关金融单位负责落实）

（三）深化金融科技协同

1.深化"电e金服"应用

（1）提升产品质效。强化产品创新，把"电e金服"作为拓展产业链市场化业务的主战场，坚持普惠导向，发挥能源金融、综合金融优势，精准对接产业链实体企业、特别是中小微企业需求，推动形成更有针对性和竞争力的产品体系；丰富产品内涵，加快上线融资租赁、绿色金融等产品，积极推动金融科技产品化，有序探索数字货币、标准化票据等领域产品；开放产品供给，引入优质金融机构，在既定业务格局下稳妥有序拓展合作，促进形成良性竞争，提高金融服务的市场化水平。

（2）优化用户体验。优化平台功能，实现自动识别用户身份特征，提高用户认证效率。紧密嵌入办电、交费、招投标、电子商务等多元业务场景，联动各类线上线下渠道，增强场景式服务能力。全时感知、极速响应客户需求，精准匹配、智能推荐金融产品，提升平台便捷性、智慧性和友好性。强化金融系统支撑，加快完善金融单位核心业务系统，畅通系统交互和数据链路，优化业务模式和办理流程，提高需求响应能力和业务办理效率，增强用户认同感、信任感和用户黏性。优化系统跳转界面，严格遵守监管要求，做好平台门户和金融单位核心业务系统跳转，确保业务办理合规性和连贯性，提升用户操作体验。

（3）完善运营体系。健全运营机制，适应监管导向，进一步厘清金融与科技界面，适时优化金融业务布局。建立运营制度体系，研究制定"1+N"规范性文件，加强金融活动统筹管理，明确各方职责界面，提升运营整体性和协同性。完善商业化运营机制，稳健探索盈利模式，提升平台运营效率；建立金融机构准入退出机制，全面签署合作协议，规范开展业务合作；形成常态化法律合规审查机制，强化日常合规管理，以机制建设支撑高质量运营。强化运营协同，国网雄安金融科技集团要落实平台运营主体责任，加强专业力量和团队建设，提高后台保障和应急处理能力，夯实金融科技基础；各金融单位要增强服务意识，深度融入平台运营，主动对接核心企业和潜在客户，推动金融业务落地，提高专业化运营水平；核心企业要立足属地优势，发挥牵引带动作用，加强统筹协调，扩大平台影响力。提升运营水平，加强宣传推广，突出平台定位，强化中小微企业、合作金融机构、地方政府视角，履行告知义务、做好风险提示，树立良好品牌形象。丰富日常运营活动，聚焦客户拉新、留存、促活、转化，形成主题式、专题化、常态化活动体系，不断拓展运营成果。强化同业学习交流，吸收利用行业先进做法和经验，打造能源金融运营特色品牌。

（4）深化科技赋能。深化大数据、云计算技术应用，结合大数据分析，加强算力建设，对客户进行全方位画像，多维开展需求分析、交易分析、偏好分析、信用评价，为金融机构客户筛选、授信核定、精准营销等提供支持。深化物联网技术应用，通过传感、导航、定位等感知技术，实现远程识别和信息采集，有效解决信息不对称问题引发的重复抵质押、押品不足值、货权不清晰等问题。深化移动互联网技术应用，借助手机 APP、小程序、公众号等移动终端，扩大应用覆盖范围，随时随地开展信息甄别、产品定价、商品交易等环节，提高客户与平台双向互动水平。深化人工智能技术应用，利用自然语言、算法模型、语义分析等技术，打造智能客服机器人，提升交互体验；利用数据智能校验，实现客户信息联动，提升业务办理效率。深化区块链技术应用，通过将产品、确权、订单、合同等数据上链存证，确保数据真实可信，大幅提高业务办理效率，实现多边交易彼此信任，打造新型商业区块链信任体系。

（5）严格风险防控。严防监管风险，严格遵守国家法律法规，动态跟进金融监管要求，适时研究推进"电 e 金服"实体化运作，及时获取必要的金融科技准入许可，严格区分金融与科技界面。严防业务风险，坚持有所为有所不为，坚守 ToB 平台定位，严格执行产品上下架管理办法，加强对合作机构的评估审核，所有金融产品必须履行监管备案，从源头上提高平台发展质量。严防数据风险，加强数据存储安全，实行分级分类保护，防止数据被篡改、窃取、删除；保障数据传输安全，引入区块链技术，确保数据传输真实、准确。严防系统风险，严格系统安全防护标准，强化系统运行安全措施，严把网络安全各道关口，提高应对网络攻击等事项处理能力，保障系统运行安全。（国网财务部、互联网部牵头，营销部、物资部、法律部等部门配合，雄安金融科技集团、英大集团、相关金融单位负责落实）

2. 加快数字化转型发展

（1）加快 2 个实验室建设。一是建设金融科技联合实验室，开展大数据、区块链、人工智能、数字孪生等数字化新技术研究，推进基于新技术的数字化金融产品研发、线上化服务创新。二是建设能源数字金融长三角实验室，研发数字化、线上化、智能化的金融产品和服务。面向金融单位提供数字化展业、数字化风控、产品研发、服务创新，探索利用国网区块链技术，打造金融资产数字化平台。开展能源数字金融新产品、新业务、新模式的研究应用工作，促进金融与数字科技的融合，推动能源领域的数字金融业务模式和产品创新，打造数字金融、普惠金融、绿色金融新产品。

（2）搭建 3 个中台。一是建设数据中台，汇聚各金融单位及公司内外部数据，充分挖掘数据价值，做到"找得全""看得懂""用得顺""算得准""查得快"，支撑各金融单位精准营销、客户画像、智能风控、辅助决策等环节；二是建设业务中台，推进用户中心、交易中心、产品中心、服务中心等公共能力建设，沉淀公共能力，为各金融单位前端业务提供快速支撑能力，及时响应市场变化；三是建设管理中台，强化风险隔离机制、金融业务规范化协同、关联交易合规性管理等，有效支撑金控集团监管要求。

（3）打造4个辅助系统。一是加强数字化运营监控，打造"业务全覆盖、数据多维度"的金融数字化运营监控系统，对外满足企业全场景展示，对内支撑智慧化经营分析和决策需要，提升业务规模、客户体验和企业经营管理水平。二是构建"集中监控、实时预警、联动处置、情报共享"的金融数字化风险防控系统，满足"事前感知、事中响应、事后溯源"的金融风险防控需要，为金控集团风险防控提供技术支撑。三是打造"利用数据生产要素，以用户为中心，基于一个客户画像，推荐多个金融产品，提供一站式金融服务"的综合金融业务系统，深入挖掘内外部数据价值，拓展客户资源。构建平台化能力，支持各金融单位间交叉销售、共同营销等金融协同业务。四是构建数字化、智能化综合客户服务系统，向各金融单位提供人工和智能相结合的统一客户服务，有效降低人工服务成本、提升客户服务体验。（英大集团、相关金融单位负责落实）

3. 稳妥发展金融科技

（1）加快推动区块链及人工智能等技术应用。依托国网区块链科技公司和国网区块链技术实验室，完善区块链公共服务平台，研究关键数据上链存证、链上流转；研究人机互动客服体系，研发AI智能客服机器人，并以组件形式为金融业务提供支撑服务，不断深化高新科技在金融财务、电力交易等场景的赋能应用。

（2）加大配网数字孪生技术应用。构建以配网资产标准化模型为核心的配网数字孪生云平台，实现配网资产设备一体化、结算决算一体化、勘测设计一体化、设计施工一体化，提升配网资产精益管控、固定资产投资质效。依托数字孪生技术为绿电交易金融服务、零碳园区建设等提供解决方案，助力实现"双碳"目标。

（3）提升基础服务能力。搭建"产品、客户服务、营销活动"多维度运营体系，提升产品服务能力，打通内外部用户的服务渠道，实现平台引流。强化与"电e金服"协调联动，打造风险预警等产品应用。构建"数据安全管理、业务合规运营等"全链条风控管理体系，加强对合作伙伴的信用情况及经营数据穿透溯源管理，实现合作伙伴关键风险领域全流程风险监测及预警。

（4）扩大电力征信牌照价值。充分利用国网征信公司已有的企业征信资质，积极争取机会申领个人征信、信用评级等资质。建立电力征信行业标准，推动电力数据纳入央行征信系统，形成电力征信闭环管理。依托征信公司多元化股权形式，建立征信业务市场化经营机制，联合"电e金服"形成合规稳定的商业模式。

（5）拓展数据资源及增值变现能力。拓展内外部数据渠道，丰富数据维度，积累数据资源。借助征信联盟、大数据联盟、央企电商联盟等渠道优势，深化与政府监管部门、银行金融机构、电力能源企业、高校及科研院所等行业的合作，通过自主拓展与合作拓展相结合的方式，在智慧政务、金融风控、技术服务等领域构建多维应用场景的数字产品及服务体系，释放电力大数据价值。积极参与雄安数据资产交易所的建设运营，培育出一批互信互助的战略合作伙伴，打造良好的电力大数据共享服务生态圈。（雄安金融科技集团负责落实）

二、坚定不移推进改革发展

坚持把深化改革、创新发展作为破难题、添活力、促发展的关键一招，优化金融业务布局、资本结构和体制机制，不断提高金融发展质量和效率。

（一）优化业务布局

1.完善金融业务体系

（1）规范建设金融控股公司。结合金融行业监管和国资国企改革要求，积极稳妥推进金融控股公司申设工作，完善管理架构，健全运行机制，打造一流金融控股公司。对标对表，切实提升金融业务集团化运作、专业化管理、规范化经营水平，树立央企金融控股集团标杆。

（2）提高发展效率效益。立足牌照价值和比较优势，找准发展定位，聚焦重点领域，把握规模与效益的最佳平衡，持续提高金融业务发展效率和效益。

（3）稳妥拓展业务领域。落实监管要求，把握政策机遇，扩展业务资质，积极寻求内外部支持，获得企业年金受托管理人、投资管理人、个人征信、信用评级等业务资格。

（4）不断提高金融投资效率。坚持有进有退、有所为有所不为，严守中央企业金融业务监管规定，规范审慎开展金融投资，逐步退出规模较小、持股较低、以融促产不明显、投资回报不达预期的金融投资，实现有进有退、有投有收。（国网财务部牵头，英大集团、相关金融单位负责落实）

2.完善金融区域布局

（1）推动长三角金融中心发展。依托国网英大长三角金融中心，统筹业务力量和资源配置，深化协同发展，做实"金融+制造"双轮驱动、做优"电e金服"示范中心、做强能源数字金融实验室、做精科创基金示范园、做大能源互联网产业创新发展联盟、做专能源REITs业务。

（2）落实区域发展战略。积极参与雄安新区金融岛、数据资产交易所等项目建设，推动数字人民币、监管科技等项目创新应用。紧密对接京津冀协同发展、成渝地区双城经济圈等国家区域发展战略，总结长三角金融中心工作经验和典型做法，开展金融业务区域服务。

（3）合力开发中小城市业务。利用好供电营业厅和股东服务站资源，延伸服务广度和深度，深化线上化发展模式，丰富中小城市金融服务，同时研究推进协同金融单位分支机构开展综合金融服务。（国网财务部牵头，英大集团、相关金融单位负责落实）

（二）优化资本结构

1. 加强资本管理

（1）加快上市步伐。依托金融上市平台，研究推动具备条件的优质金融资产上市，分阶段实现主要金融资产上市。

（2）加快混合所有制改革进程。积极推进重点金融单位引进战略投资者，进一步加大资本开放力度，转机制、引人才、强活力。

（3）加快提升金融单位资本实力。建立"赛马机制"，促进资金投入向投资回报率高、业务发展好、市场形象优的金融单位倾斜。

（4）严格遵循政策边界。严格执行投资管理制度，深入落实国资委和公司投资负面清单要求，聚焦主责主业，严防脱实向虚，严控投资风险，对于纳入禁止类的项目，一律不得投资，加强违规投资责任追究，确保国有资产保值增值。（国网财务部牵头，英大集团、相关金融单位负责落实）

2. 加强投资管控

（1）提高投资收益水平。借力资本市场适时拓宽投资渠道，建立健全股权投资基石资金等机制，实现投资规模与公司投资能力相匹配，投资领域与战略定位相适应。

（2）健全投资决策机制。对现有投资机制进行完善和优化，制定规范的投资授权程序与业务流程，进一步健全投资管理制度。

（3）扎实推进投后管理。加强投后管理制度体系建设，制定和执行系统化、规范化的投后管理制度。推动建立投后管理常态化联系和汇报机制，提升投后管理效能。

（4）完善投资考核机制。建立健全以主动管理、投资收益和风险管理为导向的投资评价和业绩考核体系，完善激励约束机制，指导投资业务发展。（国网财务部牵头，英大集团、相关金融单位负责落实）

3.加强融资管理

（1）统筹安排融资计划。建立健全投融资计划协同联动机制，加强各金融单位、相关职能部门在投融资方面的信息交互，统筹各单位资金需求，实现融资优势互补，促进合力发展。

（2）科学管理融资成本。强化营运资金管理，科学控制金融产品资金来源的成本，减少利率倒挂。优化债务融资管理，发挥公司资信优势，积极研究债券发行方式，丰富发债品种，提升金控集团融资功能，合理降低债务融资利率。坚持依法合规，强化融资相关政策、规则研究，综合提升融资效率，做好融资风险管控。

（3）合理优化融资结构。多渠道增强金融单位资本实力，防控财务风险。优化债务结构，实现融资期限与资产寿命周期匹配。（国网财务部牵头，英大集团、相关金融单位负责落实）

（三）优化体制机制

1.优化管控模式

（1）优化管理架构。深化"总部—英大集团—各金融单位"三级管理架构，深入实施"战略+财务"管控模式，厘清各方界限，梳理关键事项，明晰管控流程，全面实行清单式管理，进一步理顺管理关系、提高管理效率。

（2）优化业务管控。科学制定发展规划，明确发展重点和方向并组织做好实施。完善金融业务清单，分类管控、动态调整，并对执行情况进行监督检查。优化业务布局和界面，合理划分业务范围，避免同质交叉竞争，实现金融资源最优配置。

（3）优化计划预算管控。坚持一盘棋，统筹兼顾公司发展目标、集团发展任务与金融单位发展实际，突出分层衔接和差异管控，做好提出建议、分解下达、督导执行等各个环节，持续提高管理效率和水平。

（4）优化股权投资管控。在年度股权投资预算管理的基础上，增强项目调整灵活性，进一步加快市场响应速度。适应金融行业特性，持续优化股票市值管理、参与上市公司投资、产业基金跟投等事项决策流程。不断完善授权管理机制，规范做好投资决策、报批（备）、实施、运营等各项工作。

（5）优化上市公司管控。适应上市公司监管要求，规范上市公司日常管理、关联交易、信息披露、风险防控等方面行为，提升上市公司治理效能和管理水平，不断提高发展质量，树立资本市场良好形象。（国网财务部、人力资源部牵头，英大集团、相关金融单位负责落实）

2.优化人力资源管控

（1）优化企业负责人管控。按照《市场化金融单位职业经理人选聘管理办法》规定，积极配合推进职业经理人制度，逐步加强职业经理人队伍建设，实现市场化选聘、契约化管理，建立健全市场化导向的激励约束机制，激发经营层活力。

（2）优化用工管控。研究建立金融单位用工核定模型，分类研究用工总量决定机制，实现业绩增、用工增，业绩减、用工减。优化用工结构，引导用工向经营管理和业务发展的重点方向和重点领域倾斜，鼓励金融单位依法合规灵活用好派遣、外包等多种用工形式，支撑业务发展、降低人力成本。持续开展人才盘点，用好用活内部人才市场，加快专业人才储备，优化人力资源配置，拓宽人才成长空间。

（3）优化薪酬管控。配合优化市场化金融单位工资总额决定机制，用好延期支付工资单列政策，统筹考虑短期与中长期目标相结合，强化行业对标，推动建立遵循金融市场规律、分配合理的薪酬管理机制。引导各金融单位优化完善薪酬内部分配结构，增强对市场优秀人才的吸引力。在上市公司探索实行股权激励机制，丰富人才激励手段。

（4）优化考核管控。不断优化关键考核指标，实现业务指标与行业对标为主、管理指标以内部对标为辅，建立符合金融行业特点、评价科学、管理闭环的绩效考核体系，引导各金融单位持续提升价值贡献。充分发挥专业考核作用，更好推动产融协同、融融协同、风险防控、经营管理等重点目标任务。强化企业负责人业绩考核全链条闭环管理，切实发挥好考核"指挥棒"作用。（国网财务部、人力资源部牵头，英大集团、相关金融单位负责落实）

三、持之以恒防控金融风险

始终把防范化解金融风险作为金融工作永恒的主题，牢固树立风险意识，完善风险防控机制，积极稳妥处置风险项目，坚决守住不发生重大风险的底线。

（一）加强风险全过程管控

1.健全风险防控机制

落实各单位"三道防线"的风险管控责任，优化风控治理结构，加大风险协同处置和考核追责力度，确保不碰红线、不越底线。

2.加强风险事前防控

落实金控集团风险管理要求，制定风险偏好管理制度，建立风险偏好体系，滚动修订金融业务清单，着力推进客户识别、大额风险暴露、统一授信协调。

3.加强过程管控

建立风险分层分类预警机制,前移风险防控关口。建立内控评价机制,明确企业自评和监督评价要求,建立常态化内控自评价与监督评价工作机制,加强内控责任落实与督促整改,强化内控规范的刚性执行。加快数字化风险防控系统建设,研究构建风险评估模型、知识图谱、监测预警规则等风控管理手段,全面提升风险管控能力,提升风险识别、评估、监测、预警、应对和处置水平。规范风险项目管理,妥善处置化解风险。

4.优化风险考核方法和指标体系

强化历史对标、监管对标和行业对标,充分发挥风险考核的指挥棒作用。(国网财务部指导,英大集团、相关金融单位负责落实)

(二)加强法律合规管理,完善法律合规管理体系

1.完善合规管理机制

围绕产融结合、科技金融、金控公司、上市公司等重要着力点,构建完善的合规管理机制。

2.树立合规导向

树立"合规立身"价值导向,构建全方位依法维权体系和专业化维权机制;加强对政策法律环境分析,聚焦金融监管重点,完善法律风险提示机制,增强合规管理能力。

3.建立集团化多层次的法律风险防控体系

分类做好金融投资者集中维权、交易对手预期违约、金融创新业务、系统性及传染性金融业务等重点法律风险防控,保障公司金融业务合规运营。(国网法律部、财务部指导,英大集团、相关金融单位负责落实)

(三)加强金融审计监督,完善审计体制机制

1.强化风险审计协同

发挥审计风控中心作用,推进资源整合和业务联动,推动审计向风险导向型审计转型、向事前事中延伸,形成风险审计监督合力。

2.加强金融审计闭环管理

全面履行审计"三项职责",保障公司重大战略决策落地,促进公司治理能力提升、依法合规经营。开展审计工作评价,深化审计问题整改,严格审计质量管理。严肃审计成果运用,强化违规经营投资责任追究,建立容错机制。

3. 提升审计能力

推动金融科技赋能审计，实现在线分析与分散核查、持续监督与定期审计的有机结合。夯实金融审计管理基础，建立专业培训体系，提高审计工作标准化、规范化水平，打造专业担当的金融审计团队。（国网审计部、财务部指导，英大集团、相关金融单位负责落实）

第四节 投入产出

一、投资安排

"十四五"期间，金融板块安排投资 958 亿元，主要是股权投资 928 亿元（合并抵销口径 579 亿元），包括向金融单位增资、布局新业务领域、开展产业基金投资等；固定资产投资（包括固定资产零购及信息化建设）30 亿元。金融股权投资主要包括以下内容：

一是向控股金融单位增资 349 亿元，增强控股单位资本实力，满足资本充足率、核心偿付能力等金融监管要求，支撑金融单位业务发展。

二是开展新业务布局 108 亿元，进一步把握金融发展机遇，结合国家重大区域发展政策优势，开展综合金融、智能投顾等新兴业务布局及长三角等地区区域布局。

三是开展产业基金跟投及基石投资 256 亿元，落实深化国资国企改革的决策部署，推进混合所有制改革，促进公司创新业务孵化及能源领域高科技项目培育转化，带动上下游产业转型升级。

四是追加参股单位投资 160 亿元，优化业务布局，充分发挥参股单位业务协同效应，适时开展股权市值管理，参与孵化培育新兴产业。

五是国网海外投资公司新增股权投资 45 亿元，积极引入境外低成本资金，服务混合所有制改革和产业优化升级。

六是国网雄安金融科技集团新增股权投资 10 亿元，开展金融科技布局。

二、经营效益测算

到 2025 年，公司金融板块经营业绩和发展质量进一步提高，价值创造能力和效益贡献水平进一步提升，"稳定器""助推器"作用进一步彰显。预计管理资产规模超过

2.2万亿元，较"十三五"末增长47%；实现营业收入733亿元，较"十三五"末增长58%；利润总额295亿元，较"十三五"末增长60%。

第五节　保障措施

一、坚持党建引领，增强发展动力

坚持旗帜领航，着力强根铸魂，加强党风廉政建设，推动党建工作与金融业务深度融合，以高质量党建引领金融业务高质量发展。

二、落实监管要求，动态更新完善

加强监管沟通与政策研判，严格落实金融监管要求，确保金融业务依法合规、健康发展。围绕"一体四翼"发展总体布局，紧跟公司内外部经营形势变化，动态做好与公司规划、专业规划的有机衔接。

三、强化集团统筹，要素协同发力

加强集团化运作、集约化发展，统筹优化配置公司资源，推动产业、金融、科技融合发展，释放数据、人才、管理等要素潜能，营造强大发展合力。

四、加强闭环管控，推动落地实施

按照既定"路线图"和"任务书"，围绕发展目标和重点工作，建立健全"规划、预算、实施、考核、评价"闭环管理体系，确保各项工作落地落实。

五、加强队伍建设，优化人力配置

坚持市场化发展方向，不断优化人力资源配置，努力建设一支德才兼备、专业高效的高层次金融人才队伍。